群學研究

QunXue Studies

群学研究

中国社会科学院社会学研究所主办

1
2024

中国社会科学出版社

图书在版编目（CIP）数据

群学研究. 2024年. 第1期 / 中国社会科学院社会学研究所主办. -- 北京：中国社会科学出版社，2024.11. -- ISBN 978-7-5227-4422-3

Ⅰ. C91-53

中国国家版本馆CIP数据核字第202452334L号

出 版 人　赵剑英
责任编辑　姜阿平
责任校对　李　惠
责任印制　张雪娇

出　　版　中国社会科学出版社
社　　址　北京鼓楼西大街甲158号
邮　　编　100720
网　　址　http://www.csspw.cn
发 行 部　010－84083685
门 市 部　010－84029450
经　　销　新华书店及其他书店

印　　刷　北京君升印刷有限公司
装　　订　廊坊市广阳区广增装订厂
版　　次　2024年11月第1版
印　　次　2024年11月第1次印刷

开　　本　710×1000　1/16
印　　张　15.25
插　　页　1
字　　数　217千字
定　　价　98.00元

创刊词*

景天魁**

中华优秀传统文化是中华民族的根脉。群学起源于中国本土，诞生于战国之末，孕育于稷下学宫，是百家争鸣的硕果，是先秦诸子智慧的结晶，荀子集为大成；以合群、能群、善群、乐群为精义，以修身、齐家、治国、平天下为功用，奠定了中国社会学的根基。两千多年来，群学与中国社会同频共振，与中华民族命运与共，与人民生活水乳交融，遂成为解释中国历史和文明之所以绵延不绝的密码；历代先贤为群学的延续和发展贡献了宝贵智慧，不图虚名，务求实功，使群学成为贯通古今的强国富民之学、社会兴盛和良序之学。故而，康有为“以群为体”，严复视群学与西学“暗合”，梁启超认其与西方社会学“正同”，蔡元培力倡“合天下为群”，刘师培力证战国末已有“中国社会学”。诸位先贤在中华民族危亡之际，呼吁复兴群学，以救亡图强。李大钊首倡马克思主义社会学与群学结合，为社会学“中国化”率先垂范。潘光旦针对有人否认中国本有社会学而坚称群学与西方（斯宾塞）社会学在学科性上“完全一致”。费孝通更是郑重指出研究荀子群学关乎“中国社会学的前途”。继承先贤遗志，赓续中华文脉，是历代学人之神圣使命，《群学研究》志在“为往圣继绝学”，在传承中创新中国特色社会学。

群学是中国古典社会学，也是古今贯通的现代社会学。用群学视角和

---

* 此文初稿曾征得许多同道和同学的意见。其中，赵一红、顾金土、黄佳豪、魏厚宾等做了具体修改，特此一并致谢！

** 景天魁系中国社会科学院学部委员、中国社会科学院大学特聘教授、中国社会科学院社会学研究所研究员、《群学研究》主编。

方法研究现实问题，才能更好地理解和解释现代中国社会，擘画和创造未来中国社会；以求对已有的社会学研究有所补充、有所发现、有所创建。群学是中国本土的，但与西方社会学并非相互取代，而是平等对话、互学互鉴、会通融合、互促发展；群学植根于中国文化，却与马克思主义社会学高度契合。《群学研究》以马克思主义中国化为根本遵循，志在拓展学术视野，历史研究与现实研究相结合；扩展学科界限，“生态”研究与“心态”研究相结合；完善学科品格，科学性与人文性相结合。

《群学研究》突出本土性——不仅要“联系中国实际”，还要注重提炼和运用中国概念、命题和理论；融通性——以马克思主义辩证法为方法论原则，将群学视角和方法与西方社会学视角和方法相融通；心态性——从“生态”到“心态”，突出人的主体性、能动性、情感性、道德性；评论性——鼓励学术争鸣，侧重发表批评性、探讨性、反思性文章，推动社会学界形成不同学派；广域性——扩展学科界限，将作者队伍扩大到年轻学子和实际工作者。从而与已有的社会学期刊互补互促，为建设中国特色社会学贡献力量。

我们进入了中国特色社会主义新时代，中华民族比以往任何时候都更加接近实现伟大复兴。民族复兴首要的是文化复兴，其中必有学术复兴。我们有群学二千二百多年以来的天赐资源，有自明代中期以来六百多年的中西文化交融和清末民初一百二十多年以来的中西社会学会通的丰厚积淀，有人口规模巨大的中国式现代化的伟大实践，凭此无与伦比之优势，中国学术必“驾欧洲而上之”（孙中山语）。一百多年来的历史表明，以马克思主义社会学与群学成功结合的“中国化”为导向，古今贯通，中西会通，方能建成中国特色社会学。此乃时代之机遇，亦是吾侪之自觉。

《群学研究》志在承担时代使命，开创一个供学界同仁发挥创造力的新平台。盼东箭南金，汇聚于斯，登高作赋，是所望于群公，共同为实现中国式现代化和当代中国文明建设提供学理支撑，为建设人类命运共同体和人类文明新形态贡献中国智慧。群学研究是大家共同的事业，热切期盼学界同仁鼎力支持，共襄盛举。

群学研究

（创刊号）

2024年第1期（总第1期）

2024年11月20日出版

目　录

以“两个结合”引导中国特色社会学的创新发展*

李友梅**

提　要：自主知识体系如何构建，中国优秀传统文化的创造性转化与创新性发展如何实现，是当前构建中国特色社会学面临的焦点问题。中国社会如何在剧烈的现代转型过程中保持稳定，如何对中国式现代化进行社会学阐释，包括群学在内的中国优秀传统文化提供了思想资源与思考维度。基于“两个结合”为构建中国特色社会学提供的基础性指引，文章重点考察了中国古典社会思想与马克思主义社会学“选择性亲和”的内在理路，并由此展现中国优秀传统历史文化创造性转化的实践路径。

关键词：“两个结合”；群学；马克思主义社会学；选择性亲和；自主知识体系

当今世界正经历前所未有之历史变局，全球政治经济格局持续动荡，人工智能等新技术的发展和应用不仅使人们的生活方式和交往方式加速变

---

* 本文为国家社会科学基金重大项目“当代中国社会建设的实践及其理论建构研究”（23&ZD172）的阶段性成果。

** 李友梅系社会变迁研究会会长、上海大学“伟长学者”特级岗教授。

革，而且使主体间的社会关系和社会结构也发生剧烈变动，人们对未来的预期充满着不稳定与不确定性。与此同时，中国式现代化取得了“双重奇迹”，中国作为世界经济社会发展的“稳定器”和“压舱石”的作用日益显著，以高速发展与长期稳定为内核的“中国之谜”已经成为国际学术界的理论焦点：一方面，向世界讲好中国故事并解析“中国之谜”，迫切需要立足中国社会建设实践，建构中国自主知识体系；另一方面，真正地从“中国故事”中提炼、抽取社会科学理论，继而能够用学术话语对数字智能时代的实践问题进行回应，也变得刻不容缓。

习近平总书记指出：“只有把马克思主义基本原理同中国具体实际相结合、同中华优秀传统文化相结合，坚持运用辩证唯物主义和历史唯物主义，才能正确回答时代和实践提出的重大问题。”① 学者们深刻认识到，要做到“两个结合”，仅仅依靠西方社会理论是不够的，我们还需要研究中国本土思想与马克思主义思想结合起来的具体实践及重要作用。在本文中，我们将重点考察中国古典社会思想与马克思主义社会学“选择性亲和”的内在理路，并由此展现中国优秀传统历史文化创造性转化的实践路径。

一、中国社会学自主知识体系构建要自觉践行“两个结合”

习近平总书记在文化传承发展座谈会上的讲话中指出：“在五千多年中华文明深厚基础上开辟和发展中国特色社会主义，把马克思主义基本原理同中国具体实际、同中华优秀传统文化相结合是必由之路。这是我们在探索中国特色社会主义道路中得出的规律性认识。”② “两个结合”是坚持和发展中国特色社会主义的必由之路，也是构建中国特色社会学的必然要求。

---

① 习近平：《高举中国特色社会主义伟大旗帜　为全面建设社会主义现代化国家而团结奋斗——在中国共产党第二十次全国代表大会上的报告》，人民出版社2022年版，第17页。

② 习近平：《在文化传承发展座谈会上的讲话》，《求是》2023年第17期。

“如果没有中华五千年文明，哪里有什么中国特色？如果不是中国特色，哪有我们今天这么成功的中国特色社会主义道路？我们要特别重视挖掘中华五千年文明中的精华，弘扬优秀传统文化，把其中的精华同马克思主义立场观点方法结合起来，坚定不移走中国特色社会主义道路。”[①] 可见，“两个结合”为构建中国特色社会学提供了基础性指引。

从历史来看，中华优秀文化传统及其近现代以来的创新式发展，塑造了中国不同于西方的社会关系、社会结构与社会秩序。长久以来中国传统社会一直存在以仁、义、理、推己及人等方式调和群己关系的社会思想与实践。党的二十大报告中指出：“中华优秀传统文化源远流长、博大精深，是中华文明的智慧结晶，其中蕴含的天下为公、民为邦本、为政以德、革故鼎新、任人唯贤、天人合一、自强不息、厚德载物、讲信修睦、亲仁善邻等，是中国人民在长期生产生活中积累的宇宙观、天下观、社会观、道德观的重要体现，同科学社会主义价值观主张具有高度契合性。”[②] 可以说，深入把握中国自身的文化底蕴、现代化发展需要和社会变迁实践之间的有机关联，是认识中国式现代化进程中社会建设、发展基本逻辑和具体实践的第一步。有了这样的把握和认识，才能更加贴近快速变化中的中国社会生活，触及关涉社会转型发展的深层次问题。

在一定程度上说，以儒学为根基的中国传统文化具有较强的社会团结功能，而这种团结功能主要依靠“仁”与“礼”相互统一来具体展现，“仁”重于人的内在精神世界，“礼”则侧重于外在的社会规则和制度。一般而言，儒家的价值观以“仁”为核心观念。孟子的儒家论述以人的道德

① 《习近平考察朱熹园谈文化自信：没有中华五千年文明，哪有我们今天的成功道路》，中国政府网，2021 年 3 月 23 日，https://www.gov.cn/xinwen/2021-03/23/content_5595049.htm，最后访问日期 2024 年 9 月 1 日。

② 习近平：《高举中国特色社会主义伟大旗帜 为全面建设社会主义现代化国家而团结奋斗——在中国共产党第二十次全国代表大会上的报告》，人民出版社 2022 年版，第 18 页。

属性为根基，提出“亲亲”“仁民”“爱物”，强调以仁道原则来处理和协调人与人之间的关系，代表了理想主义的儒家取向。相对于孟子对仁道的关注，荀子的儒家学说则以人的自然属性为依据，更注重“礼”的社会规范作用，主张人性“本始材朴”，如果对声色、利欲、货财等欲求不加约束，则会呈现出“恶”的人性取向，如果加以社会规范的引导和人的主动作为，“化性起伪（人为）”，“生礼义”“制法度”，则将成为更好的人，进而达到更好的社会形态。荀子认为，“人能群，彼不能群也。人何以能群？曰：分。分何以能行？曰：义。故义以分则和，和则一，一则多力，多力则强”（《荀子·王制》）。“能群”体现了人的独特性，以礼义作为社会规范的法则就能够实现社会的凝聚与整合，既让差异性的人融合到自己的共同体和“群”中去，同时又承认人与人、群与群存在差异性的事实。实际上，中国儒家思想以“社会是何以可能”“怎样的社会是善的”“如何构建善的社会”等社会构建问题作为自身思考的核心议题，并有着延续性的思考。这种延续性思考对中国在不同历史时期保持、构建其社会秩序发挥了举足轻重的作用，甚至促成了“超稳定结构”。① 梁漱溟先生指出：“历史上与中国文化若后若先之古代文化，如埃及、巴比伦、印度、波斯、希腊等，或已夭折，或已转易，或失其独立自主之民族生命。唯中国能以其自创之文化绵永其独立之民族生命，至于今日岿然独存。”而且，中国文化“其自身内部具有高度之妥当性、调和性，已臻于文化成熟之境者”。② 从这个意义上看，儒学以“仁”与“礼”相互统一的思想对于回应“社会是何以可能”的当代社会学问题，具有一定的借鉴意义。

当然，我们同样不能忽视的是，近代以来，中国的社会实践发生了极为巨大的变化。一方面，近现代以来以启蒙理论为主的西方学术思想和自然科学开始被引入中国，“西学东渐”深刻影响了中国人民的观念和行动；

① 参见金观涛、刘青峰《兴盛与危机：论中国社会超稳定结构》，法律出版社2011年版，第5—6页。

② 梁漱溟：《中国文化要义》，上海人民出版社2018年版，第11页。

另一方面，随着中国民族资本家和现代产业的发展，人们的工作与生活实践也迅速变得复杂起来，社会流动的范围日益扩展、速度不断提升。传统的社会秩序很快被打破：中国的社会阶层不再是士、农、工、商所能涵盖的，人们也不再固守在自己的土地上，而是进入大城市中的工厂，形形色色的职业群体随之兴起。传统的儒学同郡县制、井田制、保甲制等社会制度一般，在具体的社会运行层面难以应对现代转型期间出现的社会问题，并在中西文化碰撞时受到了巨大冲击。

虽然根据儒家学说构建的传统社会秩序在现代转型的强烈冲击下失去了得以稳定运转的物质基础，但儒家倡导的“天下为公”“天下大同”“旧邦新命”等思想却激励着近代以来的仁人志士勇敢探索中国的未来道路：革命者在对“小康”和“大同”的向往下，思索着“中国究竟应该往何处去”的问题。一方面，他们怀揣着对更好社会的理想图景，勇敢地投入革命浪潮中；另一方面，他们在具体的实践中，尝试思考如何构建现代社会得以顺利运行的组织构架。

近代以来面对西方文明的冲击，一些开明知识分子提出了许多真知灼见。如魏源通过倡导“文人中流”广泛参政，唤起人们对于“什么是公共生活的合法边界”这一根本性问题的觉悟；冯桂芬提倡由下层官员推举任命官员，继而更好地维护公共利益①；康有为对比、结合中西方近代发展状况中存在的弊病，以“大同”思想为基础，呼吁去私产、去家界、去国界、去种界，实现人人独立，男女平等②；孙中山在领导国民革命时，更是以“天下为公”为指导思想。然而，无论是梁漱溟等知识分子推动的乡村建设运动，还是当时的中华民国政府组织的知识技术下乡，都未能成功地重建公共生活或是实现社会的再整合。究其根本，就在于这些社会改造

① 参见［美］孔飞力《中国现代国家的起源》，陈兼、陈之宏译，生活·读书·新知三联书店2013年版，第38、55页。

② 参见樊宁娜《浅谈康有为的“大同”思想与世界化》，《文化学刊》2022年第1期。

思想的意愿看似美好，但由于缺乏与之相适应的社会基础，尤其是面对封建主义、帝国主义、官僚资本主义带来的压制、派系争斗与腐败，这些社会改造意愿很难最终获得成功。

马克思主义为儒家理想的现代实践提供了行动指南和思想武器。早期中国共产党革命者衣着“长衫”，化作为生民立命、并受劳苦大众尊重的儒生，走入了人民群众之中。他们以“文化置位”“文化操控”的方式对传统儒家文化进行了创造性改造。[①] 他们在发起农民运动时，使用文言文、写书法，借助村规民约、宗族支持等人们熟悉的方式进行革命动员。在这个过程中，一方面，马克思思想中的“社会主义”“共产主义”“阶级”等概念使“大同”“群”等理念具象化了；另一方面，儒家关于“群体”力量、“裕民富国”（《荀子・富民》）、“先义后利”（《荀子・荣辱》）等理念又使得源于欧洲的马克思主义能够为中国最广大的民众所理解、所接受。中国共产党人创造性地借助传统文化资源对中国社会进行了再组织，而且将社会主义反对剥削压迫、追求平等的主张与中国民众所熟知的儒家理想、儒家道德观念结合在一起，最终使一盘散沙般的中国社会团结起来，汇聚出前所未有的革命力量，进而实现了对社会的改造与重塑。

中国共产党在领导中国革命、建设与发展的百年历程中，将马克思主义基本原理与中国具体实际相结合，突破对中国社会和历史发展中“周期律”的固有认知，通过对社会结构、社会文化和社会阶级的分析，让我们看到社会发展的根本动力、社会发展的主体、历史的创造者是人民，创造自身历史的方法是实践。正是以“两个结合”为基础，中国特色社会主义才得以长盛不衰，对于中国特色社会学的发展来说也是如此。

习近平总书记指出：“绵延几千年的中华文化，是中国特色哲学社会科学成长发展的深厚基础。”[②] 中国古代社会思想、社会建设经验是中华五千

---

① ［美］裴宜理：《安源：发掘中国革命之传统》，阎小骏译，香港中文大学出版社2014年版，第60页。

② 习近平：《在哲学社会科学工作座谈会上的讲话》，人民出版社2016年版，第16页。

年社会文明的思想文化基础，对中国社会发展和人类文明进步有着深远影响。深入挖掘中华优秀传统社会思想、社会建设经验，建设平视世界的中国社会学，是对全球社会学的中国贡献。[①] 通过“两个结合”，把中国千年赓续的历史经验和文化成果与马克思主义理论中蕴含的社会发展动力机制相结合，可以推动传统历史文化的创造性转化与创新性发展。正是从这个意义上看，以“两个结合”指导中国社会学自主知识体系建构，不仅能够为中国哲学社会科学发展提供路径，还将为人类文明进步与社会发展作做出智识贡献。

二、“群学”与马克思主义社会学跨越时空的思想契合与实践分异

现代学科意义上的社会学思想发源于“工业革命”初期，是科学发展的重要成果，亦是现代社会科学的重要组成部分，反映了人类文明的跨越式转折与发展的规律。虽然西方社会学是现代学科体系产生之后才有的，但是社会思想却产生于人类从野蛮走向文明的轴心时代。从这个意义上说，社会思想有着超越历史阶段的关怀，而现代学科往往以这些关怀为灯塔，指引人类文明从一个时代走向另一个时代。从社会思想到社会学，其很大的一个推动力量源自人类社会发展的承继性与通约性，后人将先人的智慧创造性转化与发展，进而形成指导今天人们进行社会建设、推进社会发展的学科和科学。正因如此，在中国特色社会学的发展进程中，我们不能忽视本土文化中以群学为代表的传统社会构建思想与马克思主义社会构建思想的融合、革新与发展。对这种融合与革新内在理路的研究，可以成为坚持“两个结合”引导中国社会学自主知识体系构建的基础所在。

自荀子到严复的群学与马克思主义社会学具有“选择性亲和”，主要

① 李迎生:《中华优秀传统文化与中国社会学自主知识体系的建构》，光明网，2023 年 11 月 24 日，https://news.gmw.cn/2023-11/24/content_36986061.htm，最后访问日期 2024 年 9 月 1 日。

以三种共同“关切”来呈现：其一是围绕“社会何以可能”的思考；其二是“如何认识社会”的途径；其三是对“社会走向何处”的探析。由于文化的变迁相较于器物的变化远为缓慢，因此源于文化相继的现象发生在同一种文化中实为必然，但在不同文化之间出现思想亲和的“异曲同工”现象却比较罕见。这些超越不同文化而本质相通的思想往往蕴含着人类文明中某种重要且具有普遍性的思想观念，也体现了文明发展的共通性。中国传统的群学思想与马克思主义社会学之间跨越时空的思想契合，也为坚持“两个结合”引导中国特色社会学自主知识体系构建提供了一个重要范例。

（一）“社会何以可能”的共同关切

社会生活首先是情感融合的群居性的[①]，群体在社会学中始终具有特殊地位，是勾连个体和社会整体的中介。正如有学者指出的，严复所开辟的“群学”体系是构筑在“仁学”的传统之上的，他不断思考从旧式伦理中脱离出来的“个体”如何再次被整合进现代政治社会秩序、不断构想“知礼守法”的现代道德社会如何可能，以应对晚清时期“合群”诉求的现实关怀。所以，其群学的思想深意是在中国历史文化脉络中找寻现代社会的生成可能。[②] 严复的群学思想与自春秋以来的“群论”存在时代差异，但在“社会何以可能”的问题上却是一脉相承，在历经千百年的历史实践与学术思想演进中不断孕育成熟。即便在当下网络时代，各种虚拟的网络社区经常以“群”和“圈”的形式出现，人们的日常公共交流也经常以“社媒群组”为载体，这些均会使人联想到荀子关于“群”的概念，可见在“群体生活（社会）何以可能”这一根本问题上古今是相通的。

① ［法］米歇尔·马费索利：《部落时代：个体主义在后现代社会的衰落》，许轶冰译，上海人民出版社 2022 年版，第 11 页。

② 杨玲、陈云龙：《严复“群学”思想的社会学意涵》，中国社会科学网，2022 年 1 月 26 日，https://www.cssn.cn/skgz/bwyc/202208/t20220803_5466303.shtml，最后访问日期 2024 年 9 月 1 日。

社会学关注各种不同的社会成员以何种方式、基于何种逻辑而共同生活在一起。“社会何以可能”作为社会学追问的最基本问题，同时也是群学与马克思主义社会学所关注的重要问题，二者都试图从群体关系、社会关系切入，强调主体的能动性并在对抗与融合的过程中实现社会和谐。

群学与马克思主义社会学的契合，首先在于它们都将社会关系作为探讨社会团结问题的切入口。在古代中国，有“群”的概念，但没有“社会”一词，“社”与“会”是分开的。“社”与古代的土地神祭祀有关，以一种神圣的纽带将人们联系起来，而“会”更多是人们出于某种目的和需要的结合。[①] 在中国古代社会语境中，社会的内涵既包括了信仰和精神生活，同时也是人们满足需要的手段和工具，围绕需求满足会产生民间的自发组织。在荀子看来，人不能无群，人是以群的方式来生存的，离群索居、离开社会的人无法生存下去；人一旦结群，就必然会产生“贵贱有等，长幼有差，贫富轻重皆有称者也”（《荀子·礼论》），也就是基于社会伦理、地位、分工以及财富等因素而产生的社会差等或不平等，并由此形成各安其分的礼法制度。在从奴隶社会向封建社会过渡的春秋战国时期，人与人的差等或不平等程度不断扩大，逐渐超出以血缘和氏族为基础的伦理调节范围。先进生产力与落后生产关系的矛盾在荀子所处的战国时期达到了顶峰，这也构成荀子提出其影响深远的社会稳定思想的现实基础。

荀子认为，“礼者，法之大分，类之纲纪也”（《荀子·劝学》），“故先王案为之制礼义以分之，使有贵贱之等，长幼之差，知愚能不能之分，皆使人载其事，而各得其宜。然后使谷禄多少厚薄之称，是夫群居和一之道也”（《荀子·荣辱》）。这就是说，要以礼作为立法和类推的根本原则，以“义”作为社会分工合作的基本原则，“制礼义以分之”，不同的职位对应不同的分配所得，最终实现“各得其宜”“群君合一”的良序社会。总体而言，荀子继承并发展了孔子的儒家学说，通过“隆礼重法”、以“明差等”来形成稳

---

① 陈宝良：《中国的社与会》（修订本），人民出版社 2023 年版，“导论”。

定的社会秩序，这对于此后两千多年的中国传统社会思想产生了深远影响。

与上述思想相应的是，在马克思看来，“生产关系总和起来就构成所谓社会关系，构成所谓社会，并且是构成一个处于一定历史发展阶段上的社会，具有独特的特征的社会”①。社会关系是社会的外在表征，在这些社会关系中，生产关系是基础，但同时也围绕着生产、分配、交换、消费及交往等活动形成各种社会关系。这些社会关系形成于工业革命以来资本主义发展所形成的现代社会分工，并从生产领域延伸到社会生活领域。人与人之间形成联结的原因有很多，如血缘、地缘、业缘、权力、兴趣等，不同的原因会形成不同的社会关系。由此，尽管生产关系和社会关系的起源有所不同，但最终实现了合流与趋同，其本身就是强调关系的具体化与实践性。可见，荀子群学与马克思主义社会学的分析都以人和人在生产生活中形成的各种社会关系为切入点，二者具有内在的契合性。

其次，群学与马克思主义社会学都强调人的主观能动性。《荀子·王制》中提出人“最为天下贵”：“水火有气而无生，草木有生而无知，禽兽有知而无义；人有气、有生、有知亦且有义，故最为天下贵也。”人之所以高贵，不在于人的自然属性，而在于人的社会属性，在于道德规范的要求。荀子还强调要发挥人的主观能动性，对待天命可“制天命而用之”，在塑造主体人格时更要发挥能动意识，不断修养己身。荀子思想的一个突出特征是围绕“人有其治”、“天人合一”和人性而展开的对主体意识的肯定和认同。② 尽管荀子强调“人有其治”条件下的“天人合一”，但他总体上坚持并发展了儒家的天道观。他认为，人要根据天行有常的法则，积极投身于自然的变化中去，并且利用自然变化为人类服务。景天魁先生总结的

① 《马克思恩格斯选集》第一卷，人民出版社1972年版，第363页。

② 郭晓丽：《论先秦思想家主体意识的觉醒》，《内蒙古大学学报（人文社会科学版）》2000年第4期；王曰美：《人的主体意识的发展与先秦文学》，曲阜师范大学博士学位论文，2007年；孙翠萍：《荀子思想的主体意识探析》，曲阜师范大学硕士学位论文，2017年。

群学的四个层次——合群、能群、善群、乐群都反映出这种主体使动属性，其彰显的是群学对于主体意识的张扬。[①] 同样，马克思也格外强调人的主观能动性的重要性。马克思指出，人的本质是社会关系的总和，其不是先天的、天赋的，而是在后天社会生活和社会实践，特别是生产实践中形成的。作为主体的人是能动的、自主的、自为的，“通过实践创造对象世界，改造无机界，人证明自己是有意识的类存在物”，人“使自己的生命活动本身变成自己意志和自己意识的对象”。[②] 因此，人可以作为改造世界的主体，使事物发展朝向人的目的。马克思主义同荀子“制天命而用之”的哲学观是内在一致的，都在强调发挥人的主观能动性，主张积极改造世界，这是马克思主义基本原理同中国优秀传统文化的交集点。

（二）“社会何以解析”的观念制度路径

在如何认识、理解社会方面，群学与马克思主义社会学也具有很大的相似性，但同时也因其产生的社会历史背景而呈现鲜明的时代特点，这集中体现在这两种理论所运用的解释策略。正如有学者所指出的，“分析社会”旨在通过拆解过程、凸显要素来解释纷繁复杂的社会过程。解释策略为各种社会现象寻求一个准确、简洁、真实和基于行动的解释。[③] 由此，我们可以从其理论内涵的方法路径来考察这两个理论的共同点和分异。

群学与马克思主义社会学都秉承整体主义的系统方法论。中国从荀子开始就倡导“人不能无群”，主张人异于其他任何物种的独特之处就在于合群性与能群性，“修身”“齐家”“治国”“平天下”一脉贯通，将个体归于家庭、家族乃至民族国家，“群”“民”“众”成为社会运行的基本单位

---

① 景天魁:《中国社会学崛起的历史基础》,《北京工业大学学报（社会科学版）》2017年第4期。

② 《马克思恩格斯文集》第一卷，人民出版社2009年版，第162页。

③ ［瑞典］彼得·赫斯特洛姆:《解析社会：分析社会学原理》，陈云松、范晓光、朱彦等译，南京大学出版社2010年版，第1页。

与分析对象。这就形成了以个人为出发点、筑牢民生之基、搭建群体性民生堡垒、体现整体主义方法论的社会运行过程。[①] 景天魁先生指出，“要创建科学性与人文性相结合的现代社会学，第一个古典范本就是荀子群学，它是最早体现科学性与人文性相统一的古典社会学”[②]。与之相类似，马克思主义是以总体性的视角研究人类存在总体的。马克思将人类存在看成由结构性的历史和历史性的结构相统一的辩证总体，历史唯物主义的社会和历史概念分别从共时性和历时性角度把握人类存在的总体性。社会侧重于人类存在的结构性要素及其相互关系，历史侧重于人类存在的历史性过程及其形态演进。马克思主义以社会历史这一作为人类实践中介的统一领域为研究对象，既不是单一的、抽象的事实科学，也不是与此相对的价值理论，其实践品格决定了马克思主义是实证的科学性与批判的价值性之间的辩证统一。在科学性与人文性相统一方面，群学与马克思主义社会学之间有着一致追求，由此实现二者的结合将有助于在中国文化语境中阐明这个统一性。

从分析路径上看，群学与马克思主义社会学都很注重观念与制度之间的关系。群学凸显的是在群的形成、演变与发展过程中的各种机制，如“伦”“仁”“中庸”等，既是价值观念，同时也体现为具体的制度实践。如荀子强调“人伦与天地同理”，这个“理”是至高的法则，这样的法则当然是人们相互关系的根基。群有“五伦”——父子有亲、君臣有义、夫妇有别、长幼有序、朋友有信。“伦”有类别、次序和关系。在不同的类别、次序和关系中如何教化才能“明人伦”？这就要讲“仁”。所谓“修道以仁”，表述的是群的价值导向和观念基础。[③] 还有学者指出，在行动伦

---

① 高和荣：《共同富裕型民生建设的历史基础》，《人民论坛·学术前沿》2022年第16期。

② 景天魁：《论群学复兴——从严复“心结”说起》，《社会学研究》2018年第5期。

③ 景天魁：《论群学元典——探寻中国社会学话语体系的第一个版本》，《探索与争鸣》2019年第6期。

理中，“仁”和“义”产生于家内的父子兄弟之间，构成了行动伦理的基础部分。正因如此，人们才能够有序地参与到与每个人的利益休戚相关的公共生活之中。[①]

在马克思看来，社会不是个人的简单加总，相反，由特殊的社会结构决定的社会整体决定个人的属性，决定个人的生存空间和行动空间。这样，一定的社会制度体现了不同社会群体、不同阶级、不同社会集团之间的生产关系，是社会系统结构中生产力和生产关系、经济基础和上层建筑矛盾运动的产物。不是理性的个人的自由选择导致经济制度的变迁，相反，是社会结构和制度的变迁决定着个人的行为方式和选择空间。[②] 与此同时，这种经济基础的变迁又受到上层建筑（意识形态形式）的影响。恩格斯指出，制度等上层建筑对经济基础的反作用有三种：“它可以沿着同一方向起作用，在这种情况下就会发展得比较快；它可以沿着相反方向起作用，在这种情况下，像现在每个大民族的情况那样，它经过一定的时期都要崩溃；或者是它可以阻止经济发展沿着既定的方向走，而给它规定另外的方向——这种情况归根到底还是归结为前两种情况中的一种。但是很明显，在第二和第三种情况下，政治权力会给经济发展带来巨大的损害，并造成人力和物力的大量浪费。”[③] 由此可见，在马克思那里，经济基础对制度变迁具有决定性作用，但上层建筑的反作用也不可小觑。

（三）“社会何以走向”的共同体愿景

群学与马克思主义社会学对“社会何以走向”的判断有共通性。总体上两者都将共同体取向作为社会发展的未来归宿，或者说是对理想社会根本属性的设想。并且，也正是在走向共同体的进程中，人类社会由此实现

① 周飞舟:《行动伦理与“关系社会”——社会学中国化的路径》,《社会学研究》2018 年第 1 期。

② 卢现祥:《马克思是制度经济学家吗》,《经济学家》2006 年第 3 期。

③ 《马克思恩格斯全集》第二十三卷，人民出版社 1972 年版，第 701 页。

从“必然王国”向“自由王国”的转化。

具体来说，荀子继承了孔子儒学“重礼”的思想，并进一步强调“法”的重要性。荀子的两个学生韩非和李斯都是战国末年著名的法家代表人物，他的学说是汉代礼刑合一、儒法合流的重要思想来源。荀子认为，“治之经，礼与刑，君子以修百姓宁。明德慎罚，国家既治四海平”(《荀子·成相》)。这里所讲的就是通过礼义与刑罚有效治理国家，从而实现百姓安宁、社会稳定的愿景。不过，限于荀子所处时代的生产力水平，他提出的共同体模式更多的是在传统等级秩序下各安其位的和谐，社会基础结构的稳定性也在很大程度上来自于此。在马克思看来，个体与社会是有机统一的，个体是社会的基础，社会是由个体构成的，应当避免重新把“社会”当作抽象的东西与个体对立起来。个体是社会性的存在物。他认为依据“人的依赖”和“物的依赖”所建立的社会形态都是“虚假的共同体”，只有建立在“自由个性”基础上的社会才能称为“真正的共同体”。马克思在用“联合体”和“共同体”指称共产主义社会时，意在说明共产主义是由个体（自由人）有机结合、自由联合而成的社会。荀子强调的“君子贵其全也”(《荀子·劝学》)与马克思主义追求的“人的全面发展”也有内在相通之处，这一点不应被社会发展阶段的差异所掩盖，要看到两种思想根本价值追求的一致性。

这种共同体的有机联系是摆脱了必然性束缚的自由状态。在荀子那里，是人在与“天”的关系中实现的。一方面，荀子认为“天有其时，地有其财，人有其治”(《荀子·天论》)，人类从属于自然，是自然界的一类生灵，人依赖自然，不能逃遁也不能超越自然，人不可以“与天争职”(《荀子·天论》)。另一方面，荀子认为人在“天”的面前并非一个可怜的被动的存在，可以“制天命而用之”(《荀子·天论》)。他宣言:“大天而思之，孰与物畜而制之！从天而颂之，孰与制天命而用之！望时而待之，孰与应时而使之！因物而多之，孰与骋能而化之！”(《荀子·天论》)他认为，与其迷信天的权威去敬畏它、思慕它、歌颂它，等待“天”的恩赐，不如“制天命”“裁万物”“骋能而化之”。在他看来，只要辨知天地万物之理而加以制用，那么人就可以主宰自己的命运，就可以改造自然、利用自然，便可以达到“天地官而万物役”(《荀子·天论》)、“与天地参”(《礼记·中庸》）的和合境界。在马克思那里，认为人类认识和改造客体的实践活动既是自由的基础，也是实现自由的条件。人的自由就是人在活动中通过认识和利用自然所表现出的一种自觉、自为、自主的状态。自由实现的程度同人的认识与实践水平是相一致的。“自由不在于幻想中摆脱自然规律而独立，而在于认识这些规律，从而能够有计划地使自然规律为一定的目的服务……自由就在于根据对自然界的必然性的认识来支配我们自己和外部自然。”①

（四）殊途同归的思想共鸣与实践分异

可以说，虽然包括群学在内的中国传统社会思想诞生于前现代社会，但其关注的问题却是普遍性的：社会是何以可能的，我们怎样才能理解社会的运作，社会如何以“共同体”的状态存在。对于这些问题的讨论，群学的思想理路与马克思主义对科学社会主义的构想存在着一定“亲和”，这在某种程度上也构成了“两个结合”的现实基础。如上所言，思想上的契合往往基于普遍性的问题和原则，而具体的实践往往呈现出不断变化和分异的特点，社会学的理论关注既要有普遍性关切，更需要看到社会规范与原则之下的具体的社会文化土壤。从更深层次看，这种结合的关键还在于中国思想特有的超越性品质。历史地看，西方轴心时代的精神突破的担纲者由于与他们所置身其中的具体社会保持了前所未有的间距，甚至出现难以调和的冲突，反而使他们拥有了超越性的视域和批判性的态度，实现了与具体社会的分离；相较之下，中国思想发展出以生存张力的两极——人极与神极（天极）的居间性、均衡性为内核的中道真理，构筑了独特的超

① 《马克思恩格斯文集》第九卷，人民出版社2009年版，第120页。

越性品质。[①] 正是这种超越性品质使得中国的思想始终支持主体融入和参与世界，不是否弃世间，而是进入历史、参与和推动历史、成为历史的一部分。马克思主义则是继承了黑格尔辩证法的合理成分，并将辩证规律从范畴的变化延伸至历史现实的变革，以现实中的人为出发点和归宿点，以现实的生活世界为背景，以人们的实践为路径，为人们找到了通往理想的道路。从这个意义上看，也正是这种向历史、向实践的回归，造就了马克思主义社会学与群学等中国传统社会思想的“选择性亲和”。

由此，我们需要注意的是，荀子对“礼”的讨论是基于等级化的社会地位的，群学思想所依托的仍然是农耕时代、宗法社会等“小国寡民”、较为简单的社会结构，其所讨论的社会秩序是以纵向的社会地位分化为基础的。现代社会与传统社会最大的不同在于，其社会结构变得更加错综复杂，价值观念更加多元化，人口的流动规模巨大且极为迅速。现代社会结构不仅包括纵向的社会分化，而且包括横向的复杂的社会分工。从前者来看，纵向分化已经很难以农耕时代的君、臣、父、子所涵盖，而是以更为复杂的社会分层与社会流动的形态展现出来，个体、群体、阶层之间的互动逻辑变得更加复杂，人与人之间的关系从社会道义关系转变为法律契约关系。从后者来看，随着人口增加、市场与社会分工的发展，横向社会分化与基于分工的合作关系逐渐成为现代社会秩序得以实现的重要依托。随着数字智能社会的到来，个体的行动逻辑更为多样多元，人们同时生活在现实社会和虚拟世界，其社会交往方式更为纷繁复杂，交往逻辑则更加难以把握。与以往类似，群学提出了一个重要的社会学问题“如何能群”，用现在的话说就是“社会是如何可能的”，但如何在不同的时代对这几个问题作出回答，还需要继续借助马克思主义基本原理的思想与方法。

① 陈赟:《精神突破、生存真理与中国思想的超越性问题》,《东岳论丛》2023年第11期。

三、推进中国特色社会学创造性转化和创新性发展的现代路径

习近平总书记指出:“传承中华文化,绝不是简单复古,也不是盲目排外,而是古为今用、洋为中用,辩证取舍、推陈出新,摒弃消极因素,继承积极思想,‘以古人之规矩,开自己之生面’,实现中华文化的创造性转化和创新性发展。”[①] 前现代包括群学在内的中国优秀传统文化与社会思想,为中国特色社会学的发展提供了坚实的基础,也为基于“两个结合”实现社会学自主知识体系的构建提供了可能。诞生于前现代社会的中华优秀传统社会思想,要能够在新的历史条件下与马克思主义社会学实现融合发展,有必要着手于以下几个方面。

首先,要聚焦现实社会及其未来发展趋势,提升社会适应性。要在对当下社会的认识和行动实践中找到中国古典社会学思想的作用领域。如前所述,尽管群学和马克思主义社会学产生于不同的文化背景和历史时期,但两者在理论上都强调了人的社会性和社会关系的重要性,这也在一定程度上体现了中华优秀传统文化与马克思主义在社会学基本论断上的契合性。从另一个方面也可以看到严复先生当时以“群学肄言”翻译斯宾塞的“社会学研究”时的匠心独运,深刻体现了中西学术交融互释的创造性成果。尽管如此,这并不意味着我们迷信故纸堆,“返古”与“反古”同样有其片面性。每个时代有每个时代的问题,就像康有为、梁启超、谭嗣同等人也是借助群学之名来表达他们的社会文化思想,回应当时中国社会的剧烈变迁的,而与西方社会学回应的时代问题有所不同。[②] 西方社会学诞生于工业革命引发的经济社会大变革,意在回答如何在社会变迁中寻求秩序的根本性问题。尽管马克思、韦伯、涂尔干等西方古典社会学家给出的答案各

① 习近平:《在文艺工作座谈会上的讲话》,《人民日报》2015年10月15日第2版。

② 丁乙:《西方社会学初传中国考》,《社会学研究》1988年第6期。

有不同，但他们关心的问题有其一致性，即追随人类文明演进的步伐，于社会发展中处理秩序与活力的关系。无论是荀子群学诞生的战国末年，还是严复译介社会学的清末民初，抑或是我们当今身处的百年未有之大变局，这三个时期都是经济社会大变革的时期。时代所提出社会学问题的一致性为古今中外理论的结合、转化、发展创造了基础，“第二个结合”要求站在古今中外的高度上发现变迁中的普遍规律，进而更好地指引当下的社会改革与发展实践，这也与“第一个结合”相契合。当下，我们只有在开放包容的文化空间中广泛开展“第二个结合”的研究，在古今中西的开放社会学视野中进行文化创新，才能深入理解中国式现代化开创人类文明新形态的深刻意涵。

其次，要坚持问题导向和人民立场，以社会的公共价值和核心问题作为结合融合的切入点。如前所述，在马克思主义经典理论中，“现实的人”既是思想逻辑的起点，也是实践的出发点，它为中国共产党建构以人民为中心的发展理念和为人民谋幸福的实践观提供了重要的思想指引，“人民性”是马克思主义政党最鲜明的品格。这种“人民本位”的人民观是马克思主义唯物史观与中国优秀思想传统充分结合的产物，其与西方现代民族国家“以市民为中心”的公民观并不相同。以群学的观点看，早在商周时期，中国就有“民本”思想的萌芽。后来，从“民本”的思想萌芽中逐渐发展出诸如“德法互济”“民为邦本”“和谐大同”等治国理政思想，既为古代中国的“善政”打下了重要的政治基础，也为当今中国国家治理现代化提供了重要的思想支撑。[①] 可以说，任何先进的社会制度都是对历史传统的有机传承，传统的政治思想和社会建设理念为现代的政治文明和社会文明建设奠定了良好的文化基础。中国共产党从其创立之时起，在革命、建设与发展直到当下的各个历史时期，始终创造性地将马克思主义和中国

① 梁治平:《为政：古代中国的致治理念》，生活·读书·新知三联书店 2020 年版，第 142、255 页。

传统优秀文化相结合，使之成为党建政立制、领导人民建设现代国家的巨大思想动力。[①]以“第二个结合”加快构建中国特色社会学更要彰显其“人民性”的价值本色，始终围绕最广大人民的根本利益开展研究，这样才能既不会囿于书本知识而脱离社会实践，又不会机械地固守既有理论而远离政策实践或成为权力、资本、流行趋势的附庸。基于此，我们提出以人民性引领中国特色社会学话语体系建设，坚信人民性能够为社会学学术共同体建设提供根本价值引领，并以此推动理论创新和自主知识体系建设。[②]

再次，要秉持文化自觉，从人类文明发展的全局出发，不断挖掘中国传统社会思想的内在价值，并将其与人类面临的公共问题相勾连。人类文明的发展虽然因地理、历史、文化以及发展阶段的不同而呈现地方性差异，但其演进过程有其共通性和普遍性。今天，要向世界讲好中国与世界共同发展的中国故事，迫切需要将中国社会建设研究的思路整合进全球政治经济发展的宏大历史进程与全球各国共同面对的时代问题之中。尤其是在世界与中国趋于复杂化的互联互通新条件下，识别中国社会建设与区域、全球社会的交互关系，更需要从“差异性”中看到“共通性”，从“特殊性”中寻找“普遍性”。因而，中国特色社会学理论范式亟须开创一种新的研究路径，立基于中国社会转型实践与世界大变革的“双向互嵌”，把握一与多、特殊与普遍的逻辑关联，更全面地考察基于不同知识经验的理论认知在中国社会不同层面的沉淀，走向一种开放的社会学。这种开放的社会学要在讲好中国故事时既要体现自身的文化主体性，也要尊重人类文明多样性，为全人类提供一种不同于西方掠夺式发展道路的路径，进而实现“人类命运共同体”的共同发展道路。中国式现代化进程中的社会建设研究与转型社会的理论构建更应体现出其责任担当的自觉，兼容并蓄、“自信自

① 卢汉龙:《小康社会：走中国特色的社会主义发展道路》,《毛泽东邓小平理论研究》2003 年第 1 期。

② 李友梅:《以人民性引领中国特色社会学话语体系建设》,《中国社会科学》2023 年第 2 期。

立”地走向开放社会学。

最后，更为重要的是，以秩序与活力的有机平衡为基础和轴心，以“两个结合”为指导开拓文明间公共性建构的新路径。中国式现代化是在中国共产党领导下，以人民为中心，不断整合国家、市场、社会诸因素，使其行动逻辑趋于协调，促进秩序与活力的有机平衡，凝聚出共享的社会价值认同，并致力于推进实现人类命运共同体福祉的进程。从中国社会变迁和转型的实践中不难发现，正是中国共产党将实现广大人民向往的美好生活作为自己的终极目标，将广大人民群众作为根本依靠力量，发展全过程人民民主，进而在社会主体性参与实践中实现社会整合，才实现了经济发展与社会稳定的“双重奇迹”。在这个过程中，社会学自主知识体系的构建要在坚持人民至上、民生为大等基础上，探索践行“两个结合”指导下的社会整合新路径的“人类文明新形态”。近年来，我们提出并倡导的“新公共性”不仅体现于党团结带领人民的现代化建设中，同时也延伸到文明公共性的建构实践中，探索各文明从“独善其身”到“美美与共”共同发展的路径，将以中国实践所促成的“人民共同体”扩展到“人类文明共同体”，以中华民族文明新形态的建设实践探索人类文明发展的可能选择。① 要在传统与现代、东西方理论的交互融合中，构建起更具包容性的理论框架，以更好地揭示人类社会文明演进的普遍逻辑、应对人类社会发展中的一些根本问题。

四、结语

当代中国正经历着其历史上最为广泛而深刻的社会变革，也正在进行着人类历史上最为宏大而独特的实践创新，“这是一个需要理论而且一定能

① 李友梅：《新公共性与中国转型社会学理论范式创新》，《学术月刊》2024 年第 2 期。

够产生理论的时代，这是一个需要思想而且一定能够产生思想的时代”①。百年前，中国的社会学先贤筚路蓝缕，开启了社会学本土化的时代命题，与中国共产党领导的革命、建设与发展的实践历程紧密相连。可以说，中国特色社会学的发展与国家发展、民族振兴命运与共。伴随着中国式现代化新实践的推进，几代学者孜孜以求构建的中国特色社会学迎来了难得的发展机遇，适逢其会、乘势而上恰是我们这些后辈的历史使命：不仅要能够还原本真意义上的中国社会运行及发展实践内在的逻辑和规律性，更要能够从全人类的角度出发揭示人类社会发展的普遍性规律和逻辑；而且唯有彰显中国特色才能够自立于世界学术潮流，唯有立足于人类社会发展的普遍性才能凸显中国特色社会学的价值。

责任编辑：张志敏

① 习近平:《在哲学社会科学工作座谈会上的讲话》，人民出版社 2016 年版，第 8 页。

群学研究的传统视野与当代价值*

刘少杰**

提　要：景天魁及其学术团队推动的群学研究，揭示了群学两千多年的历史演化，为群学的进一步研究奠定了坚实的基础。群学的思想内容和理论视野，不仅同实证社会学有“相合性”，同马克思主义社会学也有“相通性”，而且，群学还借助灵活多样的感性教化，将其推崇的道德规范和伦理准则融入中华民族的心理底层，成为现实社会的群学底蕴。因此，群学研究不仅具有悠久的历史渊源，而且有着深厚的现实基础，还可以在广阔的理论视野中同当代社会学开展丰富的对话交流。在网络化、数字化和智能化的新形势下，群学可以发挥其培育群体意识、促进群体整合、优化社会交往的优秀学术传统，为推进中国式现代化发展作出新的贡献。

关键词：群学研究；群学蕴含；交往实践；当代价值

在景天魁先生的艰辛开拓和鼎力推进下的群学研究，不仅取得了积极的学术进展，发表了很多重要的学术成果，而且还形成了一支艰苦奋进的

* 本文为国家社会科学基金重大项目“实施数字乡村建设行动研究”（21ZDA057）的研究成果。

** 刘少杰系中国人民大学社会学理论与方法研究中心教授、安徽大学讲席教授。

学术团队，为群学研究的后续发展奠定了坚实基础。群学研究目前主要开展的工作是考察古代群学文献，揭示群学历史演化线索，阐释群学各种流派思想得失。群学文献的基本内容，是关于群体关系或社会关系的思想观点，不仅与实证社会学在研究对象和价值追求上具有“相合性”，而且同马克思主义社会学在理论视野和结构关系上具有内在联系。群学思想理论既是历史中的文化传统，也是经过几千年教化而蕴含在社会中的现实。因此，群学研究具有重要的当代价值。针对当代社会结构变迁的复杂性，群学研究可以站在传统文化与信息化时代交汇重叠的现实基础上，发挥重视政治权力、道德规范、思想文化整体协调的优秀传统，在同当代中国社会学和西方社会学的对话交流中，积极探索新形势下如何正确承继传统文化、优化权力关系、推进中国式现代化顺利进展。

一、群学研究的传统视野

迄今，群学研究已公开发表的主要成果，是以先秦、秦汉、唐宋和明清等历代群学文献为对象的阐释性研究成果。景天魁率领其团队，“从浩瀚的历史文献中史海拾贝，整理出了由 4 个基础性概念和 30 个基本概念构成的群学概念体系，并进一步梳理出包括 100 多个命题的群学命题体系，据此证明了群学的历史存在性，论证群学即为中国古已有之的社会学或曰中国古典社会学”[①]。群学的核心要义是“合群”“能群”“善群”“乐群”。景天魁的解释是：它们分别指谓以“分”“义”“礼”“和”为基础的群体关系或社会关系，呈现了由低级向高级发展的社会形式与社会状态。[②]

景天魁对群学基础概念、基本概念和重要命题的概括具有十分重要的

① 景天魁主编：《中国社会学史 · 第一卷 · 群学的形成》上册，中国社会科学出版社 2019 年版，第 1 页。

② 景天魁主编：《中国社会学史 · 第一卷 · 群学的形成》上册，中国社会科学出版社 2019 年版，第 11—16 页。

学术价值，不仅清楚显示群学以群体关系亦即社会关系为研究对象，而且表明群学对群体与社会的研究具有追求社会进步的历史感和价值要求。进一步说，荀子早在两千多年以前就已明确地提出，要开展以群体关系或社会关系为研究对象的学术研究，用当代学术话语表述之，即建立一门有独特研究对象的新学科。并且，荀子还认为群学应当在历史演进中揭示社会由低级向高级的进步发展。

以群体关系或社会关系为研究对象，是群学同西方社会学在研究内容或研究领域上的“相合”。“荀子群学由‘明分使群’而‘义以定分’，由‘礼以定伦’而‘群居和一’，相应地开辟出由修身而齐家、由齐家而治国、由治国而平天下的进路，这与西方社会学由个人而社会、由分层而结构、由组织而制度的进路异曲同工、何其相似。”[①] 这段论述恰如其分地概括了群学与西方社会学在理论框架上的共同进路。虽然群学与西方社会学在思想观点阐述上有许多差别，但在对群体关系或社会关系的重点关注上，都把个人、社会、阶层、组织、制度和社会结构作为重点加以深入研究。

如果要进一步讨论群学同其他学术传统的关系，则其同马克思主义社会学的关系更加值得深入思考。党的二十大明确提出了“开辟马克思主义中国化时代化新境界”的重大战略任务。为了实现这个重大战略任务，习近平总书记在二十大报告中指出：“中国共产党必须坚定历史自信、文化自信，坚持古为今用、推陈出新，把马克思主义思想精髓同中华优秀传统文化精华贯通起来。”[②] 以历史唯物主义为基础理论的马克思主义社会学，属于马克思主义思想的精髓部分，而群学思想理论无疑是中华优秀传统文化，实现二者的结合，不仅具有

① 景天魁主编：《中国社会学史·第一卷·群学的形成》上册，中国社会科学出版社 2019 年版，第 18 页。

② 习近平：《高举中国特色社会主义伟大旗帜 为全面建设社会主义现代化国家而团结奋斗——在中国共产党第二十次全国代表大会上的报告》，中国政府网，2022 年 10 月 16 日，https://www.gov.cn/gongbao/content/2022/content_5722378.htm，最后访问日期 2024 年 7 月 2 日。

理论视野的“相合”性，而且具有实践立场的“相通”性。

马克思主义社会学的基本立场是从实践出发，以实践为基础去考察和分析社会发展的历史与现实。马克思指出：“全部社会生活在本质上是实践的。凡是把理论引向神秘主义的神秘东西，都能在人的实践中以及对这种实践的理解中得到合理的解决。”[①] 马克思认为最重要的实践是物质生产实践，是人以其身体活动作用于自然对象获得物质财富的主体与客体的相互作用过程。人们通常仅从物质生产实践去理解马克思的实践观点，而群学对物质生产实践的研究与论述确实很少，因此也就很难从基本立场、研究对象和方法论原则上发现群学与马克思主义社会学的相通相合之处。

事实上，马克思是在生产实践和交往实践两个方面论述实践的形式、地位与作用的。在《德意志意识形态》中，马克思对生产实践和交往实践的相互关系，以及二者共同推动历史向前发展的动力作用，作了深刻而充分的论述。马克思指出，人类“第一个历史活动就是生产满足这些需要的资料，即生产物质生活本身，而且，这是人们从几千年前直到今天单是为了维持生活就必须每日每时从事的历史活动，是一切历史的基本条件”[②]。在这个作为人类历史第一个基本条件、第一个历史活动之上，人类又开展了经济交往、政治交往、文化交往和宗教交往等社会交往活动。“各种交往形式的联系就在于：已成为桎梏的旧交往形式被适应于比较发达的生产力，因而也适应于进步的个人自主活动方式的新交往形式所代替，新的交往形式又会成为桎梏，然后又为另一种交往形式所代替。”[③] 物质生产和社会交往就这样共同推动人类社会的发展进步。

根据马克思主义的这些基本观点，在浩如烟海的群学历史文献中可以清楚地发现，历代群学家关于群体行为、群体关系、群体制度以及社会关系和社会矛盾等方面的研究，其实就是马克思所论述的对社会交往实践开

① 《马克思恩格斯文集》第一卷，人民出版社 2009 年版，第 501 页。

② 《马克思恩格斯文集》第一卷，人民出版社 2009 年版，第 531 页。

③ 《马克思恩格斯文集》第一卷，人民出版社 2009 年版，第 575—576 页。

展的研究。物质生产实践展开的是人与自然、人与物的关系，而社会交往实践展开的是人与人、人与群体以及群体之间的社会关系。物质生产活动一刻也不能停止，而社会交往活动也不可能中断，二者必须同时进行，人类社会才能存在与发展。因此，群学关于社会交往的研究，也是关于社会实践的研究。正是在这意义上，我们认为群学同马克思主义社会学不仅具有本质上或结构上的内在联系，而且还具有相互补充和深入结合的可行性。

虽然马克思在《德意志意识形态》中明确论述了社会交往在历史变迁或社会发展中的地位与作用，但在后来的著述中，马克思却没有对社会交往作出进一步充分考察和深入论述。在《资本论》等著作中，马克思的主要注意力集中于对资本主义生产力和生产关系方面的研究。恩格斯在《反杜林论》、《家庭与私有制起源》、《费尔巴哈论》以及历史唯物主义通信中，也没有对社会交往实践开展深入研究，而主要关注了物质与意识关系、认识论和辩证法、阶级斗争、历史规律和社会形态更替等问题。这些问题的存在并不是马克思主义经典作家忽视了交往实践的地位、作用与意义，而是因为无产阶级斗争的需要，他们难以抽出更多精力开展交往实践研究。

进入 20 世纪 70 年代，在后工业社会来临，社会交往和社会矛盾变得更加重要和更加复杂化的新形势下，德国新马克思主义代表哈贝马斯，继承马克思关于社会交往的重要论述，开始了以社会交往为主题的深入研究。哈贝马斯认为，交往是社会实践的基本形式，是社会发展的基本动力，马克思对此早有论述，然而后人却忽视了这个非常重要的方面，以致对社会实践和社会发展的动力、途径和形式产生了简单片面的理解。在社会交往日益占有更加重要地位的新形势下，必须对社会交往展开更加深入的研究，以此来补充马克思的社会发展理论。哈贝马斯指出："马克思判断社会发展并不是根据复杂性的增长，而是根据生产力的发展阶段和社会交往形式的成熟性。"①

① ［德］哈贝马斯:《交往与社会进化》，张博树译，重庆出版社 1989 年版，第 146 页。

哈贝马斯批判了单纯重视物质生产的观点，认为仅仅注意科学技术推动生产力在社会发展中的决定作用，忽视社会交往问题的研究，是用物理学的眼光分析社会现象导致的机械决定论。哈贝马斯认为，在科学技术推动生产力水平提高，进而推动经济增长和提升物质生活富裕程度的同时，展开于人际关系、群体关系乃至整个社会关系中的社会交往也在发展变化。社会交往的变化既表现为交往能力、交往范围和交往水平的提升，也表现为交往分化、交往矛盾和交往冲突的发生。当社会交往的矛盾与问题日益复杂化和普遍化之时，就应当高度重视并深入推进社会交往研究。

在哈贝马斯看来，优化社会交往、化解社会交往矛盾的途径在于提高交往主体的自我意识和道德水准，提升交往理性化程度，开展积极有效的社会交往，进而促进社会和谐、秩序稳定，实现社会健康发展。由此可见，哈贝马斯优化社会交往的目标与群学稳定社会秩序和实现社会善治和谐的追求是一致的。哈贝马斯指出，优化社会交往需要“道德—实践类型的知识，而不是那种可以在工具行为和策略行为规则中加以施行的技术性可用知识”[①]。道德实践知识可以作用于人的“内在自然”，亦即触及人的内在本性或内在本质，其实质就是主张通过道德—实践知识的学习提升人们的自我意识，进而实现自我的内在本性的发展和社会交往普遍优化的统一。“在交往行为中，言语的有效性基础是预先设定的，参与者之间所提出的（至少是暗含的）并且相互认可的普遍有效性要求（真实性、正确性、真诚性）使一般负载着行为的交感成为可能。”[②] 真实性、正确性、真诚性，加上言语可沟通性，这四点构成了社会交往有效开展的根据——交往理性的四个基本原则。

由上可知，在优化社会交往的道德教化进路上，哈贝马斯与群学存在

① ［德］哈贝马斯:《交往与社会进化》，张博树译，重庆出版社 1989 年版，第 150 页。

② ［德］哈贝马斯:《交往与社会进化》，张博树译，重庆出版社 1989 年版，第 121 页。

着重要区别。哈贝马斯的道德教化落脚点在于个体意识和个体交往行为，最突出地表现为他把优化交往行为的进路寄托于培育交往主体的交往理性。然而群学坚持了“修身、齐家、治国、平天下”的道德教化，并且这种道德教化是具有强烈政治色彩的社会教化，其实质就是一种治国理政的政治主张，体现了统治者稳定社会秩序、掌控天下权力的政治意志。正是这种融道德教化、社会教化与政治意志于一体的群学“进路”，使其获得了历代王朝的推崇与支持，在两千多年的历史演化中表现了持续有效的化育民风、优化交往、整合社会、稳定政体的作用。

赵辉深入考察了先秦的宗教神学、政治体制和思想文化，论述了先秦神坛、政坛和文坛的结构关系。“先秦神坛、政坛、文坛的一体化结构，使神坛、政坛由特定的言说场合和特定的言说主体、言说对象及其构成的言说关系而形成的‘限定时空言说’自然成为文坛言说的特征，从而使先秦礼乐政治形态成为先秦文学言说体式、惯例形成的土壤，先秦礼乐政治形态的言说原则成为文坛言说的支配原则。”① 简言之，先秦的思想文化或学术言说是受神学与政治的原则支配的，而政治与宗教是政教合一的，因此，归根结底思想学术是受制于政治的。

可以借鉴赵辉关于先秦政治、宗教和学术一体化的思想观点，从政治与学术的关系来考察群学的社会地位和学术价值。赵辉进一步指出：“这样一种政治体制，不仅使权力成为意识形态领域的终极支配，而且将体现着这一秩序的经济、法律和各意识形态的价值取向，通过家族血缘宗法关系和至高无上的权力将其注入家和个体，使作为局部的家和个体在接受国家的各意识形态价值取向的同时将自己投射到全局。”② 简而言之，在政治权力支配下的意识形态的价值取向，普遍性地注入家与个体，并通过家与个体的普遍注入实现了对国家与社会的全局性投射。

① 赵辉：《先秦文学发生研究》，人民出版社 2012 年版，第 1 页。

② 赵辉：《先秦文学发生研究》，人民出版社 2012 年版，第 64 页。

应当承认的是，在两千多年未发生根本改变的中央集权制的统领下，政治权力对意识形态的支配贯穿于先秦以来的全部历史，群学作为研究群体关系和社会关系、追求社会秩序稳定和教化人生、提升人性的意识形态，必然受到政治权力的重视与控制。如果这一点符合实际的话，那么以古代文献为直接研究对象的群学研究，也就间接地研究了两千多年的历史事实。更明确地说，群学开展的研究，不仅是面对古代文献的学术研究，也是通过群学文献认识中国政治、文化和社会生活的现实研究，是具有总体性视野的社会实践研究。

对社会实践开展历史与现实统一的总体性研究，进而实现思想认识的真实性和正确性，这是马克思主义的一个基本原则。卢卡奇高度重视马克思主义的总体性原则。他指出："恰恰是由于历史的生成迫使想与这些因素相符合的认识把概念结构建立在内容之上，建立在现象的独一无二的和新的性质上，因此它同时就迫使这种认识不让这种因素坚持其纯粹具体的独特性，而是把它们放到历史世界的具体的总体，放到具体的总的历史过程本身之中去，只有这样，认识才成为可能。"①

简言之，卢卡奇论述的总体性，就是要求社会历史研究要坚持在具体的总体性联系中把握现实的发展变化，而不是孤立地从事物的个别"独特性"作出片面的观察和得出不符合实际的结论。这里我们再次看到群学研究同马克思主义基本立场的相合性。虽然群学没有像马克思主义那样把物质生产纳入自己的学术视野并开展深入的研究，但群学能把政治权力、价值追求和道德教化等因素同群体关系、社会关系结合起来研究，不仅超越了狭隘实证社会学的学术视野，而且也保持了一定程度上的社会历史研究的相对总体性。

群学研究的相对总体性特点，对于当代中国社会学研究也具有很重要的借鉴意义。中国社会学恢复重建以来，形成了大量关于乡村社会、城市

① ［匈］卢卡奇:《历史与阶级意识——关于马克思主义辩证法的研究》，杜章智、任立、燕宏远译，商务印书馆 1999 年版，第 226—227 页。

社区、公司企业和社会团体的个案考察、经验描述、问题治理和建设对策等研究成果，应当肯定这些研究在一定程度上有助于了解改革开放以来基层社会发展变化的实际状况，有利于正确认识社会矛盾和及时解决社会问题。然而，这些强调细致描述的研究成果，通常不能把研究对象或关注问题同政治权力、价值信念、文化传统和制度习俗联系起来考察分析，并因此而呈现了卢卡奇所批评的“坚持其纯粹具体的独特性”①。

“纯粹具体”是抽象的具体，是舍弃了丰富的社会规定性，割裂了复杂社会联系的孤立的个体。对“纯粹具体”开展的经验描述无论有多么细致和生动，都只有局部的个别的特点与价值，而缺乏人文社会科学研究应当具有的个别与普遍、现实与历史的统一。马克思强调的具体是辩证的具体：“具体之所以具体，因为它是许多规定的综合，因而是多样性的统一。因此它在思维中表现为综合的过程，表现为结果，而不是表现为起点，虽然它是现实中的起点，因而也是直观和表象的起点。在第一条道路上，完整的表象蒸发为抽象的规定；在第二条道路上，抽象的规定在思维行程中导致具体的再现。”②

从群学的历史文献中可以发现，群学思想家们对作为经验事实的现实生活通常有很多仔细的观察和深刻的体验，因此他们往往用生动的故事阐释深刻的道德伦理。群学的研究与著述，相当于走过马克思论述的第一条道路——“完整的表象蒸发为抽象的规定”，也就是对现实中具有多种社会联系和丰富特点的社会事实作出多方面观察，形成相对完整而不是“纯粹具体”的感性表象，经过理论思维的抽象概括，建立一系列道德说教和行为规范。

当代中国社会学的一些经验研究，往往仅在马克思所论述的第一条道路上迈出了前几步，即对经验事实作出观察描述，试图形成“完整的表象”，但继续往前走——“蒸发为抽象的规定”，却止步不前，停留在对经

① ［匈］卢卡奇：《历史与阶级意识——关于马克思主义辩证法的研究》，杜章智、任立、燕宏远译，商务印书馆1999年版，第227页。

② 《马克思恩格斯选集》第二卷，人民出版社2012年版，第701页。

验事实的感性表象上。虽然直接观察的是“纯粹具体”的“完整的表象”，但其实是割裂了整体联系、遮蔽了多样性特点的被肢解了的直观表象。群学则不同，虽然群学没有对经验事实作出细致描述，但是通常是抓住事物的某些要害，揭示其本质联系，然后从中抽象概括出一些人生道理或治国方略。并且，在走完第一条道路之后又迈上了第二条道路，即根据在第一个思维过程中形成的对事物本质规定的把握，形成对事物的本质联系更深入的理性认识或理论概括。

总之，我们在群学研究的传统视野中，不仅能够看到令人景仰的博大精深的群学文献，领悟历代群学对群体关系与社会问题的深刻洞见与精辟论述，而且还能从中感受到群学视野的广阔性和学术追求的总体性，进而明确群学同西学的区别以及同马克思主义的联系。因此，群学研究既展现了久远而广博的历史意识和深厚而总体的价值追求，又明示了中华学术传统的独特品格与崇高境界，可以为当代社会学研究带来很多启发与助力。

二、现实社会的群学蕴含

包含各种学术流派、延续了两千多年的群学，其思想理论涵盖了个体家庭、人际交往、群体关系、国家民族、社会构成、历史变迁、风俗习惯、文化传统、法律制度等丰富的社会学基本内容。虽然这些思想内容既有对社会存在与社会运行的客观分析，也有对各种社会行为和价值取向的主观评价，但贯穿群学的一个始终不变的宗旨是开展以规范道德伦理和稳定社会秩序为主要内容的社会教化。

实证社会学的奠基人涂尔干在其代表作中努力论证群体或社会自发形成的客观性，以此来支持把社会当作“物”一样看待的社会本体论。[①] 然

① ［法］爱弥尔·涂尔干:《宗教生活的基本形式》，渠东、汲喆译，上海人民出版社 1999 年版，第 11 页。

而，涂尔干并没有绕过教化在群体或社会形成与整合中的作用，相反，他深入论证了集体表象在群体或社会整合中的核心作用。涂尔干深入研究澳洲原住民的图腾崇拜、集体狂欢和冲动兴奋，进而论证原始部落集体表象的自发生成，意在说明使群体和社会得以凝聚的集体表象不是思想家或政治领袖凭借主观意志刻意制造出来的，而是在群体活动或社会互动中客观生成的。①

虽然原始部落通过图腾崇拜、集体兴奋生成的集体表象具有一定的社会客观性，但不能据此而否认社会表象在其发展与传播中的主观性。任何群体，无论是原始的还是现代的，都有处于中心地位或拥有主导权力的核心成员，而最初形成的具有一定模糊性的集体表象，需要得到部落首领的认可、推崇和强化，才能相对确定地同某种明确的具体形象结合起来，集体表象才能有效地发挥凝聚群体、教化社会的作用。实证社会学不否认社会教化的作用，这一点在孔德那里表现得更加明显，他曾经举办夜校，试图用实证精神教化工人努力工作，支持资产阶级领导的工业社会发展。②

事实上，中西社会都是在教化中生成、发展与延续的。对古希腊文明作出了深入研究的维尔纳·耶格尔指出："任何集体的建立都取决于在本集体适用的成文或不成文法律与规则，用以维系集体自身及其成员。因此，一切教育都是关于人类集体的活跃规则意识的直接结果，无论是关于家庭、职业或阶级，抑或是关于家族和国家这样更大的共同体。"③ 耶格尔这里所论述的教育同其所论述的教化有一定的区别："贵族们的求名需求和统治地位隐含了这样的要求，即在其代表尚处可塑的幼年时，要按照在这个圈子

① ［法］爱弥尔·涂尔干：《宗教生活的基本形式》，渠东、汲喆译，上海人民出版社1999年版，第551—552页。

② ［法］奥古斯特·孔德：《论实证精神》，黄建华译，商务印书馆1996年版，第77—86页。

③ ［德］维尔纳·耶格尔：《教化——古希腊的成人之道》，王晨译，上海三联书店2022年版，第14页。

里适用贵族行为方式的样子塑造他们。就这样，教育第一次变成了教化，即根据固定的模板塑造个人。”① 可见，区别在于：教育具有人类集体或共同体的普遍的规则性或制度性，而教化则是为塑造个别群体的行为方式而形成的特殊模式。

群学的教化兼具耶格尔所论的教育和教化功能。孔子告诫齐景公如何为政：“君君，臣臣，父父，子子。”② 荀子曰：“贵贱有等，长幼有差，贫富轻重皆有称者也。”③ 范仲淹在《岳阳楼记》中写有劝世良言：“居庙堂之高，则忧其民；处江湖之远，则忧其君。”这些名言都是劝导处于不同社会地位的人如何各居其位、循规蹈矩、守职尽责。至于忠孝节义、礼义廉耻，则是群学在普泛意义上对社会各个阶层开展社会教化的道德准则。可以毫不夸张地说，群学文献浩如烟海，但很难从中发现不知所云的空泛议论，几乎都可以领悟到以仁为本、弃恶从善的人生道理。

群学教化不仅内容十分丰富，涉及个人和群体、百姓和君臣、家庭和国家等各种社会构成，并且尤为重要的是，群学教化具有灵活多样的感性传播形式。在先秦的儒道墨法文献中，已经能够看到群学大师们把深刻的人生道理转化成生动的感性故事向君臣百姓讲述。诸如《论语》《春秋三传》《道德经》《庄子》《墨子》《韩非子》等文献中，很少能看到不及实际的概念演绎和逻辑推论，即便不是完整陈述历史典故或感性事实，也是用具体事例去论证为人处世、齐家治国的道德伦理和治国方略。至于汉唐开始，历代朝廷与地方官府修建庙宇、祠堂、牌坊，通过祭奠和表彰明君功臣、文圣武圣、孝子贤妻，进而利用更加生动的感性形式传播了群学的社会教化。通过感觉和知觉认知，并以表象形式记忆与传播，在广度和深度上都增强了群学塑造和导引社会的感性教化能力。

① ［德］维尔纳·耶格尔：《教化——古希腊的成人之道》，王晨译，上海三联书店2022年版，第24页。

② 陈晓芬、徐儒宗译注：《论语·大学·中庸》，中华书局2015年版，第143页。

③ 方勇、李波译注：《荀子》，中华书局2015年版，第300页。

我们并不轻视理性教化，像康德和黑格尔等西方哲学家通过分析认识与行动过程而形成的深刻的概念逻辑和思想体系，无疑也能展开鞭辟入里、发人深省的社会教化。但理性教化对社会成员在认识上的深入程度和社会传播的广泛程度，是远不及感性教化的。梅洛 - 庞蒂等已从现象学视角深入论述了通过知觉表象开展感性交流和社会传播的首要地位和现实意义:“被知觉的世界是所有理性、所有价值及所有存在总要预先设定的前提。这样的构想并非是对理性与绝对的破坏，而是使它们降至地面的尝试。”① “因为是知觉的经验指导着我们从此一时刻过渡到彼一时刻，并使我们获得时间的统一性。在这一意义上讲，任何意识甚至我们对自己的意识，都是知觉的意识。”②

没有足够的学术知识准备和必要的逻辑思维训练，欲清楚理解康德《纯粹理性批判》、黑格尔《逻辑学》等著作中阐述的理性教化思想，是无法实现的。因此，西方学者推崇的理性教化，在社会传播的广度与社会成员接受的深度上都是有限的。然而群学的感性教化却能克服理性教化的这种局限性。可想而知，无论是帝王将相，还是黎民百姓，当他们听闻历史人物的生动故事，瞻仰庙宇中的明君功臣，祭拜祠堂中的圣贤先祖，仰视表彰典型人物的各种牌坊时，不必经过概念辨析和逻辑推论，就可以通过自己的知觉表象形成丰富的感性认识、形象记忆和社会传播。

正是凭借生动的感性教化，包含了深刻理性思维的群学思想，实现了广泛而深入的社会教化。群学有一整套概念体系、价值原则和理论框架，在群学的文献研究中，这套理论体系得到了深入考察和理论分析。但群学在两千多年的社会传播中，其对社会的教化却把这些理性思考借助历史事实、文学艺术、建筑美学形象具体地表达出来，群学规范社会行为、划分

① [法] 莫里斯 · 梅洛 - 庞蒂:《知觉的首要地位及其哲学结论》，王东亮译，生活 · 读书 · 新知三联书店 2002 年版，第 5 页。

② [法] 莫里斯 · 梅洛 - 庞蒂:《知觉的首要地位及其哲学结论》，王东亮译，生活 · 读书 · 新知三联书店 2002 年版，第 4—5 页。

社会结构、稳定社会秩序、促进社会整合的思想观念，通过感性教化而广泛地输入各个阶层、植入各种领域，成为政治体制、社会关系和文化传统长期稳定运行的精神基础。

金观涛和刘青峰对中国社会结构超稳定现象进行了探索。他们认为，中国社会包含了意识形态结构、政治结构和经济结构，这三个结构或系统之间是一种耦合的关系。“这三个系统的耦合意味着它们的相互影响、调节和适应。一旦我们给中国封建社会结构这样一种明晰的定义，马上就会发现中国封建社会结构从秦汉一直到清朝保持了两千多年之久。换言之，社会结构的停滞性是中国封建社会的最基本的特点。”① 金观涛和刘青峰还把研究传统社会（即原来所称的封建社会）的方法运用到近现代史领域，并突出强调了意识形态维持社会结构超稳定的作用。② 他们指出：“中国超稳定结构实为农业文明之‘列维坦’，一体化组织三层次恰似巨人的躯体，而意识形态就像巨人的思想。当意识形态不变时，巨人对外界冲击的反应麻木不仁，或顽固抗拒自身组织的变革，防卫现代化的失败不可避免。”③

金观涛和刘青峰对意识形态在超稳定社会结构中地位与作用的分析值得重视，但用控制论、系统论和数学模型的方法对中国社会结构长期不变的原因作出描述，未免存在表层化和简单化的不足。事实上，在社会发展高度不平衡的人口大国，意识形态具有多层级的差异构成。在经济社会发生复杂变化的形势下，不仅由政治权力掌控的主流意识形态要作出明确的反应，而且在主流意识形态长期教化下形成的不同群体、不同领域的民间意识形态，也会形成具有不同价值要求和多种表达形式的反应。当意识形

① 金观涛、刘青峰：《兴盛与危机：论中国社会超稳定结构》，法律出版社 2011 年版，第 12 页。

② 金观涛、刘青峰：《开放中的变迁：再论中国社会超稳定结构》，法律出版社 2011 年版，“导言”第 11 页。

③ 金观涛、刘青峰：《开放中的变迁：再论中国社会超稳定结构》，法律出版社 2011 年版，第 77 页。

态发生分化甚至冲突时，社会结构何以保持超稳定？金观涛和刘青峰以新文化运动为例作出了回答："在我们的历史解说中，新意识形态对旧意识形态的代替不是传统之中断，而更像传统结构的倒置。我们将其形象地比喻为意识形态面具的倒转，在深层结构不变条件下实现某些传统价值的逆反：如用群体的道德理想主义代替个体的道德理想主义，用未来的乌托邦代替古代的'大同'。这种解释也许更能有助于理解为何新意识形态会那么快地普及。正因为新意识形态符合了传统的深层结构，但又不同于儒家，并以反帝反封建为内容，从而具备了比传统意识形态更大的组织力。"①

这就是说，在由政治权力控制的社会结构没有发生本质改变的条件下，意识形态不会发生根本的转变。即便因为历史条件发生重要变化，意识形态发生了一些表现形式上的变化，也不会形成从传统到现代的在性质上的转变，它从本质上还是受制于作为社会深层结构的文化传统，不会发生中断性的改变。具有稳定传承性的文化传统，既包括经过政治权力认可与强化的以概念体系表现的道德规范、制度体系和思想理论，也包括那些存在于人们心理结构中的行为惯习、实践意识、思维方式和生活方式，这些同人们日常生活紧密结合在一起可以直接支配人们社会行动的知觉表象或身体图式，是更稳定的心理结构或文化底蕴。

本文无法全面讨论中国社会结构超稳定的多重原因，这里突出强调，导致中国社会结构超稳定的一个重要原因是：在历代王朝中央集权制的政治权力支持下，群学以其不断丰富的思想理论体系，借助形象具体的感性形式，对社会开展了以规范社会行为、整合社会关系、稳定社会结构和支持政治权力的感性的社会教化。群学以其具有感性特点的广泛而深入的社会教化，为中国超稳定社会结构奠定了深厚的精神基础或思想文化基础。即使在为争夺政治权力和经济利益而展开的军事冲突和朝代更迭中，也难

① 金观涛、刘青峰：《开放中的变迁：再论中国社会超稳定结构》，法律出版社2011年版，"导言"第12页。

以动摇群学融入社会各阶层的心理结构、文化传统和精神底蕴。

因此，我们认为，群学的思想观点并不是仅存于历史典籍中的道德伦理和社会学说中，而是通过两千多年的社会教化已经深深植入社会各种层面或各种领域之中的现实存在，可以称为中国社会现实中的群学蕴涵。之所以这样称，意在指出：注重人际交往、群体关系、社会整合与和谐秩序的群学思想，已经根深蒂固地嵌入中华民族的精神结构之中。并且，作为社会学基本内容的群学思想，虽然很少有人能说清楚其来龙去脉和思想追求，但善于交往、乐于结群、公平待人等为人处世的原则还是广为人知的。其实，这些看似浅显的日常生活道理，也是群学教化的社会表现。群学倡导的道德伦理或行为准则，已经成为日常生活中的实践意识。

吉登斯和布迪厄都论述过实践意识，对于理解中国社会的群学底蕴具有借鉴意义。吉登斯反对仅从概念思维和逻辑推论来认识支配人们社会行动的意识活动。在他看来，人们在日常生活中通常是由“只做不说”的实践意识支配自己的社会行动。实践意识不是用概念和逻辑表达出来的“话语意识”，“话语意识和实践意识之间不存在什么固定界限，两者之间的区别不过是在于，什么是可以被言说的，什么又是只管去做的”①。布迪厄更明确地把实践意识称为实践感，“‘实践感’在前对象性的、非设定性的层面上运作。在我们设想那些客体对象之前，实践感所体现的那种社会感受性就已经引导我们的行动。通过自发地预见所在世界的内在倾向，实践感将世界视为有意义的世界而加以建构”②。

在中国基层社会的日常生活中，群学通过两千多年社会教化而形成的精神底蕴，虽然大多数社会成员不能条理清晰地表述出来，但其倡导的道德伦理和礼俗秩序等却已深深融入百姓的心理结构，成为直接支配人们交

① [英] 安东尼·吉登斯:《社会的构成——结构化理论纲要》，李康、李猛译，中国人民大学出版社 2016 年版，第 6 页。

② [法] 皮埃尔·布迪厄、[美] 华康德:《实践与反思——反思社会学导引》，李猛、李康译，中央编译出版社 1998 年版，第 22 页。

往行为的“实践意识”，甚至成为前对象性的非设定的“实践感”或规定人们日常行为的“惯习”。这种与人的感性意识、身体行动、生活习性和风土人情融汇一体的精神底蕴，是社会发展运行最基本、最稳定的文化基础与社会基础，它长期稳固地支撑着中国社会结构的超稳定。

三、群学研究的当代价值

综上所述，群学研究不仅是对经由两千多年学术积累而形成的卷帙浩繁的历史文献开展的学术研究，也应当是对经过长期教化而深深蕴含在中国社会各种领域、各种层面的精神底蕴而开展的现实考察。并且，如果群学研究实现了历史文献研究与现实精神底蕴研究的统一，群学研究的当代价值就会大幅提升。然而，当我们用应然性判断提出对蕴含于当代社会现实之中的群学底蕴开展考察时，一方面说明对这个真实存在的文化现象尚未开展深入而充分的研究，另一方面也说明这是一个具有重要学术价值和实践意义的当代群学研究任务。

面向历史文献的群学研究已经向当代中国社会学提出了尖锐挑战：在具有悠久文化传统的中国社会开展社会学研究，应当坚持明确的历史意识，应当在几千年的文化传统和历史传承中考察当代中国社会的现实发展和存在问题。浏览一下时下发表的社会学研究文献，大量的论文与著作是关于社会治理的问题与对策、城乡社区变迁的经验描述、流于形式的量化分析等，在这些现实感很强的研究成果中，很少看到追根溯源的历史考察和直抵事物本质的深入分析。

如果把中国社会学的目光扩展到两千多年以前的荀子群学，很多当下热议的一些社会学话题，实质上已经包含在合群、能群、善群和乐群的论题之中。面对具有悠久文明史的中华民族开展社会学研究，仅仅顾及当下的事实描述和问题分析，难免会滞于表面、陷于浅薄、流于重复。事实上，群学世代相继、不断教化的道德准则、伦理规范和礼俗制度，仍然以不断转变的形式而体现在现实生活的运行中。只有在文化传承和习俗制度的连续性中考察各种层面的社会现象，才能避免社会学研究中的“知今不知古的盲瞽”弊端。这里可能遇到的批评是，古代群学所面对的传统社会同现实社会相比，已是时过境迁，不可同日而语。应当明确肯定，当代中国社会在改革开放推动下，确实发生了深刻变迁，很多中外学者称之为社会转型。但是，这些社会变迁是否可以被称为社会转型，还值得进一步思考。社会转型是社会学界广泛流行的一个概念，意指中国社会在改革开放推动下已经发生了类型上的改变，甚至有人认为接近马克思所论新社会形态的诞生。其实，当代中国社会不过是发生了一些局部层面的变化，距离马克思所论的总体性的社会形态变迁相差甚远。

马克思所论述的社会形态是经济基础和上层建筑的统一，当其发生变迁或形态更替时，占统治地位的生产关系和以它为基础的上层建筑都将发生根本性变革，更明确地说是从生产力到生产关系、经济基础到上层建筑的总体性转变。据此而言，中国当代社会发生的变化不是完整意义上的社会形态转变，只能说是在某些领域发生了比较重要的发展变化。更明确地说，改革开放以来中国社会的发展变化主要是生产力领域的变化，生产关系在生产力发展的推动下也发生了一些比较重要的变化。而在经济基础之上的政治体制和思想文化发生的变化是有限的。因此，当代中国社会发生了不平衡的结构变迁。

面对中国社会发展的结构不平衡性，社会学研究应该借鉴群学在政治、文化和社会的紧密联系中研究社会发展、化解社会矛盾的方法原则。无论古今，中国社会都是以政治权力为中心的社会。历代都有一些群学思想家，不仅从不回避、从不掩盖政治对文化与社会的统治地位和控制作用，而且还积极揭示甚至抨击政治权力及其行为对社会统治不当而产生的祸患与灾难。当代中国社会学的一些研究回避政治与文化和社会的关系，试图对社会现象或社会问题开展脱离政治的社会学研究，而在这种视野中开展的社会学研究，只能是盲人摸象地触碰到一些社会生活的碎片，其对一些重要而复杂的社会问题开展的考察与分析，不过是隔靴搔痒，抓不住根本或实质。

群学研究如能在历史与现实的联系中展开学术视野，就需直面当代中国社会乃至人类社会的一系列空前深刻的重大发展，而其中最重要、最普遍的变化是由网络化、数字化和智能化推动的信息化创新发展。这是任何一个民族、群体和个体都无法回避的重大社会变迁，群学研究也必须重视这个无处不在的崭新的社会发展浪潮。退一步说，即便某些群学研究仅仅以历史文献为研究对象，固守于书斋中的典籍阐释，也回避不了当代社会信息化带来的广泛影响和深刻冲击。文献典籍的阐释，是一种思想史的研究。柯林伍德就指出所有的思想史都是当代史，是阐释者立足当代社会对历史文献作出的阐释，都不可避免地含有阐释者对当代社会变迁的理解与评价。不知古则必俗，不知今则必愚。文献典籍的阐释只有在古今视野的交会中，才能作出既有深厚历史底蕴又有明确现实基础的通古达今之论述。

然而当群学研究把目光聚焦当代社会问题时，对网络化、数字化和智能化给社会带来的巨大动力和引起的深刻变革就更加不可轻视。群学文献形成于先秦以来的两千多年历史之中，而这漫长的历史过程是封建的农耕社会，因此，群学古代文献是对同当代社会有千差万别的农耕社会的反映。虽然两千多年农耕社会的社会结构具有超常稳定性，其政治、经济和意识形态的基本原则和本质联系还在延续，但已经遭遇网络化、数字化和智能化的严峻挑战，其中最突出的挑战表现如下。

首先是脱域空间对地方空间的挑战。农耕社会是存在于特定的地方空间中的社会，不仅耕地和村庄不能迁移，而且与特定地理环境联系在一起的风俗习惯、熟悉关系、礼俗制度和生活方式也不能轻易改变。网络化改变了几千年不变的乡村地方空间，农民利用移动通信和互联网进入了超越地理边界限制的网络空间。网络空间是脱离了地方空间束缚的脱域空间，是没有边界限制、不断扩展的流动空间。在网络空间生成的初期，很多人将之称为虚拟空间，而当其发展到可以流入地方空间、社会空间以及心理空间的各种角落，人们认识到，这是一个内容十分充实的现实空间。“从一个更广的历史角度来说，网络社会代表了人类经验的性质变化。假如我们根据古老的社会学传统，认为在最基本的层次上社会行动可被理解为自然与文化之间关系的变迁模式，那么，我们的确是置身于新纪元之中。”①

其次是社会分化对社会整合的挑战。网络空间的快速流动与大规模扩展，不仅难以预料地提升了人们的交往能力和交往频率，空前广泛地增强了社会联系，而且同时也引发了群体、组织、阶层乃至整个社会的复杂分化。社会学习惯于通过人口流动、贫富差别、群体重组和组织解体等角度讨论社会分化，这些分化在网络社会崛起过程中普遍存在。但在网络社会崛起后，最复杂最严重的社会分化已经不是地方空间中的社会实体的分化，而是网络空间中的社会价值理想、生活方式和思维方式的分化。这是令人费解的问题，从逻辑上推论，网络交流和信息沟通本来可以增强社会联系、促进社会整合，但现在却与之相反，网络交流与信息沟通却在联系中弱化了社会整合，加剧了社会分化，而价值理想、生活方式和思维方式等方面的分化尤为严重，“佛系青年”、“四不青年”、“丧文化”、内卷等现象的普遍存在，是对这种社会分化的明证。

最后是不确定性对确定性的挑战。大数据、大模型、数字模拟、数字经济、ChatGPT、脑机接口、人形机器人，接踵而来的数字技术和智能技术，以惊人的速度把城乡社会引入一个崭新的信息化时代。信息化时代与工业化时代以及农业文明时代有很多不同特点，但最具挑战性的是信息化时代的流动性与不确定性。这个突出特点是由信息生产所决定的，农业生产和工业生产都是在确定的地方空间中生产或制造具有明确稳定性的物质产品，而信息生产则是在不确定的网络空间或数字空间中交流和存储不断流动的信息。流动、更新和重组是信息的生命本质，信息只有进入这种不

① ［美］曼纽尔·卡斯特：《网络社会的崛起》，夏铸九、王志弘等译，社会科学文献出版社2006年版，第577页。

断变化的过程中，它才能焕发能量、形成动力和活力再造。无论具有多么重要意义和传播价值的信息，一旦被禁闭在具有严格边界的空间限制中，信息的活力必将随之窒息。因此，无论是信息的生成还是信息的传递，都会呈现出快速流动、不断创新和持续重组的内在冲动，信息化时代由此而具有不可排除的快速流动性和高度不确定性。并且，这种流动性和不确定性以其巨大的冲击力，无孔不入地进入经济、政治、文化和社会生活的各种领域，人类社会进入了一个用传统思想观念难以认识和理解的崭新时代。

脱域空间、社会分化和不确定性，这些崭新变化已经直接向群学发出了挑战。群学的特点是以其稳定的价值体系和思想观点，通过广泛的各种形式与各种层面的社会教化，追求、支持和巩固了政治、经济、文化和社会的秩序。并且，群学经过两千多年的传播与教化，已经比较有效地实现了这种追求。然而，网络化、数字化和智能化所推动的社会变迁，其强劲势头不可逆转，尖锐地挑战了具有超常稳定性的社会秩序或社会结构。在这种严峻挑战面前，群学研究何去何从？答案只能是群学顺应现实的变化，调整那些不能与时俱进的思想观点，在历史与现实的统一中作出新的选择。

在当代社会发生复杂而深刻变迁的新形势下，群学研究应当提出新问题、作出新选择，但并非认为群学研究应当抛弃传统、改弦易辙，而是期望群学研究能够在承继中华民族优秀文化传统的同时，在历史与现实的联系中展开新探索，作出新贡献。我们虽然认为信息技术革命推动的当代社会变迁不可逆转，但没断定群学的学术传统在地方空间中对社会整合与社会稳定的追求失去了意义。事实上，虽然信息革命扩展了社会空间、促进了社会分化和增强了社会活力，但是人的生命活动既不能超越地方空间，也不能脱离社会群体，更不能陷入永无休止的不确定性之中。因此，群学关于地方空间中的交往行为、群体关系、礼俗制度、文化传统以及权力运行等方面的研究成果，仍然具有发掘和传承的学术价值与实践意义。

如果对网络化、数字化和智能化发展作出更具中国特色的考察，会发现很多与群学研究具有直接联系的网络社会现象，从群学视角也能对这些网络社会现象作出另辟蹊径的研究。中国的网络技术和数字技术未必能够超过欧美，但是中国社会成员对网络技术和数字技术的应用，在网络交往的参与规模和活跃程度上应当排在世界前列。据中国互联网络信息中心统计，截至 2023 年 12 月，我国网民规模达 10.92 亿，互联网普及率达 77.5%。[①] 如此数量庞大的网民队伍，通过亲情关系、熟人关系、同学关系、同事关系、交易关系等不同路径建立的网络群体，诸如微信群、微博群、抖音群、QQ 群、朋友圈以及各种名目的粉丝群，其数量巨大，难以估量。如果以每个网民可能加入 20 个网络群体计算，试想近 11 亿网民会结成多少个网络群体。

可以毫不夸张地说，无论是在数量上还是在活跃度上，包括在活动范围和活动领域上，中国网络群体都要远远超过地方空间中存在的社会群体。以“合群”“能群”“善群”“乐群”为主题的群学研究，如果能在传统与现实的联系中对网络群体开展深入研究，一定能开创别有洞天的学术视野，创造出别开生面的研究成果。网络群体在中国社会有如此大规模的发展和异常活跃的网络交往，与群学自先秦以来在中国社会开展的融理性思维与感性表象于一体的社会教化直接相关。正是经过群学两千多年的培育群体意识、促进群体整合、优化社会交往的社会教化，中国社会形成了乐于参与群体活动、善于开展社会交往的文化传统，为网络群体或网络社会在中国的大规模发展奠定了稳定的心理基础和丰富的文化基础，形成了其他民族难以具备的社会基础，并为群学研究中国网络社会作出了历史准备。

责任编辑：郝彩虹

① 中国互联网络信息中心：《第 53 次中国互联网络发展状况统计报告》，道客巴巴，2024 年 4 月 3 日，http://www.doc88.com/p-75229825654829.html，最后访问日期 2024 年 7 月 2 日。

中国传统民本思想的两面性与创造性提升

金民卿*

提　要：中国传统民本思想包含着诸多合理性元素，促使执政者采取安民养民的措施，保持一定程度的社会稳定、抑制或推翻暴政，总体上说是有利于民众的优秀社会治理思想。但是，从历史观、制度前提、治理主体、治理目标等方面来看，它在私有制条件下产生的统治阶级意识形态的组成部分，带着特定的时代、阶级和认识的局限性。中国共产党人把马克思主义思想精髓同民本思想的精华有机结合起来，并克服其局限性，丰富和发展了人民主体地位思想，形成了党的人民立场、根本宗旨和根本路线，人民至上的执政理念和以人民为中心的发展思想，在建立人民当家作主的社会制度、发展全过程人民民主、探索跳出历史周期率等方面作出了原创性贡献，推动民本思想在"两个结合"过程中实现创造性转化和创新性发展。

关键词：民本思想；以民为本；"两个结合"；马克思主义中国化

* 金民卿系中国社会科学院中国历史研究院党委副书记、研究员，中国社会科学院大学教授、博士生导师。

引　言

“两个结合”，特别是“第二个结合”，是习近平立足新时代历史方位，原创性地提出的一个重大科学命题。2021 年 7 月 1 日，在庆祝中国共产党成立一百周年大会上，习近平首次提出必须把马克思主义基本原理同中国具体实际相结合、同中华优秀传统文化相结合。2022 年 10 月，在党的二十大上，他系统阐述了“两个结合”的丰富内涵，强调坚持和发展马克思主义必须同中华优秀传统文化相结合，只有植根本国、本民族历史文化沃土，马克思主义真理之树才能根深叶茂；中华优秀传统文化蕴含的宇宙观、天下观、社会观、道德观等，同科学社会主义价值观主张具有高度契合性；我们要把马克思主义思想精髓同中华优秀传统文化精华贯通起来、同人民群众日用而不觉的共同价值观念融通起来，让马克思主义在中国牢牢扎根。2023 年 6 月 2 日，在文化传承座谈会上，习近平系统阐述了“两个结合”特别是“第二个结合”的重大意义和丰富内涵，明确提出“两个结合”是我们取得成功的最大法宝，“结合”的前提是彼此契合，“结合”的结果是互相成就，“结合”筑牢了道路根基，“结合”打开了创新空间，“结合”巩固了文化主体性。“第二个结合”思想深邃、内涵丰富，需要进行深度的学理化研究。

但是，在研究“第二个结合”思想的过程中，我们应该注意到一种值得关注的倾向。在习近平突出强调“契合”问题后，很多学者在研究“两个结合”尤其是“第二个结合”时，大都集中讨论马克思主义基本原理同中华优秀传统文化相契合的方面，致力于从中国传统文化中找出来一系列观点、论断、思想，论证它们与马克思主义的一致性，而对相互之间的本质差异语焉不详甚至刻意回避。对此，我们必须注意，因为马克思主义和中华优秀传统文化首先是两种在本质上具有极大差异性的文化，对它们形成的时代背景和社会条件、文化性质和服务对象，尤其是在当代中国文化格局中的地位等方面的差异，我们绝不能视而不见、听而不闻。如果不讲两种文化的差异性，而一味单方面地强调二者的契合性，就会把两种文化“同质化”，而同质化的文化是谈不上什么契合或结合的。

我们必须全面地、辩证地去考察和研究马克思主义基本原理同中华优秀传统文化的结合问题，在坚持差异性基础上去发掘它们之间契合性，实现两种文化精华的差异性融合与创新，而不应该陷入形而上学的全盘肯定或全盘否定的单向度思维。同时，我们要坚持具体的而不是抽象的结合，在马克思主义指导下深入分析中华优秀传统文化中的哪些观点有契合性，这些思想观点中的哪些方面是合理的，需要传承弘扬和改造提升，哪些方面是带有时代局限性的，需要剔除和抛弃，也就是说哪些是可以结合的，哪些是不可以结合的。

民本思想就是中华优秀传统文化中源远流长的优秀治理思想，是中国传统群学思想中的一颗璀璨明珠，是“第二个结合”的一个重要切入点。我们要以习近平新时代中国特色社会主义思想，特别是“第二个结合”的思想为指导，站在真理的、时代的、实践的制高点上，全面准确地分析它与马克思主义之间既有高度契合性又有本质差异性的辩证关系，既要看到民本思想的丰富内涵及其合理性价值，又要看到它带有时代局限性的不正确内容，在马克思主义指导下实现其创造性转化和创新性发展，把这颗璀璨的文化明珠恰如其分地镶嵌在当代中国文明建设大厦之上。

一、民本思想是源远流长的传统优秀社会治理思想

民本思想是中华优秀传统文化源远流长的优秀社会治理思想，体现在几千年来众多古代文化典籍和思想家的撰述中，历代思想家持续不断的注释和演绎形成了民本思想演变的发展脉络，历代贤明执政者的治理实践使民本思想显示出其合理的价值观取向。

在中华文化发端时期，民本思想就滥觞于贤明执政者的治理实践中，

明确记载于文化典籍中。民本思想聚焦传统君主制国家机构和治理实践中最核心的民众与君主、邦国的关系，把民众确立为君主政权创建、立足、稳定、延续的根基。中国早期文献集《尚书》提出的“民为邦本，本固邦宁”（《尚书·五子之歌》），是中国人耳熟能详的民本思想早期表述样态，把民众同国家存在和稳定联系起来，强调了民众是国家存续的根本，是王权国家保持稳定的基础。《晏子春秋》提出“卑而不失尊，曲而不失正者，以民为本也”[①]、儒家礼仪制度和治理思想的经典著作《礼记》提出“民以君为心，君以民为本”（《礼记·缁衣》），从君与民的关系切入，明确表达了“以民为本”的治理理念，阐述了执政者同治理对象、统治者与被统治者的互动关系。孟子提出“民为贵，社稷次之，君为轻”（《孟子·尽心下》）的经典论述，对王权政治中不同社会群体、不同治理要素的地位、职能作了言简意赅的阐述，形成了“民贵君轻”的核心思想。荀子提出“选贤良，举笃敬，兴孝弟，收孤寡，补贫穷，如是，则庶人安政矣。庶人安政，然后君子安位。传曰：‘君者，舟也；庶人者，水也。水则载舟，水则覆舟。’此之谓也”（《荀子·王制》），形成关于“君、民、舟、水”的关系论断，把君与民的相互依存关系作了清楚阐述，是中国传统治理思想的经典表达。《孔子家语》也辑录了大致相同的论断，即“君者，舟也；庶人者，水也。水所以载舟，亦所以覆舟”。不独儒家如此，老子也提出“圣人无常心，以百姓心为心”（《道德经·第四十九章》）的论断，阐述圣人与百姓、君王与民众、治理者与被治理者的关系，突出民众在国家和社会治理中的重要性。

在历代思想家的思想传承中，民本思想得到进一步的阐述和演绎，不断守正出新。西汉早期，贾谊提出“民者，万世之本也”“闻之于政也，民无不为本也”“国以民为本，君以民为本，吏以民为本”“国以民为安危，君以民为威侮”（《新书·大政》）。三国时期，陆凯上疏谏吴主孙皓时指出，

① 汤化译注：《晏子春秋》，中华书局 2011 年版，第 291 页。

“有道之君，以乐乐民；无道之君，以乐乐身。乐民者，其乐弥长；乐身者，不乐而亡。夫民者，国之根也，诚宜重其食，爱其命。民安则君安，民乐则君乐”（《三国志 · 吴书 · 陆凯传》）。其突出强调当政者应该爱民，确保自己的政权能够根本牢固而延续长久。南北朝时期，刘勰在《新论》中提出“衣食者民之本也，民者国之本也”。宋初，张载提出著名的“横渠四句”，即“为天地立心，为生民立命，为往圣继续学，为万世开太平”（《横渠语录》），深化和拓展了儒家对治国理政、政治理想的理解，成为中国传统儒家知识分子使命的经典表达。朱熹解读孟子时在前人基础上进一步提出“国以民为本，社稷亦为民而立”（《四书章句集注 · 孟子集注 · 尽心章句下》）。明末清初，黄宗羲对君主专制提出严厉批评，也对背离民本思想而仅仅服务于独裁君主的臣僚作了批判，“原夫作君之意，所以治天下也。天下不能一人而治”（《置相》），君主的各级臣僚“出而仕也，为天下，非为君也；为万民，非为一姓也”，如果大臣“以君一身一姓起见”，“视天下人民为人君囊中之私物”（《原臣》），就是“轻视斯民之水火”，实际上却背离了为臣之道（《原臣》）。

延至近代，思想家们对民本思想的阐述依然热情不减，康有为在 1895 年第二次上书清帝时发微传统民本思想，提出“国以民为本，不思养之，是自拔其本也”[①]。随着中国社会和思想转型，众多思想家把传统民本思想同近代民主思想结合起来，将民本思想作为民主思想的深厚文化支撑，以民主思想来改造传统民本思想。严复提出，“君也臣也，刑也兵也，皆缘卫民之事而后有也；……秦以来之为君，正所谓大盗窃国者耳。……斯民也，固斯天下之真主也”[②]。谭嗣同提出：“生民之初，本无所谓君臣，则皆民也。民不能相治，亦不暇治，于是共举一民为君……夫曰共举之，则因

① 康有为撰，姜义华、张荣华编校：《康有为全集》（第二集），中国人民大学出版社 2007 年版，第 39 页。

② 严复：《辟韩》，载胡伟希选注《论世变之亟——严复集》，辽宁人民出版社 1994 年版，第 46—48 页。

有民而后有君，君末也，民本也……夫曰共举之，则且必可共废之。”（《仁学》）梁启超更是把国民提升到国家主人的位置，提出国家的主人就是一国之民。当然，近代思想家没有找到科学理论指导，虽然看到了传统君主社会的弊端，力图以民本思想来改造君主社会，但并没有在思想和实践上真正实现这个目标。

民本思想不仅是一种治理理念和思想建构，而且体现在不同时代贤明执政者的治理实践中，不同程度地实现民本思想从思想到实践的转化。民本思想的提出，就是总结（或假托）尧舜禹“三代”和文王、武王、周公等的治理经验。汉高祖刘邦鉴于秦法严苛，残害百姓，在进入咸阳之际，“与父老约，法三章耳：杀人者死，伤人及盗抵罪。余悉除去秦法”（《史记·高祖本纪》）。正是通过“约法三章”，严格约束军队纪律，保护百姓生命和财产，刘邦赢得乡绅豪杰及广大民众的支持，最后取得胜利，建立汉朝政权。汉初，汉高祖等执政者吸取秦朝实施暴政而迅速走向灭亡的教训，采取“轻徭薄赋”“与民休息”政策，减少税赋田租，所谓“汉兴之初，反秦之敝，与民休息，凡事简易，禁罔疏阔，……而天下晏然，民务稼穑，衣食滋殖”（《汉书·传·循吏传》）。文景时期，进一步把“十五税一”减半而实行“三十税一”，文帝十三年（公元前 167 年）更是实施全免田租，减轻广大民众负担，使社会从长时间战乱中恢复稳定，汉王朝得以稳固并发展壮大。唐代，唐太宗李世民同魏徵深论“君民舟水”关系，体会民本思想精髓，了解爱民、恤民对于王朝稳定和发展的重要性，实行精兵简政、推广均田制和租庸调制等，把民本思想付诸实践，调动广大民众的生产积极性，促进社会稳定发展，形成“贞观之治”。明代，明成祖朱棣坚持以民为本、以农为本的治国思想，重视农业发展，注重民情民意，兴修水利设施，推动了经济发展和社会稳定；明仁宗注重利民、安民，推行与民休息政策，免除受灾农民的田赋税收，并采取赈灾措施，解决百姓困境；明宣宗延续与民休息政策，社会经济发展达到明代鼎盛水平。

二、民本思想是包含着合理性价值的宝贵思想文化遗产

以民为本的核心观念、民贵君轻的治理思想、德政仁政的施政理念、安民养民的治理实践等，构成了传统民本思想和社会治理的基本内容。这些思想和实践随着历史发展不断补充其内容，丰富其内涵，成为源远流长的中华文明中一份需要承继和提升的宝贵遗产。

民本思想“以民为本”的核心理念及其实践，在总体上是有利于民众生产生活的。民本思想强调善于治理的有道之君、兴旺之国，一定把民声民意作为治理的重要依据，执政者要倾听人民的声音，遵从人民的意志，这是王权兴盛的基础。管子提出，“政之所兴，在顺民心；政之所废，在逆民心”（《管子·牧民》）。孟子提出，得民心者得天下，失民心者失天下：“桀纣之失天下也，失其民也；失其民者，失其心也。得天下有道：得其民，斯得天下矣；得其民有道：得其心，斯得民矣。得其心有道：所欲与之聚之，所恶勿施，尔也。”（《孟子·离娄上》）“民之所好，好之；民之所恶，恶之。”（《礼记·大学》）这就是要把“以民为本”作为治理的原则和基础，国家治理的根本道理在于顺乎民意、得乎民心，君主及其各级臣僚在治理国家社会的过程中，要把是否符合民意作为判断政权是否稳定、是否能够延续的标准，把维护民众利益作为保持邦国兴旺持久的重心，这在总体上有利于维护甚至尊重民众在政权中的地位，有利于纾解民众的困苦，甚至在一定程度上保护了广大民众利益。

“以民为本”在治理实践中具体体现为爱民、恤民、利民、富民等的政策措施。爱民恤民安民，就是强调当政者要关心人民疾苦，减轻人民负担，让民众得到实惠，获得安乐生活，获得更多福祉。管子提出当政者对于民众要取之有度，而不可竭泽而渔式地盘剥，“取于民有度，用之有止，国虽小必安；取于民无度，用之不止，国虽大必危”（《管子·权修》）。孔子提出“节用而爱人，使民以时”的德政仁政思想，就是强调当政者要节

俭自己的用度，按照自然时令规律和人民意愿征用民众劳役，做到爱护和体恤民众。《晏子春秋》强调“意莫高于爱民……行莫贱于害身”[①]，把爱民作为高尚政德的重要内涵。荀悦提出“足寒伤心，民寒伤国”（《申鉴·政体》）。张居正把安民作为执政的关键，提出“致理之要，惟在于安民，安民之道，在察其疾苦而已”（《张太岳集·请蠲积逋以安民生疏》）。上述这些都是强调执政者要关心民众疾苦，把民众疾苦同国家的兴衰存亡、政权的稳定和动荡联系在一起。

体恤民众疾苦、提升民众福祉的根本途径在于“富民”“利民”，就是要把人民富裕作为政治清明、天下太平的重要标志，王政、仁政的重要内容。管子提出“治国之道，富民为始”（《管子·治国》），“仓廪实，则知礼节；衣食足则知荣辱”（《管子·牧民》），“民之所利，立之；所害，除之”（《管子·幼官》）。执政者对民众施恩厚，则民众也会给予君主以厚的报答，否则则会疏远之乃至叛离之。孔子强调，治理民众就是要做到“富而教之”。司马迁把利民作为治理国家的规律，强调“制国有常，利民为本；从政有经，令行为上”（《史记·赵世家》）。《汉书》把国实民富作为治理的基础和目标，提出“食足货通，然后国实民富，而教化成”（《汉书·食货志》）。道家著作《文子》也强调“治国有常，而利民为本”。这些思想和措施虽然在本质上是服务于君主政权的工具，但对于缓解民众疾苦、帮助提升民众生活还是有益的。

民本思想对于抑制乃至推翻暴政，使人民在一段时期内摆脱难以忍受的残酷压迫、残暴统治是有帮助的。在中国传统社会的长期发展中，民本思想的一些核心理念往往同王权更迭联系起来，为推翻暴政、改朝换代、权力移位提供某种合法性支撑，在客观上有利于建立新的社会稳定、改善民众的生活境遇。“天视自我民视，天听自我民听”（《尚书·泰誓中》）的早期命题，把民意同天命联系起来，声称上天的意志就是人民的意志，人

① 汤化译注：《晏子春秋》，中华书局2011年版，第293页。

民的意志决定上天的意志，由此也就延伸出新的君主（即所谓承天命的“天子”）生成的合法理性根据。商周更替之时，武王就打出了“吊民伐罪”“敬天保民”的旗号，讨伐夏桀，建立西周王朝，而周初的政策有利于纾解民众的痛苦。此后，无数次农民起义、改朝换代都经常打出“替天行道”“为民请命”的旗号。

民本思想中包含着从君主走向民主的思想萌芽。民本思想发展早期，荀子就提出“天生之民，非为君也；天之立君，以为民也”（《荀子·大略》），吕不韦提出“天下非一人之天下也，天下之天下也”（《吕氏春秋·贵公》），均在民本思想中注入了“民主”的发展可能性。在历史发展过程中，一些思想家把这种萌芽发掘出来，根据时代发展而补充新的内容，作为民本思想升华的一种形式，成为中国早期启蒙思想的重要内容，也成为民本思想从“君主民本”走向“民主民本”的历史过渡。王夫之提出：“天下者，非一姓之私也，兴亡之修短有横数。”（《读通鉴论·卷十一》）“一姓之兴亡，私也；而生民之生死，公也。”（《读通鉴论·卷十七》）黄宗羲对君与民的关系作了进一步提升，使之更具有民主色彩。他提出，君主之设的动机和目的就是“使天下受其利”“使天下释其害”，君主是天下人的公仆而不是主人，是工具而不是主体，君主作为民众的工具和公仆，他的“勤劳必千万于天下之人”。但是，现实的君主却“以为天下利害之权益出于我，我以天下之利尽归于己，以天下之害尽归于人”，“视天下为莫大之产业，传之子孙，受享无穷”（《原君》）。这样的君主就是“天下之大害者”，完全违背了“设君之道”，人民不再“爱戴其君，比之如父，拟之如天”，而是“怨恶其君，视之如寇仇，名之为独夫”。基于此，他提出了一个很有现代民主意义的论断，即“以天下为主，君为客，凡君之毕世而经营者，为天下也”（《原君》），“天下之治乱，不在一姓之兴亡，而在万民之忧乐”（《原臣》）。这种“民主、君客”关系，在一定意义上就是对君主制度的颠覆，从根本上否定“家天下”的合法性。进入近代，改良派、革命派的众多思想家进一步挖掘传统民本思想中的民主性内涵，如前文所说的严复、谭嗣同、梁启超等均做出了不少努力。

民本思想深刻影响和推动中国人的理想社会追求。几千年来，大同社会作为中国人孜孜以求的社会理想，释放出强大的目标牵引力量激励人们奋斗不止。这个社会理想虽然描述的是一种圣贤明主统治下的社会，但把民众的文化道德和幸福生活作为核心内容。大同理想把“大道之行也，天下为公”作为根本纲领和标准，要求执政者通过“选贤与能，讲信修睦”，使民众“不独亲其亲，不独子其子，使老有所终，壮有所用，幼有所长，鳏、寡、孤、独、废疾者皆有所养，男有分，女有归。货恶其弃于地也，不必藏于己；力恶其不出于身也，不必为己”，在此基础上，整个社会达到“谋闭而不兴，盗窃乱贼而不作，故外户而不闭”（《礼记·礼运》）。这样的大同社会，无疑是物质高度丰富、道德高度提升、社会高度发展的美好理想状态，体现着民本思想的精华内容。

概括地说，民本思想包含着诸多有利于民众的合理性元素，并在实践展开中促使执政者采取了诸多安民养民的措施，保持一定程度的社会稳定，抑制或以政权颠覆的形式阻止暴政，总体来说是有利于广大民众的优秀社会治理思想。

三、民本思想包含着难以避免的时代局限性

民本思想是一种唯心史观决定下的社会治理思想，本质上是私有制社会条件下服务于王权政治的统治阶级思想体系，展开为君主政治体系下的统治阶级政治实践和社会治理措施，包含着自身不可避免的历史局限性。

传统民本思想是“圣贤创世”“英雄造势”的唯心史观，而不是人民群众创造历史的唯物史观。人民还是英雄创造历史，是历史观上的根本性问题，是唯物史观和唯心史观的一条根本分界线。民本思想中的核心主体是以尧、舜、禹、汤、文、武、周公以及秦皇、汉武、唐宗、宋祖等为代表的君主，或者以孔、孟、荀、董、程、朱、陆、王等为代表的圣

贤，他们上承天命、下领民众，不论在能力上还是在道德上都是历史创造的主体，居高临下地控制、赐恩、拯救民众，而民众则是被动地接受服务、管理的服从者，而不是历史创造的主体。《尚书》中的“尧典”“皋陶谟”等，从一开始就设定尧舜禹等“圣王”是历史的创造者，他们不仅是社会礼制的创立者，甚至是自然规律的决定者，因由上天意志，制定社会规范，兴“五教”、定“五礼”、立“九德”、亲“九族”等，形成明教伦理，实施奖惩刑罚。君王是“使民”的大人君子，而民众则是俯首听命的草芥“小人”，是君王的依从者、接受者、受益者，即所谓“君子之德风，小人之德草，草上之风必偃”。历史观上的这种设定，自然会产生一个社会治理上的现实结果，既然君主是创造者，而民众只是非创造的接受者和受益者，那么民众是否被作为邦国之本、君王是否爱民利民，决定权只能在作为创造者的君王手中，民众是没有决定权的，只能由创造者来控制和摆布。正如《文子》所称:“德者，民之所贵也；仁者，民之所怀也；义者，民之所畏也；礼者，民之所敬也。”治理者就是要通过“御之以道，养之以德，无示以贤，无加以力”的“四修”之功，实现“民附”“民服”“民足”“民朴”，民众由此而得以“自全”“自安”(《汉书·艺文志·文子·道德》)。

民本思想的制度前提是“王天下”“家天下”的私有制度，而不是“天下为公”的公有制度。任何思想都是特定社会存在的反映，民本思想产生于私有制社会的土壤之中，反映了君主制时代的社会治理实践和理念，是统治阶级意识形态的重要组成部分。历史观上的“圣贤创世”，决定了社会治理上的“圣贤创制”。那些肩负上天之命的英雄圣贤，根据天命创造了一个以自己及其后嗣者为核心的王权国家。为了自己的统治能够持久存在，他们创立了一系列维系王权国家的思想、制度、规范。民本思想和实践就是其中的一个组成部分，首要的是肯定少数人统治多数人的制度设计。对此，《礼记·礼运》的陈述颇有代表性，“三代”已逝而“大道既隐，天下为家”，当此之时，“大人世及以为礼，城郭沟池以为固。礼义以为纪，以正君臣，以笃父子，以睦兄弟，以和夫妇，以设制度，以立田里，以贤勇知，以功为己。故谋用是作，而兵由此起”（《礼记·礼运》）。这正是诸如禹、汤、文、武、成王、周公等圣贤君主的事业，“六君子”如此，其后历代君王更且如此，“家天下”的私有制度绵延数千年，历代统治者及依附于他们的思想家，传承安民养民等治理理念，力求通过安抚民众、稳定社会，确保私有制度和君主王权长久存在“传之万世”。

民本思想在本质上是一种典型的“君主民本论”，而不是“民主民本论”，它的治理主体是君主而不是民众。民本思想中的“民”被作为“本”来看待，但这里有一个谁来看待民众的问题，就是说评价民众地位的主体是谁，民众这个“本”是由“主”决定并服务于“主”的工具，这里的“主”就是作为统治阶级首领的君王，他们是政治统治和社会治理的主体。管子提出以人为本时，强调的重心在于君主的“霸王”之业，“夫霸王之所始也，以人为本。本理则国固，本乱则国危”（《管子·霸言》）；孔子则明确指出君为民之“心”，“君以民存，亦以民亡”（《礼记·缁衣》），“心”就是主，就是本体，君的主体地位是清晰明白的。在“君民舟水”关系的经典论断中，舟是核心，舟为主，水为辅。

在民本思想的历史演进中，政治家和思想家都把它作为服务于君王统治的“为君之道”“为政之道”“为国之道”。因此，民本思想可以说是千百年来“帝王之术”的重要组成部分，其出发点和目标归宿都是王权的稳固和持久，而不是民众是否达到至高幸福或者全面发展。孟子讲“乐民之乐者，民亦乐其乐；忧民之忧者，民亦忧其忧。乐以天下，忧以天下，然而不王者，未之有也”《孟子·梁惠王下》，乐民、忧民的目标指向非常明确，就是“王天下”。管仲的民本思想中反复讲到“牧民”问题，实际上就是要通过对民众的管理，确保王权统治的稳定持久。刘向讲“善为国者，遇民如父母之爱子，兄之爱弟，闻其饥寒为之哀，见其劳苦为之悲”（《说苑·政理》），目的是“为国”即君王的统治。唐太宗和魏徵讨论古语“君，舟也；人，水也。水能载舟，亦能覆舟”（《贞观政要·政体》）中的民本思想，关切的是执政者天子的安危。程颐强调以顺民心为本时说的就“为政之道”。戴震强调“体民之情，遂民之欲”为的是“圣人治天下”。正因为如此，执政者认为民本思想有利于自己统治时，就对其称颂并推广，认为其不利于自己统治时就压制贬损。例如，朱元璋建立明朝后大力加强专制统治，当读到孟子“民为贵，社稷次之，君为轻”的话时非常震怒，下诏废除祭祀孟子，这就是黄宗羲所说的“废孟子而不立”（《原君》）。

总之，从历史观、制度前提、治理主体、治理目标等方面来看，民本思想是在私有制条件下产生的统治阶级意识形态的组成部分，带着特定的时代、阶级和认识的局限性，对此我们不可以忽视，不能因为具有合理性就盲目拔高其价值。

四、民本思想在“两个结合”中得到创造性转化和创新性发展

民本思想是非常优秀的文化资源，但又包含着历史的认识的局限性。中国共产党是坚定的马克思主义者，也是中华优秀传统文化的忠实继承者、弘扬者，在把马克思主义基本原理同中国具体实际、同中华优秀传统文化相结合的过程中，高度重视对民本思想精华的吸收和升华，深度把握民本思想的合理性内容，同时也辨析其时代局限性，推动这一中华优秀传统文化的瑰宝实现创造性转化和创新性发展。

把马克思主义人民创造历史的唯物史观同民本思想的以民为本理念结合起来，同时克服传统民本思想的历史观局限，突出强调人民群众在历史发展中的决定性意义，不断丰富中国化马克思主义的人民主体地位思想。唯物史观创立之时，马克思就突出强调，“历史活动是群众的活动，随着历史活动的深入，必将是群众队伍的扩大”，决定历史发展的是“行动着的群众”。[①] 这一重要论断阐明了人民群众创造历史的基本观点，同唯心

① 《马克思恩格斯文集》第一卷，人民出版社2009年版，第287页。

史观划清了界限，明确了人民群众自己创造自己的历史，而不是个别英雄人物或某种“观念”创造历史。中国共产党从一开始就坚持“唯物史观是吾党哲学的根据”[①]，在长期革命建设改革历程中始终把人民群众作为历史创造的主体。革命战争时期，毛泽东反复强调，人民群众是“真正的铜墙铁壁”[②]，兵民是胜利之本，“战争的伟力之最深厚的根源，存在于民众之中”[③]；“人民，只有人民，才是创造世界历史的动力”[④]。在新时代，习近平强调，“人民是历史的创造者，是决定党和国家前途命运的根本力量”，一定要牢牢坚持人民主体地位，秉持立党为公、执政为民的理念，依靠人民创造历史伟业。[⑤] 在突出人民群众历史创造主体的基础上，中国共产党人进一步深化和拓展人民主体地位的丰富内涵，突出强调人民群众的执政主体地位，坚持人民是执政的最大底气，党是为人民执政、执人民的政，必须始终坚持立党为公、执政为民；突出强调人民的利益主体地位，坚持把人民利益作为根本出发点，把人民对美好生活的向往作为价值指向和奋斗目标；突出强调人民的评价主体地位，坚持时代是出卷人、我们是答卷人、人民是评卷人，把人民口碑作为检验政绩的衡量标准，把人民拥护作为检验制度的根本尺度；突出强调人民群众的监督主体地位，坚持把人民作为制度实践的重要监督力量，接续探索形成“让人民来监督政府”和“自我革命”这两个跳出治乱兴衰历史周期率的科学答案，要求党员干部自觉接受人民监督，加强自我监督。

把马克思主义的人民立场同民本思想中“民贵君轻”等对人民有利的执政意向性结合起来，同时克服其以维护君主统治为宗旨的局限性，形成了中国共产党人的根本立场、根本宗旨和根本路线。马克思主义政党创立

① 《毛泽东文集》第一卷，人民出版社 1993 年版，第 4 页。

② 《毛泽东选集》第一卷，人民出版社 1991 年版，第 139 页。

③ 《毛泽东选集》第二卷，人民出版社 1991 年版，第 511 页。

④ 《毛泽东选集》第三卷，人民出版社 1991 年版，第 1031 页。

⑤ 《习近平谈治国理政》第三卷，外文出版社 2020 年版，第 16—17 页。

之际,《共产党宣言》就明确提出，共产党是由“最先进和最坚决的”分子组成的工人阶级和广大人民群众的先锋队，始终代表整个工人阶级和全人类的利益，“没有任何同整个无产阶级的利益不同的利益”[①]。这就是马克思主义政党的先进性和彻底人民立场。在长期奋斗过程中，中国共产党把人民立场凝练为全心全意为人民服务的根本宗旨。毛泽东强调，中国共产党就是彻底地为人民服务的，在任何情况下都必须始终践行根本宗旨，“就是要全心全意为人民服务，不要半心半意或者三分之二的心三分之二的意为人民服务”[②]。邓小平强调，中国共产党“自觉地认定自己是人民群众在特定的历史时期为完成特定的历史任务的一种工具……是人民群众的全心全意的服务者”[③]。习近平强调，“党的根基在人民、血脉在人民，党团结带领人民进行革命、建设、改革，根本目的就是为了让人民过上好日子，无论面临多大挑战和压力，无论付出多大牺牲和代价，这一点都始终不渝、毫不动摇”[④]。中国共产党深刻阐明自己同人民群众的血肉联系，科学解决“我是谁”“依靠谁”“为了谁”的重大问题，系统提出并全面贯彻党的群众观点和群众路线，坚持从群众中来到群众去，一切依靠群众，一切为了群众，牢牢扎根于人民之中而获得不竭的力量源泉。在领导新时代伟大变革的实践中，习近平反复强调，广大党员干部必须牢记党的群众路线，始终与人民心连心、同呼吸、共命运，真正把群众的意愿和智慧集中起来，形成正确决策并回到群众中指导群众的实践，形成推进新时代中国特色社会主义事业的强大合力。

把中国共产党人的初心使命同民本思想的爱民、利民等思想结合起来，同时克服传统民本思想的君主至上论缺陷，形成了人民至上的执政理念和

① 《马克思恩格斯文集》第二卷，人民出版社 2009 年版，第 44 页。

② 《毛泽东文集》第七卷，人民出版社 1999 年版，第 285 页。

③ 《邓小平文选》第一卷，人民出版社 1994 年版，第 218 页。

④ 《将人民至上的执政理念落实到造福人民的行动中》,《人民日报》2020 年 5 月 23 日第 2 版。

以人民为中心的发展思想。从创立之时起，中国共产党就确立了自己的初心使命。1925 年，毛泽东指出中国共产党人搞革命，就是“为了使中华民族得到解放，为了实现人民的统治，为了使人民得到经济的幸福”[①]。进入新时代，习近平把党的初心使命概括为“为中国人民谋幸福、为中华民族谋复兴”。一百多年来，中国共产党超越传统社会的君主中心论，超越资本主义社会的资本中心论，始终践行自己的初心使命，着力解决不同时期的主要矛盾，团结带领人民实现了从站起来、富起来的历史性飞跃，并朝着强起来目标奋勇前进。在领导新时代中国特色社会主义伟大事业过程中，习近平反复强调必须牢牢坚持以人民为中心的发展理念，要把人民利益高于一切的价值观贯彻到实际工作中，始终站在人民立场上思考问题、制定决策；要坚持正确政绩观，把人民拥护不拥护、满意不满意作为判断工作成效的根本标准；要更好发挥人民的主人翁精神，组织人民积极投身新时代伟大事业；要确保人民群众不仅是历史创造的主体，更要成为历史创造成果的最大受益者，让改革开放的成果最大限度、更加公平地惠及最广大人民群众。在党的二十大上，我们党明确提出“六个必须坚持”，把“人民至上”作为习近平新时代中国特色社会主义思想立场观点方法的首要内容加以突出强调，提出必须站稳人民立场、把握人民愿望、尊重人民创造、集中人民智慧，凸显了中国共产党人民至上的执政理念，明确中国共产党的权力是人民群众所赋予的，从根本上说是属于人民的，中国共产党执政的目的就是要不断造福人民，为满足人民日益增长的美好生活需要而不懈奋斗，不断提升人民的获得感、幸福感、安全感。

把马克思主义的社会制度发展思想同民本思想中的民主思想萌芽、抑制暴政的做法结合起来，同时打破其君主本位论的私有制基础，形成中国共产党制度创建、政权形态、长期执政等方面的创造。“公仆论”是马克思主义国家学说的重要内容，强调执政者只是人民的公仆而不是主人，无产

① 《毛泽东文集》第一卷，人民出版社 1993 年版，第 21 页。

阶级专政的新型国家及其政府部门的工作人员都是人民的公仆，必须服从、服务于人民。马克思在《法兰西内战》中特别强调要防止国家及其机关人员“为了追求自己的特殊利益，从社会的公仆变成了社会的主人”①。中国共产党在长期革命建设改革过程中，突出强调自己就是人民的工具，要为人民当家作主服务。毛泽东在党的七大上讲，中国共产党及其领导的政府就是为人民服务的工具，党是“领导工具”，党的领导机关是“指挥中国革命的工具”，政府是领导人民“压迫反革命的工具”，共产党人“就要当工具，自觉地当工具”。② 中国共产党把这种“工具论”运用到制度建构和政权建设当中，把人民当家作主作为治国理政的根本原则，坚持国家的一切权力属于人民。毛泽东在创建人民民主专政国体时强调，“我们是人民民主专政，各级政府都要加上‘人民’二字，各种政权机关都要加上‘人民’二字”③，以示同旧政权的根本不同。“这个政府是人民自己的政府。这个政府的工作人员对于人民必须是恭恭敬敬地听话的。同时，他们又是人民的先生，用自我教育或自我批评的方法，教育人民。”④ 习近平在谈到国家政权、国家制度和治理体系时进一步指出，社会主义国家是人民当家作主的国家，“我们国家的名称，我们各级国家机关的名称，都冠以‘人民’的称号，这是我国社会主义国家政权的基本定位”⑤。“始终代表最广大人民根本利益，保证人民当家作主，体现人民共同意志，维护人民合法权益，是我国国家制度和治理体系的本质属性。”⑥ 中国共产党领导人民不仅创立了人民民主专政的国体，而且健全人民当家作主制度体系，建立人

---

① 《马克思恩格斯文集》第三卷，人民出版社 2009 年版，第 110 页。

② 《毛泽东文集》第三卷，人民出版社 1996 年版，第 373—374 页。

③ 《毛泽东文集》第五卷，人民出版社 1996 年版，第 135—136 页。

④ 《毛泽东选集》第四卷，人民出版社 1991 年版，第 1503 页。

⑤ 习近平:《坚持、完善和发展中国特色社会主义国家制度与法律制度》,《求是》2019 年第 23 期。

⑥ 《习近平谈治国理政》第三卷，外文出版社 2020 年版，第 123 页。

民代表大会的根本制度以及基层群众自治制度等基本制度，坚持党的领导、人民当家作主、依法治国有机统一，全面发展最广泛、最真实、最管用的全过程人民民主，保证人民依法实行民主选举、民主协商、民主决策、民主管理、民主监督，发挥人民群众积极性、主动性、创造性。

“第二个结合”要求我们把马克思主义基本原理同中华优秀传统文化的精华结合起来。对于源远流长的民本思想，我们一定撷取其优秀的合理性元素，同时要克服剔除其时代局限性，按照“第二个结合”的要求，根据时代的、实践的、真理的要求，在马克思主义指导下对它进行创造性转化和创新性发展，使之成为当代中国文明建设的有机组成部分。

责任编辑：刁鹏飞

知识论与宇宙观

——现代文明的历史思考

冯　时[*]

提　要： 人类社会的历史难道只是人类自己的历史吗？显然不是，如果人类不能处理好其与天地自然的关系，人类社会的历史也就不可能长久。事实上，决定人类文明长久发展的关键因素即在于其接受何种知识论和宇宙观。中华文明作为人类历史上唯一延续至少八千年没有中断的文明，这一事实本身就充分说明了其知识论与宇宙观的优秀，这意味着现代文明的建设首先就需要对己身文明优秀传统的继承。文化是传承的，造就了中华文明优秀历史的知识论和宇宙观同样具有现代文明的价值。本文对传统知识论和宇宙观与现代文明的关系问题有所阐述。

关键词： 知识论；宇宙观；古代；现代；文明

古代与现代本来只是相对的时间概念而已，历史是传承的，“后之视今，亦犹今之视昔”[①]，因此，现代文明的中国绝不是与传统相割裂的中

* 冯时系中国社会科学院学部委员、考古研究所研究员。

① （东晋）王羲之：《兰亭集序》。兰亭集序版本众多，参照故宫博物院藏神龙本。

国，而应是对传统中国的继承和发展。并不是我们把传统抛弃就可以放心地迈入现代文明的门槛了，今天的中国是从历史的中国中走来，这意味着建设现代文明中国的关键其实是我们能否自觉地从传统文化中汲取优秀的文明成果，并发扬光大。

现代文明的终极目的实际就在于其能否适合乃至推动人类社会可持续地健康发展，否则现代文明与现代化就将成为人类历史的终点，这要求我们必须清醒地认识什么才是发展。人类社会的历史是否是一部持续发展的历史？当代是否必然优越于古代？今人是否一定长于古人？这些问题并不是不需要思考的。

人类社会的健康发展，关键取决于其接受何种知识体系与宇宙观。事实上，中华文明作为人类历史上唯一绵延至少八千年没有中断的文明[①]，这一事实本身就已充分证明了其文明的价值。换句话说，正是因为中华文明早已解决了如何实现人类社会可持续发展这一根本问题，形成了完善的知识体系与宇宙观，才可能使其文化长久延续。很明显，如果传统文明更益于人类社会的健康发展，那么这种文明就是现代文明。具体地说，无论旧观念还是新观念，适合人类发展的就是现代文明的观念；无论旧技术还是新技术，推动人类进步的技术就是现代文明的技术。因此我们在面对现代文明的问题时必须打破成见。

重建中华文明的历史必须基于中华文明自己的文明理论，西周金文称国家的建立为"作邦"（大盂鼎），而"文明"一词则广见于《周易》和《尚书》，其与"作邦"是两个完全不同的概念，而八千年文明史的提出正是我们对己身文明理论的研究成果。[②] 中华文明的历史至少已有八千年，

① 冯时：《文明以止：上古的天文、思想与制度》，中国社会科学出版社 2018 年版，"自序"第 1 页；冯时：《文明论》，载韩国河主编《根与魂：考古学视野下不断裂中华文明研究》，科学出版社 2022 年版，第 30—43 页。

② 冯时：《文明以止：上古的天文、思想与制度》，中国社会科学出版社 2018 年版，第三章；冯时：《文明论》，载韩国河主编《根与魂：考古学视野下不断裂中华文明研究》，科学出版社 2022 年版，第 30—43 页。

这意味着这一文明一定有着其他文明不可比拟的优秀价值，其核心内涵当然就是独具特色的知识论与宇宙观。澄清中国传统知识论和宇宙观问题，无疑可为现代文明中国的建设提供借鉴。

一、知识论

中国传统的知识论涉及两方面内容，其一，人们通过怎样的方式认识世界；其二，人类的发展到底需要怎样的知识。就第一个问题而言，中国传统的认识论是唯物主义，而不是唯心主义，一言以蔽之，就是《礼记·大学》所讲的“格物致知”。也就是说，中国传统知识论的基础乃在于其格物的认识方式，这不仅促进了传统知识体系的形成，也直接促致了中国独具特色天人合一宇宙观的诞生。

（一）认识论

“格物致知”的本义是人通过对自然万物的观察分析形成知识，这意味着中国传统的知识体系是建立在人对客观世界认识的基础之上，而不是人们头脑中空想的结果。有关问题我已有专文分析。① 显然，这种格物致知的认识论与以古希腊亚里士多德为代表的唯心主义认识论根本不同，对人类科学史的回顾，两者的差异看得非常清楚。

1609 年，伽利略亲手制造并改进了几架望远镜，用以巡视天空，发现了太阳黑子及其他一些重要的天文现象。他通过观测指出，黑子是日面上的现象，从而否定了以往人们的错误认识。这一工作被后人视为现代实证主义科学诞生的标志。然而如果历史地分析这一工作，或许更能深入问题的实质。

伽利略的发现其实在相当长的时间内并没有为人们所认可，甚至被斥

① 冯时：《探寻中华文明核心内涵》，《中国社会科学报》2019 年 7 月 15 日第 5 版。

为虚假的谬误。很多人不肯承认与《圣经》以及亚里士多德著作相违背的新思想，比萨大学的同事则试图用逻辑推论的方式证明，伽利略是靠了巫术的符咒，把本来没有的东西从天空中咒了出来，理由是亚里士多德的书中从没有讲过这些东西，况且伽利略的说法还与亚里士多德的学说相背离。[①] 所以伽利略在写给开普勒的信中气愤地说："对于这些人而言，真理用不着到自然中去寻找，而只在古人的著作中。"[②]1633 年 2 月，宗教法庭将伽利略传到罗马，裁判其有罪，责令其忏悔，要求他放弃自己的学说，他的著作被禁止流传，人则被限制行动。这就是四百年前的西方文明对待真理的态度。

伽利略的发现之所以遭受如此不公正的对待，原因就在于古希腊亚里士多德天体完美无缺的唯心主义思想长期禁锢了西方人的思维。天体的完美决定了太阳的完美，而完美的太阳岂容被黑子污染！于是他们对太阳黑子这一天文现象给出了这样的解释：那不过是行星从太阳的表面掠过而已。不仅如此，完美的太阳也绝不会发生日食，那只是乌云遮蔽了太阳的结果。这种唯心主义认识论使人们习惯于仅凭主观想象解释世界，并理所当然地把这些解释视为真理。

中国传统的格物致知认识论使中华文明成为探求真理的文明，中国上古先民不仅对各种奇异天象作了客观的描述，从而使中国的科学史料成为全人类唯一可用的材料，甚至在伽利略之前近两千年，中国先民就早已通过裸眼观测到了太阳黑子，并对各种形状的黑子做了持续的忠实记录。[③]古人的长期观测积累使东汉的王充近乎正确地指出，黑子实际就是日中之气（《论衡·说日》）。毫无疑问，中国古代先民虽然只是通过裸眼看到了日

---

① Sizzi, Francesco, *Dianoia Astronomica, Optica, Physica*, Venice: Pietro Maria Bertano, 1611. pp.11–76.

② Fahie, John Joseph, *Galileo, His Life and Work*, London: John Murry, 1903, p.102.

③ 陈遵妫：《中国天文学史》第三册，上海人民出版社 1984 年版，第五编第四章；冯时：《中国天文考古学》，社会科学文献出版社 2001 年版，第五章第三节。

中黑子，但其所体现的科学价值与文明价值不仅一点都不逊色于伽利略通过望远镜的发现，而且更反映了人类探求真理的正确方式。事实上，西方人并不是在伽利略之前没有机会看到太阳黑子和其他一些他们无法接受的奇异天象，但是他们不信，即使伽利略通过望远镜明白无误地证明了这一点之后，他们仍然不信。其实我们考察数学史上无理数的发现，同样可以领略到西方文明对于真理的漠视①，而这种情况在中华文明的认知体系中是绝不存在的。对客观世界认识方式的不同将从根本上决定人类命运的未来，这一点即使伽利略本人也毫不怀疑。②很明显，尽管格物致知作为中国传统文明的认识论已经拥有了数千年的历史，但其无疑仍闪耀着鲜明的现代价值。

人类面对自然是无知的，尽管中国古人秉持着格物致知的认识论，但不可否认的是，我们对客观世界的认识不仅极为有限，而且远不具备掌握自然规律的能力。这种认识的局限势必造成技术的局限，而局限的认识不仅不能为人类造福，甚至可能导致人类的毁灭。盲肠曾被普遍认为是人体内的无用器官，可以随意割除，由此造成的后果就是大肠癌的患病率急剧上升，后来人们才认识到，盲肠并非无用，它其实具有免疫的功能，可以避免肠癌的发生。塑料的发明曾被视为现代文明的重要成果，但多年后人们才逐渐意识到，塑料作为一种极为耐久的材料，不仅可以在自然界中长期存在，造成严重的环境污染，而且其成分会越来越细微，甚至进入我们的体内，造成的危害是巨大且不可预测的。现代文明使人类越发地自作聪明且自命不凡，缺少对大自然最起码的敬畏，马克思、恩格斯早就对此提出过警告③，人们沉迷于技术的创新和对大自然的改

① ［美］A. 艾鲍:《早期数学史选篇》，周民强译，北京大学出版社 1990 年版，第 46—48 页。

② ［俄］鲍·格·库兹涅佐夫:《伽利略传》，陈太先、马世元译，商务印书馆 2001 年版，第 114—116 页。

③ 黎澍、蒋大椿主编:《马克思 恩格斯论历史科学》，人民出版社 1988 年版。

造，反而忘记了选择前进的方向，而方向的明确事实上对于人类面临怎样的未来才最为重要。

（二）仁智论

与认识论同样重要的是对知识价值的认知。知识是否都有益于人类的发展？或者说我们究竟需要怎样的知识？这个问题同样需要深刻思考。中国传统的知识论主张智与仁的平衡，目的就是为实现仁对于智的节制。因此，中国传统的知识论并不是泛知识论。并非所有的知识都对人类有益，也不是我们可以不受约束地探索或接受一切知识。人类需要的是可以促进社会发展的有益的知识，而必须摒弃那些危害人类社会的知识，这意味着人的精神欲望必须得到约束。

人的需求来自人的欲望，欲望决定了需求，因此，对人的欲望加以约束便成为建立健康社会的道德准则。《荀子·礼论》："礼起于何也？曰：人生而有欲，欲而不得则不能无求，求而无度量分界则不能不争，争则乱，乱则穷。先王恶其乱也，故制礼义以分之，以养人之欲，给人之求。使欲必不穷乎物，物必不屈于欲，两者相持而长，是礼之所起也。"先贤的思考洞见深刻：自然资源是有限的，人类的生产更为有限，但人的欲望却是无限的，以无限的欲望追求有限的物品，结果当然不堪设想，所以需要制礼对人欲加以约束。

人的欲望难分高下，并不是庶民对物质的追求就一定不好，而精英对知识的追求就一定好，如果我们获取的知识是有害的，甚至是反人类的，那么这种知识的危害就一定比单纯的物质危害更大，所以中国文化反对纵欲。儒家哲学主张节欲，荀子明确提出养欲，即将人的欲望调整在一个合理的范围之内，而道家哲学更主张去欲，正是由于老子看到了精神欲望比物质欲望具有更大危害的事实，所以要将人的欲望彻底去除。尽管我们可以认为道家思想过于消极，但不可否认的是，对人的欲望加以约束无疑是人类社会健康发展的根本保证。

中国传统文化在这些方面早已建立了自己的认知标准，这不仅体现于儒道哲学，而且如贯穿于中国文化的礼制思想和相应的制度，也无不以对人欲的约束为宗旨。礼的本质在于节与分，节是对人欲的节制，而分的意义同样在节。人们不能奢求非分之礼，看似是分，实质是节。礼仪之分强调的是秩序，家庭有人伦秩序，社会有等级秩序，这就是伦理。因此，伦理事实上是通过对人的欲望的约束所建立的秩序，它从道德上制约了人的非分之想。这体现了中国文化的显著特点，成为传统哲学的重要部分。由哲学指导下的人类活动必然受到伦理的制约。事实上，伦理对于人类求知欲望的约束力是巨大的，其较分所体现的制度约束更为重要，它使人们必须首先认清自己究竟需要怎样的知识，这实际等于端正了人类的行为和前进的方向。然而西方文明在中世纪即将伦理学从哲学中剔除了，伦理学更多地与宗教合流。而且当近代科学与宗教分离之后，伦理学对科学的约束力也就逐渐丧失。但是，科学研究是不可能离开哲学的指导的，如果哲学缺少了伦理，那么没有伦理约束的科学就只能像一辆没有刹车的车，结果必将是车毁人亡。

今天的人们普遍满足于享受工业革命所造就的现代文明，但这个文明同样值得深刻反思。工业革命存在着一个致命的弊害，那就是它可以把原料变为产品，却无法将产品还原为原料，这意味着今日的工业成果其实就是在生产垃圾，因为我们生产的产品最终都将成为垃圾而被扔掉。人们只为追求挑选或购买新产品时的喜悦，却忘记了身后的废品早已堆积如山。中国古代的思想家老子早在两千多年前就已智慧地指出："天地不仁，以万物为刍狗。"（《老子》第五章）刍狗是指使用一次就扔掉的东西，而今天的很多工业产品又何尝不是刍狗！显然，工业文明的未来是不难预见的，那就是整个地球最终都将被垃圾覆盖。今日如何处理工业垃圾难道不是困扰人类的巨大难题吗？面对这样的文明，人类显然是没有希望的。

那么人类究竟需要怎样的知识呢？科学的存在难道是唯一具有合理意义的吗？这些问题当然值得思考。西方近代科学只是在宗教之外产生的一种认识客观世界的新方法，至今也不过短短四百年的历史，而在科学产生之前的数千年的漫长岁月，先圣早已通过自己的方式对世界有了充分的描述和定义，并且创造出了灿烂的人类文明。原始文明乃是现代文明的基础，所以科学的出现并不意味着早期文明不具有价值，恰恰相反，没有人类的早期文明，也就不可能诞生出后世的科技文明。事实上，在认识世界的方式上，科学与玄学不应相互排斥。尽管科玄论战于今已过去了一百年①，但今人对科学与玄学关系的认识不仅没有趋于客观，反而较百年前更为偏执。

从某种意义上说，科学不啻为最大的愚民主义。少数科学家的智慧成果事实上使绝大多数人重新沦为了愚昧，这与开启民智的诉求背道而驰。电脑的便捷使人丧失了对书本的乐趣，人们只求查书而不去读书，满足于娱乐和碎片化的浅尝辄止；导航的便捷使人丧失了对道路的记忆，三过家门而不入已不再是因为工作的繁忙，而是由于在没有导航的情况下找不到家。人类发明的一切技术，目的却都是为了取代人类自己，泯灭智慧。人类发明了围棋，乐趣就是使人陶醉于胜负不定的悬念之间，而人工智能则彻底摧毁了这种悬念，它使人们面对棋盘就已自知必输无疑，这样的所谓科学发明，其价值何在？然而新技术总是为人津津乐道，人们狂热地追求技术的创新，却很少关注它所带给人类的弊害，以致醉心于奇技淫巧，得术而失道，忘记了人的根本追求。很明显，与机械保持适当的距离是明智的选择，如此才是提升自我能力的根本，这是现代文明应有的体现。

中国传统文化是端正世道人心的文化，如果技术的使用在于诱发机心，那就不为人类所需要。《庄子·天地》："子贡南游于楚，反于晋，过汉阴，见一丈人方将为圃畦，凿隧而入井，抱瓮而出灌，搰搰然用力甚多而见功寡。子贡曰：'有械于此，一日浸百畦，用力甚寡而见功多，夫子不

① 张君劢：《人生观》，《清华周刊》1923年第272期；丁文江：《玄学与科学》，《努力周报》1923年第48、49期；亚东图书馆编：《科学与人生观》，亚东图书馆1923年版。

欲乎？’为圃者印而视之曰：‘奈何？’曰：‘凿木为机，后重前轻，挈水若抽，数如泆汤，其名为槔。’为圃者忿然作色而笑曰：‘吾闻之吾师，有机械者必有机事，有机事者必有机心。机心存于胸中则纯白不备，纯白不备则神生不定，神生不定者，道之所不载也。吾非不知，羞而不为也。’子贡瞒然惭，俯而不对。”机心的危害是巨大的，人若神生不定，于事投机取巧，求道便是永不可及的事情。当然，任何技术都是人的发明，所以对于机械的利弊得失，关键仍取决于人。传统文化于惑乱人心之术必除之而后快，孔子诛少正卯，原因正在于此。（《荀子·宥坐》《说苑·指武》）先辈告诫人们要脚踏实地，下笨功夫，讲的也是这个道理。

人类求知的目的是探求真理，并以此服务于人类，所以知识的作用旨在使人类社会健康发展。新技术的创造，目的当然是为人类造福。机器人可以辅助医生治病救人，可以辅助工程人员排险除患，从而使身体恢复健康，使生命得到保护，这是人类所需要的技术。然而如果新技术成为改变真相或掩盖真相的手段，那么这样的新技术就不如没有。病毒有损人类的健康，那么人类需要的技术就应是使病毒的毒性减弱，反之，那些旨在使病毒的能力增强并危害人类，且不留下任何人工改造痕迹的技术，无论人们赋予它如“功能增益研究”多么冠冕堂皇的“美名”①，也无论这样的技术多么新奇高端，它都是邪恶的！在中国的传统文化中，这样的知识是不允许存在的。

中国传统的阴阳观从根本上要求仁与智必须达到平衡，如此才可能实现以知识服务于人类的目的。智的发展不能狂纵不羁，必须受到仁与礼的制约，否则就将变利为害。《论语·卫灵公》引孔子曰：“知及之，仁不能守之，虽得之，必失之。知及之，仁能守之，不庄以涖之，则民不敬。知及之，仁能守之，庄以涖之，动之不以礼，未善也。”智的发展合于人欲是

① Menachery, Vineet D., Yount, Boyd L., Debbink, Kari et al., “A SARS-like Cluster of Circulating Bat Coronaviruses Shows Potential for Human Emergence”, *Nature Medicine,* Vol.21, No.12, pp.1508-1513, 2015.

容易做到的，但是如果没有德与礼的约束，缺乏严肃的态度，智就只能给人类带来灾难。《论语・雍也》引孔子曰：“知者乐水，仁者乐山。知者动，仁者静。知者乐，仁者寿。”水属阴而山属阳。孔子缘何以水比智、以山比仁，正是看到了智的放纵所带来的危害，其与放纵的水所造成的危害一样，所以必须加以限制。这种对于仁智关系的思考，先贤理解得非常深刻。

事兴一利，必生一弊。任何技术都有利弊两面，人对待技术的态度无不反映着其所具有的宇宙观。是兴利除弊，求得仁与智的平衡统一，还是不问利弊，一味求新求变，每一种选择都会受到相应宇宙观的制约。显然，人类需要怎样的知识，直接涉及现代文明究竟需要怎样的宇宙观的问题，这一点非常重要。

二、宇宙观

我们所说的宇宙观是指天地人之间的相互关系。人类社会的历史难道只是人类自己的历史吗？显然不是。人如果不能处理好与天地自然的关系，毁灭就是迟早的事情。格物致知的认识论发展出了人与自然类族同气的要求，这便是中国传统天人合一宇宙观所关注的核心问题。

现代文明的意义其实并不在于其是否“现代”，显然，现代文明不是盲目地一味追求技术的创新。如果新技术不能维系人类文明的长久发展，甚至反而加速了人类走向灭亡，那么这种技术即使再新，也是毫无意义的，其不仅不是现代化的技术，反而是反人类的。这意味着现代化的关键其实取决于新技术能否促进人类文明的可持续发展，这当然深受不同宇宙观的影响。

（一）天人合一

天人合一不同于天人和谐，和谐是不同事物的和睦协调，而合一则是将人与天地结合为一体。《淮南子・精神》：“天地运而相通，万物总而为一。”其所强调的就是天地人三才的同气相应。由于人类对客观世界的认识极为有限，因此，人类要想长久生存发展，不仅必须顺应自然，对自然的索取也必须有节制。当然，在人们不能掌握自然规律的条件下，只有一种选择才能实现人类社会的长治久安，这就是天人合一。事实上，中国传统的宇宙观体现的正是这种思想，而由此发展出的顺时施政的政治理念体现的也正是这种思想。

《孟子·梁惠王上》:“数罟不入洿池，鱼鳖不可胜食也。斧斤以时入山林，材木不可胜用也。”这种顺时施政且节制物欲的态度无疑体现着一种可持续发展的理念。《礼记·王制》:“田不以礼曰暴天物。天子不合围，诸侯不掩群。……昆虫未蛰，不以火田，不麛，不卵，不杀胎，不殀夭，不覆巢。”古代田猎的禁忌制度，目的即是为了可持续发展。我们读到商代甲骨文所记时人田猎，于制度允许的正常猎获曰“获”曰“擒”，而对那些于制度禁忌却偶尔误伤的情况，则记“蔺赤”以明之[①]，二者形成了鲜明的区别。这个事实足以证明，可持续发展的观念在中国文化中历史悠久，根深蒂固。

《礼记·中庸》提出“上律天时，下袭水土”，与这种哲学思想指导下的顺时施政政治观相一致，其制度规范的集中表现就是传统的月令体系。春生，夏长，秋收，冬藏，既体现了亘古不变的自然规律，也决定了人们谐和自然的用事原则，顺之者昌，逆之者亡。很明显，月令体系纳之于不同季节的宜忌看似机械，其实则是以制度的形式保证了人与自然的同体相处。违逆自然规律的结果当然很严重，那就是人类自取灭亡。所以古人认为，顺时施政便会阴阳和、风雨调、国泰民安，否则就将阴阳不和、风雨不谐、国乱民贫。因此，顺时施政实际是人们追求合于天地之道的神圣抉

① 郭沫若主编，胡厚宣总编辑的《甲骨文合集》第四册（7772–11479），10198 版甲骨所记田猎卜辞云:“戊午卜，㱿贞：王狩敏，擒？之日狩，允擒。获虎一，鹿四十，狐二百六十四，麑百五十九，蔺赤有幺二，赤小□四□。”参见冯时《中国古文字学概论》，中国社会科学出版社 2016 年版，第 337 页。

择，是关乎国家治乱的根本制度。[①]

关注天地自然的根本目的是为解决人类自身长久生存的问题，这是人本思想，而不是物本思想，中国文化所强化的也正是这种思想。《周易·系辞下》曰：“天地之大德曰生。”生成为中国文化所追求的核心主题。《尚书·洪范》所论五福六极，其中五福之寿、富、康宁、攸好德、考终命，皆以人的健康长寿为念，无不体现着主生的人本主义。事实上，五福中的三福——寿、康宁、考终命，都直接道明了人对健康长寿的追求。而富有的目的显然不在于为富不仁，而是要通过将财富贡献给社会，最终实现共同富裕，其中的贡献者则可达到仁者寿的境界——对于怀仁者而言，生活的优渥自然能够促进身体的健康。同样，爱好也与身体的健康相关，人究竟好德还是追名逐利，甚或染上不良的嗜好，都会对健康产生直接的影响。好德使人心广体胖，而不良嗜好则会摧残肉体和心灵。因此，五福其实都是在关注人的健康问题，准确地说，在中国文化的传统观念中，只有人的健康长寿才是真正的福。六极所说的凶短折、疾、忧、贫、恶、弱，则从反面阐释了这一理念。

确保了人的健康才可能拥有一切，实现人类社会的可持续发展，这是中国文化的基本思想。显然，这种优秀的宇宙观虽然是传统的，但却具有着鲜明的现代价值。

（二）和而不同

中华文明宇宙观的另一个重要特点就是其包容性。优秀的宇宙观无疑都应是包容的，而不是排他的；是利他主义，而不是利己主义。中国文化主张“君子和而不同，小人同而不和”（《论语·子路》）；又推崇“己所不欲，勿施于人”《论语·卫灵公》。这些博大包容的思想毫无疑问都体现着

① 陈美东：《中国古代天文学思想》，中国科学技术出版社2007年版，第六章第四节。

现代文明的宇宙观特点。

近代科学与宗教分离之后，在宗教之外建立起了一套解释客观世界的模式。然而人们认识世界是否只有这一种模式？换句话说，对客观世界的探索是否只允许科学这一种形式？显然不是。实证主义科学的排他性实际限制了人们探求客观真理的活动。事实上，科学的意义在于其能否真实地了解客观规律，而客观规律却是不以人的意识为转移的。今日无法被科学手段证明的客观存在并不意味着其不存在，也不意味着明日不可以证明其存在，更不意味着我们不可以采用其他的手段证明其存在。因此，所谓科学的方法显然不应该是唯一的方法，我们不能陷入科学主义的窠臼，探求真理其实存在着不同的途径。

脉学是中国传统医学的重要内容，商代的甲骨文和西周金文不仅早有“脉”字，而且还表现了比寸口诊脉更为复杂的遍身诊脉方法，说明当时的人们在懂得十二经脉这类有形之脉的同时，甚至还了解了奇经八脉中的部分无形之脉。这些事实充分证明，中国传统的脉学思想至少已经有了三千年的历史[①]，其作为国医的诊病手段，奠定了传统医学的基础，一直服务于国人的健康。

然而长期以来，西方科学以人体经脉无法得到仪器的验证为由，否认其存在的事实，这种判断就是典型的排他认识。我们究竟应该相信自己的亲身观察和分析，还是仅仅信赖仪器提供的数据？人类制造了仪器，但这并不意味着我们可以把认识世界的工作全部托付给仪器，毕竟人类认识的局限性会直接影响到他们的仪器制造水平，从而使仪器不可避免地也带有某种局限。今日无法得到仪器验证的事物并不说明日后不可能被验证，因此，仪器一时无法验证难以作为否定事物存在的证据。我们

① 冯时：《释“𠂢、永”——中国古人对脈的认识》，载中国古文字研究会等编《古文字研究》第三十一辑，中华书局2016年版；冯时：《商周医学史料考证》，载清华大学出土文献研究与保护中心编《半部学术史，一位李先生——李学勤先生学术成就与学术思想国际研讨会论文集》，清华大学出版社2021年版，第401—415页。

应该允许采用不同的方式揭示客观真理，而不能使自己沦为机械的奴隶。就像有些人可以承认伽利略利用望远镜观测太阳黑子的工作，却不认可中国古人裸眼观测太阳黑子的事实，这种逻辑显然是无法成立的。两种认识方法虽然不同，但其所揭示的却都是客观真理。今人难以通过仪器验明古人的发现，这一现状除了说明我们远不具备古人的智慧之外，其实什么都说明不了。但遗憾的是，这种唯仪器论的狭隘认识几乎成为今人政治正确的标志，所有不符合这一做法的认识方式都被贴上了“不科学”的标签。这种科学霸权当然是一种科学主义，而迷信科学其实比科学本身更为可怕，也更具危害。

人类认识的进步无疑会推动仪器的改进，从而造成新旧检测结果的不同，这样的事例俯拾皆是。因此，如果我们不具有更为包容的宇宙观，那么就只能为仪器所欺。2021 年，人们终于通过他们认可的科学手段证明了经脉的存在，这使昨天还在否定这一事实的人们瞬间改变其观点显得很不严肃。表面看来，这种尊重检测结果的态度似乎很科学，但其实不然，他们尊重的并不是客观事实，而是仪器，人们放弃了自我探索真理的机会，而只盲目地信赖仪器。更令人不可思议的是，面对迟来的真理，舆论同样极富偏见，且颠倒是非。人们宣称：“美国宣布：中医经络 2021 年被发现，人类医学将进入新时代。”[①] 这种充满错误的告白显得何等荒谬！中国先贤至少在三千年前就已发现了人体经络系统，但不幸的是，西方科学的自以为是却使他们晚至 21 世纪才认识这一真理。这种尴尬不仅充分印证了近代科学排他宇宙观的狭隘，而且无可辩驳地证明，今日的西方科学比中国先哲的智慧至少落后了三千年。然而科学主义的弥漫已经使人自觉地将自己置于机械之下，仪器所诱发的人类惰性使人丧失了自主探索真理的勇气和能力，这难道不是科学的悖论吗！

① 冷月髒花魂：《美国宣布：中医经络 2021 年被发现，人类医学将进入新时代》，昆仑策研究院网站转编自“中红网”，2021 年 8 月 6 日，https://www.kunlunce.com/llyj/fl11111/2021-08-06/154104.html，最后访问日期 2024 年 9 月 9 日。

宇宙观的包容性决定了人们是否能够真正接近客观真理。我们必须允许对客观世界的认识存在着不同的探索途径和方式，而不是只有科学一途，这才是现代文明的宇宙观。中西方两种宇宙观的差异在中西方两种医学体系上表现得尤其鲜明，因为医术的高下可以迅速通过疗效得到验证。传统医学天人合一的宇宙观使古人并不追求一定要消灭病毒，事实上病毒拥有着比人类长得多的历史，它们更懂得如何适应环境而生存，因此是根本不可能被消灭的。况且病毒会不断变异，只针对某一种病毒的防御方案将难以阻断新的变异病毒对人体的侵害。所以中国的传统医学抛弃引病入里将其杀灭的思路，但求将病毒等所谓湿邪解表于外，无论什么病毒，只要将其统统从体内排出即可，这种釜底抽薪的方式才是解决问题的根本之道。

由于受传统伦理观念的约束，身体发肤受之父母，不能轻易割除破坏，这要求中国的传统医学为了能够根治疾病，就必须探讨体表病象与体内脏腑之间的联络，从而发展出了智慧医学。与此同样重要的是，传统阴阳观与中和思想也直接影响着人们对待疾病与健康的态度。包容的宇宙观使我们并不排斥人与疾病的共存，因为在以生命至上的传统观点看来，任何以治病为目的而夺命的做法都是愚蠢的，只要不影响生命，那就不妨带病延年。这些不同于西方医学的理念与做法无疑深受相应宇宙观的影响，因此很明显，人类社会能否得到永续的发展，关键就在于宇宙观的指导。

宇宙观的排他性势必导致用事的不可持续。既然细菌和病毒永远都不可能消失，那么旨在以消灭细菌的抗生素药物就终将会因细菌的耐药而失效。由此可见，以消灭细菌为目的的医学理念，其前途不容乐观，因为人们研制新的抗生素的速度永远都赶不上细菌耐药的速度。沿着这样的趋势发展下去，超级细菌终将出现，人类总有一天会陷入无药可医的困境。与此相反，中国的传统医学由于秉持着与此完全不同的包容的宇宙观，早已显示了其可持续性。健康并不意味着体内无菌，人们只需要扶正祛邪，令体内蓄积足够的正气，脏腑达到阴阳平衡，就会邪不侵正，使身心归之于平。于是汉代张仲景的医方，虽历两千年至今仍有奇效。当然，如果从绿色医学的角度讲，国医的优势就更为明显。事实很清楚，这种包容宇宙观所指导的智慧且可持续的医学无疑体现的就是现代文明。

（三）中和守正

天人合一宇宙观的形成与礼的关系十分密切。如果人的欲望，特别是其精神欲望不能得到约束，那就不可能实现与天地同节，从而最终使人的灵性消失殆尽。因此，天人合一宇宙观的实现必须以礼对人欲的节制为基础。当然，尽管道家哲学主张去欲与儒家哲学主张中庸反映了两种不同的宇宙观，但其核心思想却并没有什么不同，那就是对人欲的节制，以求实现人与各种关系的中正和谐。

中庸思想作为儒家哲学的最高道德具有积极的意义。不偏为中，不易为庸，这意味着人类的发展过犹不及，守其中道才是根本之法，致中和才能终使天地位焉，万物育焉。经济的增长不能只求数字的漂亮，过度消耗资源和污染环境换来的经济增长并非为人们所需要，况且假如浪费之风大行，增长的物产并没有真正用于民生消费，反被大量丢弃，那就更不是人间正道。中庸的宇宙观应该体现在人类社会的发展与自然环境的协调平衡，虽然消耗了一定资源，但环境没有因此而破坏，物产又能满足人们的基本需求，这就是现代文明的发展模式。更重要的是，这样的发展模式并非只行于一时一事，而要长久于时时事事，这才是中庸。很明显，最好的思想既非自诩的所谓“先进”，也非所谓“现代”，而应是使天地人三才实现和谐。所以，中和思想乃是人类社会可持续发展的根本保证，这种宇宙观虽然古老，但却彰显着现代文明的价值。

人类社会的发展并不是一条持续上升的扬线，今不如昔与今胜于昔都曾是历史的真实存在。先贤所取得的某些成就可能早已成为难以逾越的巅峰，就像我们的哲学思辨难以逾越先秦，诗词创作难以逾越唐宋，青铜器铸造难以逾越三代，陶瓷烧制难以逾越两宋一样。如果放眼历史，类似的实例不胜枚举。因此从这一意义上讲，历史的其实就是现代的，经历了时间的检验，才能证明其不朽。伟大的故宫虽以土木材料筑成，但已巍然屹立了六百年，至今灿烂如新。而今天以现代技术和现代材料建起的新屋，不足七十年就房倒屋塌。面对历史的高峰，我们可能正处于低谷。这种历史的落差或许并不在于技术的所谓优劣，而在于人心的善恶和观念的是非。因此，现代文明不是标新立异，我们在追求创新的同时，更不应忘记中华文明的哲学根本。如果不强调对古代优秀遗产的继承，创新就不仅是无源之水、无本之木，而且也将失去新技术应有的意义。

一味求新求变并不是现代文明应有的特点，一种技术如果只能带给人们一时之利或短期效益，不能达到与自然的和谐，那就不是人类发展所需要的技术。我们必须拉长时间的轴线，才能看清技术手段的利弊。人工智能、电子支付这类新技术无疑带给了人们一时之利，但技术的新颖也就意味着其使用门槛的提高，其对环境和条件的需求也更为严苛，这意味着新技术其实极为脆弱，一旦环境和条件发生改变，其所带来的一时之利或短期效益就会瞬间化为乌有。

生活的经验告诉我们一个浅显的道理，简单比复杂更为恒久。钥匙开门本来是一件极容易的事，然而如果人们为追求所谓现代和时髦，非得将这类简单的事情交给人工智能，结果则往往因条件的变化而使人工智能沦为“人工智障”，自己也被无情地拒之门外。人类从以物易物发展到货币交换标志着社会诚信体系的形成，这是一种巨大的进步，而货币的使用本来非常简单，如果人们醉心于电子支付的便捷，甚至企图以电子支付取代货币，那就有可能使自己身陷绝境，因为电子支付需要具备比货币交换更复杂的条件，一旦这些条件不复存在，交易也就不可能实现。或许非到危急关头人们不可能真正懂得简单技术比复杂技术更具有生命力的道理，这种足以保证长久效益的模式才是人类真正需要的。显然，对新技术的迷恋与狂热并不是现代文明的思维，面对现代化问题必须保持冷静的判断和历史的思考。

中和守正的宇宙观同样强调人与自然和谐为一体，人不仅要顺应自然，还必须保护自然。因此，环境影响对于人类生存的重要意义是怎么评价也不过分的，这一点已经越来越被今天的人们所认同。良好的环境将带给人们健康长寿，而恶劣的环境则会造成疾病和痛苦。人们渴望青山绿水，拒绝白色黑色等各色污染。因此，凡是以制造巨量垃圾为代价的技术都不利于人类社会的长久发展，也都不符合我们所追求的现代文明。互联网销售已成为当下最热门的商业形式，但其弊害不仅十分明显，而且远大于它所带给人类的福祉。且不论网络经济对实体经济的冲击是毁灭性的，其对城市交通秩序的破坏已成为痼疾，单就其所制造的包装垃圾而言，就是一个难以计数的天量。如果每日成交一亿单餐饮外卖，那就将有至少两亿只餐盒成为垃圾，一年就要造成七百三十亿只餐盒的污染，约可填满五个西湖。当然，这还不过是餐饮垃圾一类而已，其他如网络商业所造成的包装垃圾又有多少？加之各种电子垃圾、医疗垃圾、工业垃圾、现代建筑垃圾等，我们的家园早已不堪重负。这种不可持续的工业模式，与我们提倡的绿色生活背道而驰。并不是我们首先踏上了这条不归之路，既然人们已经有过先污染后治理的愚蠢作为，我们何以还要重蹈覆辙？显然，中国的现代化不能是西方模式的翻版，中国的现代文明必须从己身文明的优秀文化中滋长出来，这就是我们所说的中国式现代化的新道路。

三、文明的未来

中国有着至少八千年文明史，我们强调这一悠久历史的目的并不是因为对八千年这个数字感兴趣，其根本目的是要对这一经历数千年积淀的文明成果加以继承和弘扬。今天的中国并不是从八千年前一步迈到了当代，历史每一阶段的发展，都是通过后人对前人文明成果的继承完成的。我们强调自己的过去，显然是把我们的过去视为历史财富，而不是历史包袱，如果我们忽视了对历史遗产的继承，那么我们的历史即使再悠久也将毫无意义。

人类文明的可持续发展无疑是现代文明追求的唯一目标，人类的一切思考和创造都应围绕这一核心主题。地球有着四十六亿年的历史，人类也已经历了至少三百万年的发展，然而今天人们享受的工业文明，充其量也不过区区两百多年的时间，但就在这不到三百年的时光里，我们却已将地球四十多亿年的积累消耗殆尽，这种文明究竟是优秀的还是落后的其实已经不言自明。以今日工业文明的发展趋势，人们还有再发展三百万年的信心吗？如果我们缺少这份信心，那么我们又有什么理由自信今日的所谓现代化文明比古代文明更具有优势呢！

事实上，人们的生活选择早已表明了他们对待工业文明的态度。人们虽然对于追求新技术所带来的便利与享受乐此不疲，但在饮食这类事关身体健康的根本问题上却坚决拒绝现代技术和科学成果。人们只愿接受天然的绿色食品，却远离新技术带给人类的转基因。以各种科技元素配制勾兑的调味品遭到了无情声讨，人民拥抱天然纯酿，却毅然抛弃了通过科学手段制造的所谓食品，类似的情况在食品安全日体现得最为鲜明。人们不仅要求食品的原生态，而且更乐于享受环境的原生态。这些选择其实都清楚地表明人们对工业文明实际已经失去了信心，只是我们还没有勇气面对我们已经习惯的一切而已。事实是残酷的，人类向何处去？这确实是一个必须思考的严肃问题。

两百年前，工业革命作为一种新兴文明，在物质和精神上征服了世界，甚至如我们这样具有数千年文明的泱泱大国也败在了西方列强的炮舰之下，于是国人开始怀疑甚至否定自己的文化，人们对工业文明顶礼膜拜，似乎这才是带领人类走向未来的唯一道路，而那些不曾发生过工业革命的文明就理所当然地被认定是落后的文明。然而两百年过去了，世界变得更好了吗？不仅没有，反而更糟！“李约瑟之问”虽然道出了他的某种疑惑与遗憾，并试图加以回答[①]，然而殊不知中华文明的知识论与宇宙观早已从根

① 李约瑟:《中国对科学和技术的贡献》(1946 年 10 月于巴黎联合国教科文组织每月讲演会上的演讲)，载潘吉星主编《李约瑟文集》，辽宁科学技术出版社 1986 年版，第 109—124 页。

本上杜绝了工业革命这种不可持续文明在中国的发生，因为这根本就不是我们需要的文明。今天的人们已逐渐认识到，人类探索未知的活动并不都是创造文明的活动，如果没有正确的知识论和宇宙观的指导，人类妄自尊大的醉心探索不仅不是创造文明，而很可能是在摧毁文明。事实很清楚，工业文明并不能将人类带往光明的彼岸，解决人类文明的关键，只能且必须从具有八千年文明的中国智慧中寻找答案。

责任编辑：刁鹏飞

群与组织力：凝结中华文明的本质力量

杨 善 民*

提　要：准确理解和把握中华文明的本质凝结力量，是构建新时代中华文明的必需功课。古今中外，一个社会的成功、一个文明的绵延发展，一定是其群体组织的成功。中国文化凝结的超大规模群体代表了人类组织的历史限度，超大型国家构建了人类社群最复杂的组织方式。“群”体现血脉及理性的力量，“组织”是人类高级才能塑造的群体秩序。荀子首倡的群学“尽伦尽制”，修齐治平融“血缘—地缘—业缘”为一体。数千年来，群与组织之力搭建起中国社会超长距跨结构支撑体系。中华传统文明的核心能力是“群”的经纬能力，经天纬地、内圣外王，构成互为表里的社群自组织系统。中国共产党组织铸造中国革命与建设的现代引擎，中国式现代化的本质力量源于其“组织之力”。

关键词：群；组织力；中华文明；本质力量

* 杨善民系山东大学哲学与社会发展学院/现代传播研究所所长、首席研究员。

一、导言：大变局下保持人类整体秩序

群体秩序是社会得以稳定运行和发展的关键。随着历史的展开，人类群体秩序经历了从简单群体到复杂组织的转变。一个社会和文明的秩序与群体组织相关。人类早期以亲缘关系为基础的部落共同体形成了最基本的秩序机制。随着农业的出现和社会分工的复杂化，社会秩序逐渐制度化，出现了以政治、法律和宗教为支撑的各项社会制度，群体秩序开始规范化、正式化。历史上，人类群体秩序的不同模式在不同的文化和地理背景下展现出各自的适应性。21 世纪人类社会面临逆全球化和信息技术革命的双重冲击，互联网和数字技术的发展改变了人们的沟通方式、工作模式和生活习惯，人类现代文明的面貌和社会秩序正面临断裂与重构的复杂挑战。

人类在地球上已经有 5000 余年的文明史，在悠久的历史中积累了丰富的共生、共存、共荣的生活经验。“然而迄今为止的文明理论和文明史，大多专注于文明的区别和分裂，互相争斗和倾轧，而忘记了人是群居的动物，人类社会本质是相互依存，忘记了各种组织形式的人类群体都在互动中不断成长和发展……同时也忘记了在人类各个群体中分享着共同的价值观……这些‘忘记’不能不说是极大的遗憾和悲哀。”① 人类群体秩序的构建历史是一个不断适应变化、解决冲突的过程。危机往往暴露出组织结构和问题结构之间的不匹配，通常需要跨组织协作或新的组织结构来应对。

“溯历史的源头才能理解现实的世界，循文化的根基才能辨识当今的

① ［德］多明尼克・萨赫森迈尔、任斯・理德尔、［以］S.N. 艾森斯塔德编著：《多元现代性的反思：欧洲、中国及其他的阐释》，郭少棠、王为理译，商务印书馆 2017 年版，“总序”第ⅵ—ⅶ页。

中国，有文明的互鉴才能实现共同的进步。”① 中国超大规模社会所具有的复杂性远超任何一个现有学科的边界。“如果不理解规模，就不可能理解世界。”② 各种事物或系统总是随着规模的变化而发生变化，超大规模群体的维系需要建立复杂系统中超常的合作和协调机制。不论是历史学家、经济学家还是政治学家，他们对中国作为超大规模社会的研究，远远滞后于中国自身发展进程。社会学也不例外。“社会学存在着多元化理论的取代式发展与学科整体的理论解释力受限的悖论，中西皆然。建设中国特色社会学必须寻求对这一悖论的化解之道。群学作为中国古典社会学，在悠久的历史中形成了融通主义传统，继承和发扬这一优秀传统，可以在社会学各种‘范式’的相处方式上，消除‘取代式’，实行‘融通式’。”③ 荀子是群学的倡导者，荀子的群学思想和方法，对中国社会研究、对中国式现代化实践，以及对新时代中华文明构建具有根本的价值和意义。

二、群力：中华传统文明的秩序经纬能力

“群”是中华传统文明独特的经纬能力。在漫长的人类历史上，东西方都曾出现横跨欧亚的超级大国，但它们都不过如白驹过隙，“忽然而已”，最终沦为一种“帝国幻象”。究其根本，是其内外经纬能力的欠缺。经纬能力即编织、组织能力。中国文化经天纬地，内圣外王，修齐治平，合群能群善群乐群，培育出世界最大规模统一社群，造就绵延数千年屡仆

① 《习近平向世界中国学大会·上海论坛致贺信》，中国政府网 2023 年 11 月 24 日，https://www.gov.cn/yaowen/liebiao/202311/content_6916822.htm，最后访问日期 2024 年 10 月 23 日。

② ［英］杰弗里·韦斯特：《规模》，张培译，中信出版集团股份有限公司 2018 年版，第 3 页。

③ 景天魁：《社会学融通主义的历史逻辑与时代意涵》，《中国社会科学》2024 年第 4 期。

屡起的超大型国家。“群”能力并非人类的自然天成，直到今天，“加勒比海没有什么群，除了鱼群”[①]。群既是社会的结构，也是思想的结构，既是历史的力量，也是当下的动力，构成中国古往今来不同朝代的社会面相。

（一）群：血脉与理性的力量

“群”是中华文明的基因，是中国数千年来的基本社会形态。在钱穆看来，中国文化就是“群”文化。“文化是指集体的、大群的人类生活……文化是指时空凝合的某一大群的生活之各部门、各方面的整一全体。”[②]无论从结构、关系、制度哪方面观察，群既是社会的载体，也是社会本身，而不单纯是“想象的共同体”。群学之“群”的概念包含并大于西方社会学定义的“群体”“共同体”“社区”“社群”“组织”等。群具有明见性及隐含性结构，具有构成人群本质的普遍性特质。作为名词的“群”是明见的，是群体、组织、家庭、国家；作为动词的“群”是隐含的，是组织化、秩序化、制度化，亦即家庭化、国家化、机构化、礼制化、法制化。总之，是理性化、人性化、文明化。家、家族、乡里、国家是其明见性结构；修身、齐家、治国、平天下，是其隐含性结构。荀子对于“群”进行了系统的思考，既给出“名称”，又给出“意义”。正如景天魁所指：“因为群学作为合群、能群、善群、乐群之学，包含着中国社会学的基因，深藏着解释中华民族之所以长盛不衰的密码。”[③]

族群是社会基本群体，是传统社会的核心。家庭、家族是世代相传的血缘连续体，它们既在有关家族的观念中表现出来，也在家庭的原始形式中表现出来。一种繁荣生活的持续期限是与它的血脉分不开的，“它的生育

① ［美］约瑟夫·布罗茨基：《小于一》，黄灿然译，上海译文出版社2020年版，第153页。

② 钱穆：《文化学大义》，九州出版社2012年版，第4页。

③ 景天魁：《论群学复兴——从严复“心结”说起》，《社会学研究》2018年第5期。

和怀孕的秘密，在那生殖力旺盛的、在土壤上生根、健壮、多产的农民家族中看得最清楚”[①]。生前同室、死后同穴是中国人超越时空的族群理想。中国考古发掘出的三千余座母系氏族公社墓葬表明，在新石器时期黄河流域即出现了聚族而葬的公共墓地。家族是数千年来中国人最基本的生活群体。

群不但基于自然血脉形成，更是一种理性的文化建构。“理智会导致社会感。”[②] 孟子所谓：“亲亲而仁民，仁民而爱物。”[③] 荀子言：“君者，善群也。群道当，则万物皆得其宜，六畜皆得其长，群生皆得其命。”[④] 邵雍言：“为人须是与人群，不与人群不尽人。”[⑤] 中国社群中伦理关系始于家庭而不止于家庭。[⑥] 家庭—邻里—乡党—国家构成中国人的血缘与文化共同体，也是中国整体社会的基本组织架构。家的隔壁是邻居。比邻而居的乡党守望相助，疾病相扶持，“来去皆回首，情深是德邻”[⑦]。“姻连戚里”[⑧]，家、家族、亲戚、邻居构成了乡里的血缘及地缘实质，基于此，儒家治天下的任务由乡党亲族始。[⑨] 村庄是乡里的基本单元，从中国北方河北省张

---

① ［德］奥斯瓦尔德·斯宾格勒:《西方的没落》（下册），齐世荣等译，群言出版社2016年版，第563页。

② ［美］约瑟夫·布罗茨基:《悲伤与理智》，刘文飞译，上海译文出版社2015年版，第330页。

③ 杨伯峻译注:《孟子译注》，中华书局2019年版，第355页。

④ （清）王先谦撰:《荀子集解》，沈啸寰、王星贤点校，中华书局1988年版，第165页。

⑤ （宋）邵雍:《伊川击壤集》，郭彧整理，中华书局2013年版，第314页。

⑥ 梁漱溟:《乡村建设理论》,《梁漱溟全集》第二卷，山东人民出版社2005年版，第168页。

⑦ （唐）刘禹锡撰:《刘禹锡集》,《刘禹锡集》整理组点校，卞孝萱校订，中华书局1990年版，第473页。

⑧ （唐）刘禹锡:《刘禹锡集笺证》（上），瞿蜕园笺证，上海古籍出版社1989年版，第300页。

⑨ 许倬云:《求古编》，商务印书馆2014版，第379页。

家口四台遗址、山东省淄博赵家徐姚遗址考古发现来看，在距今10000多年前这些地方已经进入村居时代。村社、乡里是国家政权的基层组织形式，是家与国的嵌套处，乡里完成了从家乡到乡国的时空链接。四海天下是中国人家族乡里概念的外延；天下一家亲，既是中国的一种理性世界观，也是一种理性实践。

个人是群的逻辑起点，修身以合群。在西方社会思想的某些论述中，群众就是“乌合之众”。“群众是尽头、是极端无用之物。”[①] 佛家也指出宇宙中盲目的“群动性，来无所从，去无所至”[②]。在中国群学理念中，人性自然平等，“材性知能，君子小人一也”[③]，“涂之人可以为禹”，“故圣人者，人之所积而致矣”[④]。到唐代，甚至“有女人内政立身，以修家国”[⑤]。个人是群的逻辑起点，修齐治平缘起于高品格的个体：修身以合群，齐家而能群，治国者善群，齐天下以乐群，个人的力量随群体的扩大而增强，群体也因个人的集体化而强盛。在中国群学思想与实践体系中，传统“群”能力是在中国文明实践中培育的。

其一，群能力源于个体的团结，是“1+1大于2”的能力。团结之力来自人众的智慧与集群的力量即扬雄所指的“群策群力”：“或问：‘楚败垓下，方死，曰：天也，谅乎？’曰：‘汉屈群策，群策屈群力；楚憞（憝）群策，而自屈其力。’”[⑥] 个人团结起来具有超越性力量，如荀子所说：“和

① ［德］奥斯瓦尔德·斯宾格勒：《西方的没落》（下册），齐世荣等译，群言出版社2016年版，第470页。

② 赖永海主编，刘鹿鸣译注：《楞严经》，中华书局2012年版，第238页。

③ （清）王先谦撰：《荀子集解》，沈啸寰、王星贤点校，中华书局1988年版，第61页。

④ （清）王先谦撰：《荀子集解》，沈啸寰、王星贤点校，中华书局1988年版，第443页。

⑤ 赖永海主编，刘鹿鸣译注：《楞严经》，中华书局2012年版，第252页。

⑥ （宋）司马光编著：《资治通鉴》（全十二册），（元）胡三省音注，中华书局2013年版，第291页。

则一，一则多力，多力则强，强则胜物。”[①] 团结之下的分工合作扩大了个人力量，“能不能兼技，人不能兼官，离居不相待则穷”[②]。同时个人融入群体，能够凭借群体资源成就自己。

其二，群能力的核心是组织能力。众志成城，群能力是合群、能群、善群、乐群的组织能力。“君者，何也？曰：能群也。能群也者，何也？曰：……亲……安……乐……荣。四统者俱而天下归之，夫是之谓能群。”[③] 组织起来“皆使人载其事而各得其宜”[④]。作为理性的人，人不但能把自己组织起来，还能把牛马组织起来，“力不若牛，走不若马，而牛马为用”[⑤]。只有组织起来的群体才能够真正“制天命而用之”[⑥]。

其三，群能力的本质是构建秩序的能力。在荀子看来，秩序就是善，偏乱失序就是恶，“凡古今天下之所谓善者，正理平治也；所谓恶者，偏险悖乱也”[⑦]。“乱”是群体失序，失序是人类社会的共同威胁，如荀子所言：“天下之公患，乱伤之也。”[⑧] 群体能够建立法度秩序以止乱：“古者圣王以

① （清）王先谦撰:《荀子集解》，沈啸寰、王星贤点校，中华书局 1988 年版，第 164 页。

② （清）王先谦撰:《荀子集解》，沈啸寰、王星贤点校，中华书局 1988 年版，第 176 页。

③ （清）王先谦撰:《荀子集解》，沈啸寰、王星贤点校，中华书局 1988 年版，第 237 页。

④ （清）王先谦撰:《荀子集解》，沈啸寰、王星贤点校，中华书局 1988 年版，第 70 页。

⑤ （清）王先谦撰:《荀子集解》，沈啸寰、王星贤点校，中华书局 1988 年版，第 164 页。

⑥ （清）王先谦撰:《荀子集解》，沈啸寰、王星贤点校，中华书局 1988 年版，第 317 页。

⑦ （清）王先谦撰:《荀子集解》，沈啸寰、王星贤点校，中华书局 1988 年版，第 439 页。

⑧ （清）王先谦撰:《荀子集解》，沈啸寰、王星贤点校，中华书局 1988 年版，第 185 页。

人之性恶，以为偏险而不正、悖乱而不治，是以为之起礼义、制法度，以矫饰人之情性而正之，以扰化人之情性而导之也。”[①]

其四，群能力的理想目标是“群和”。“群和”即荀子所谓“群居和一之道也”[②]。“群和”意味着人与人、人与自然的友善互动，相互持养，即老子所言：人民与自然一体，自治自理，“甘其食，美其服，安其居，乐其俗”[③]。以及孟子所谓：“乡田同井，出入相友，守望相助，疾病相扶持。”[④]根据荀子的理论，“以群则和”[⑤]，“群和”的前提是“群居”，目标是“和一”，而让人民群居和一则主要是君主的责任。

群能力是中国文明的理性传承。“知有所合谓之智。”“能有所合谓之能。”[⑥]荀子认为人类拥有更高的心智水平，心可以为之虑、为之择。群不但是一种理性组织与秩序，而且还作为一种思维方式融入文化血脉，一代又一代薪火相传。

（二）经天纬地、内圣外王：互为表里的社群自组织系统

如何增加国民凝聚力特别是多族群国家如何治理，是古今中外大型国家普遍面临的难题。历史上大部分帝国的气运维系在对外战争中，而中华文明一直在构造经天纬地、内圣外王互为表里的社群自组织系统。中国文明以经天纬地为目标、以内圣外王为手段，基于对生存挑战的回应，构建

---

① （清）王先谦撰：《荀子集解》，沈啸寰、王星贤点校，中华书局1988年版，第435页。

② （清）王先谦撰：《荀子集解》，沈啸寰、王星贤点校，中华书局1988年版，第71页。

③ 陈鼓应注译：《老子今注今译》，商务印书馆2016年版，第345页。

④ 杨伯峻译注：《孟子译注》，中华书局2019年版，第126页。

⑤ （清）王先谦撰：《荀子集解》，沈啸寰、王星贤点校，中华书局1988年版，第69页。

⑥ （清）王先谦撰：《荀子集解》，沈啸寰、王星贤点校，中华书局1988年版，第413页。

了一个强大的天地人互补协调系统。经纬组织力打破族群与国家的边界，把个人发展、家庭伦理与国家责任结合起来，修齐治平内圣外王，构成中国国家统一的基本逻辑。

1. 经天纬地之能

经天纬地是中国独特的文明能力。经天纬地首先是对宇宙自然以及人类社会的经营管理，“经纬天地而材官万物，制割大理，而宇宙理矣”[①]。仁人君子不是靠暴力，而是靠文化、知识、智慧，“范围天地之化而不过，曲成万物而不遗”[②]。

经天纬地是“一天人，合内外”。在中国文化的认知中，“天地与人同一体”[③]。“《易》与天地准，故能弥纶天地之道。”[④] 在中国文化传统中，生命来自天地两种力量交合下的自然创生，如荀子云：“天地合而万物生，阴阳接而变化起。”[⑤] 天人合一既不是单纯人类中心主义，也不是自然中心主义。天既是自然、宇宙的存在，也是自然而然的过程；人既是个人、群体的存在，也是文化的过程。人与天地日月共生，具有经天纬地之能。天地生君子，君子理天地，人类中的伟大分子敬天地，顺四时，改造自然，利用自然，通过制造工具延长个体身心，服务人类大群。“人群有生大道，则莫贵于能知命而造命。人能知命造命，乃可赞天地之化育，而与天地参。造化之权，亦掌之在人。此为人道最大之期望，亦是最高之巅峰。”[⑥] 同时，经天纬地要安顿个体生命，保障族群根本，生生不息，天长地久：“君臣、父子、兄弟、夫妇，始则终，终则始，与天地同理，与万世同久，夫

① （清）王先谦撰：《荀子集解》，沈啸寰、王星贤点校，中华书局1988年版，第397页。

② 周振甫译注：《周易译注》，中华书局2013年版，第247页。

③ （宋）邵雍：《伊川击壤集》，郭彧整理，中华书局2013年版，第342页。

④ 周振甫译注：《周易译注》，中华书局2013年版，第247页。

⑤ （清）王先谦撰：《荀子集解》，沈啸寰、王星贤点校，中华书局1988年版，第366页。

⑥ 钱穆：《晚学盲言》（上），生活·读书·新知三联书店2010年版，第17页。

是之谓大本。”①

经天纬地是文化的大格局大胸怀。基于从空间的高处俯视寰宇、从时间的此世望向来世的超视距时空观构建的大格局大胸怀，经天纬地是杜甫的“长令宇宙新”②。大格局大胸怀是一种文化境界，“有境界，则自成高格”③。经天纬地的格局和胸怀“高视乾坤，一体交态”④，直抵宇宙。

中国文化具有经天纬地的人类使命感。赫拉利就指出，“中国人所称的‘天命’，正是要解决全人类的问题。而现代的天命，也真的就得解决天上的问题”⑤。孔子具有超越国族的视野，庄子则有胸怀天地的视域。世界其他民族文化中有的注重修心，有的注重齐家，有的注重治国，有的注重平天下，唯有中国传统文化在天人合一的高维链条上形成涵盖天、地、人、神、物并传承数千年的经天纬地之能。

2. 内圣外王之道

群文明依赖个体文明。“内圣”是个人道德层面的正心诚意修身，“外王”是齐家、治国、平天下，亦即孟子的“仁政”和“王道”。数千年来，中国精英群体以天下苍生为念内圣外王：如《尚书》开篇《尧典》所载，帝尧“钦明文思安安，允恭克让，光被四表，格于上下”⑥。儒家“泛爱众”“济天下”，道家“修之于身……修之于家……修之于乡……修之

---

① （清）王先谦撰：《荀子集解》，沈啸寰、王星贤点校，中华书局 1988 年版，第 163 页。

② （唐）杜甫撰：《杜诗详注》（中），（清）仇兆鳌注，中华书局 2015 年版，第 806 页。

③ 苏缨：《人间词话精读》，湖南文艺出版社 2015 年版，第 1 页。

④ （唐）杜甫撰：《杜诗详注》（中），（清）仇兆鳌注，中华书局 2015 年版，第 781 页。

⑤ ［以］尤瓦尔·赫拉利：《未来简史》，林俊宏译，中信出版集团股份有限公司 2017 年版，第 198 页。

⑥ 顾颉刚、刘起釪：《尚书校释译论》，中华书局 2005 年版，第 2 页。

于邦……修之于天下，其德乃普”[①]，佛家“教化众生、随顺众生、福备众生、救护众生”[②]，内圣外王，身家乡邦、个人与众生一体互证。

内圣外王是中华大群自组织的基因密码。内圣代表知识、道德、文化，外王追求王法、律令、制度；内圣训练组织化个人，外王延伸组织制度。内圣外王熔铸族群内外秩序，经天纬地之志将中国文化与制度体系广被四裔。完善的伦理秩序与国家制度，是天下群体秩序的最高标准。到荀子时代，伦理层面的“圣人”与政治层面的“王道”最终指向秩序的确立。“圣也者，尽伦者也；王也者，尽制者也；两尽者，足以为天下极矣。”[③] 在荀子思想的秩序模式下，每一个“涂人”都可以从天地之间获得接近“圣人”的资格，继而通过自身实践活动获得人世间差等秩序的具体位置，并最终成就“王道”政治。

国家是人群的外壳。在中国历史上，即使某个时期国家这个外壳被打破了，但中国文化内在的经纬还在，族群还能保持自运转，并很快再造国家。这也是中国能够屡仆屡起的文明基因。中国超大型群体的形成与超大型国家的维护，既不是出于浪漫主义者的幻想，也不是出于理性主义者的思辨，而是经天纬地、内圣外王互为表里的社群自组织系统的塑造。

（三）中国超大型群体代表了人类组织的历史限度

群大乃壮，国大能强。重新理解并反思人类文明的组织方式，可以看出，中国文化凝结的超大规模群体代表了人类组织的历史限度，超大型国家是人类文明最复杂的组织方式。群体秩序建立的初始原则是孟子的“亲亲”，墨子则提出尊贤崇智，荀子把二者结合起来，“尽伦尽制”，融“血缘—地缘—业缘”为一体，搭建起中国社会超长距跨结构支撑体系。

---

① 陈鼓应注译：《老子今注今译》，商务印书馆 2016 年版，第 271 页。

② 赖永海主编，刘鹿鸣译注：《楞严经》，中华书局 2012 年版，第 259—260 页。

③（清）王先谦撰：《荀子集解》，沈啸寰、王星贤点校，中华书局 1988 年版，第 407 页。

1. 中国制度化体系是人类对于社群组织方式的成功探索

制度是群与组织的经纬，是治国理民的经脉。两千多年前的荀子曾多次指出社群凝聚之难，近代王国维在写给朋友的信中也提出，“大抵合群二字，为天下第一难事”[①]。对凝聚之难的原因，《黄帝四经》有深刻精到的分析，那就是各种力量“同则不肯，离则不能，伤国之神”[②]。各方人众相互之间既不愿完全认同，但又不能离群别居。美国社会学家库利也指出人类生活的这种两面性：“人类生活是一个不断成长的整体，它一方面由持续的互动过程所整合，另一方面分化为各种能量形式，如个人、小团体、社会倾向、理论教义和社会制度。”[③] 人类社会的普遍问题——群体内部如何实现合作、群体之间怎么维持和平，是社会发展面临的轴心问题。近代以来西方社会学家从法国人涂尔干的社会团结理论、德国人滕尼斯的共同体与社会研究，到美国人库利的社会组织、帕森斯社会整合研究，关注的也是这些问题。如何合众为一，即使在今天的美国也依然面临严峻挑战。与西方传统依靠神权及某种神圣能力组织社会的形式不同，中国传统社会很早就建立起王权下的世俗国家及社会制度。“天下之大隆，是非之封界，分职名象之所起，王制是也。”[④]

制度是人类文明最鲜明的征象。制度既来自设计，更植根于行动，制度是在人类行为实践中逐步构建并完善的。组织制度既是科学，也是艺术，编织了人与自然、人与社会、人与宇宙之间的关系及秩序，体现了人类的最高心智。制度理性是一种可靠性、合理性，所谓中国文化的早熟，“就是人类理性开发的早”[⑤]。如荀子所言，人的天性中不但有自私的恶性，还

① 史飞翔：《王国维死因新探》，《文史精华》2013 年第 5 期。

② 陈鼓应注译：《黄帝四经今注今译》，中华书局 2016 年版，第 430 页。

③ ［美］库利：《社会过程》，洪小良等译，华夏出版社 2000 年版，第 4 页。

④ （清）王先谦撰：《荀子集解》，沈啸寰、王星贤点校，中华书局 1988 年版，第 342 页。

⑤ 梁漱溟：《乡村建设理论》，《梁漱溟全集》第 2 卷，山东人民出版社 2005 年版，第 181 页。

有理性的智慧。对于感性的欲望，“其知虑足以治之”①，“使群臣百姓皆以制度行，则财物积，国家案自富矣”②。早在西周，周公通过“制礼作乐”，将上古祭祀祖先、沟通神明以指导人事的巫术礼仪，全面理性化和体制化，并以此作为社会秩序的规范准则。对此，法国学者尼摩在与西方的比较研究中发现，“由于它们都是一些‘儒家’社会，理性与非宗教国家大约出现在三千年前，因而已经在这些社会中存在了很长时间”③。历史上，西方直到文艺复兴以后才逐步接受理性人的思想，建立起世俗国家。

制度是结构，是钢筋，同时还是黏合剂，是水泥。制度化为群体生活提供一种结构支撑。群体制度是规制性的立法、政策，规范性的规约、期望或文化认知的模式、框架，也是一个动态的、持续的过程。“制度拥有一整套程序，通过规则在其中进行选择。这些规则可能是通过直接胁迫及政治或组织的权威所强加给的，或者仅仅是通过社会化或教育而习得、内化的一些合理行为象征。”④ 制度对潜在的无序政治过程进行规范：“通过一整套惯例、作用、形式和规则等，政治制度对潜在的无序政治过程进行了规范。通过意义构建，政治制度创造出了一个解释框架，它有助于理解政治行为并提供其确定性。”⑤

数千年来，大一统文化精神融入了中华民族的血脉中，并形成维护国家统一的系列制度。中国历史上的制度包括纲纪、礼、法、诏、律令等：

---

① （清）王先谦撰：《荀子集解》，沈啸寰、王星贤点校，中华书局1988年版，第181页。

② （清）王先谦撰：《荀子集解》，沈啸寰、王星贤点校，中华书局1988年版，第172页。

③ ［法］尼摩：《什么是西方：西方文明的五大来源》，阎雪梅译，广西师范大学出版社2009年版，第155页。

④ ［美］马奇、［挪］奥尔森：《重新发现制度：政治的组织基础》，张伟译，生活·读书·新知三联书店2011年版，第20页。

⑤ ［美］马奇、［挪］奥尔森：《重新发现制度：政治的组织基础》，张伟译，生活·读书·新知三联书店2011年版，第51页。

“何谓纲纪？纲者，张也；纪者，理也。大者为纲，小者为纪，所以张理上下，整齐人道也。”① 礼是中国传统国家制度的“大经大法”，“是家庭社会国家的组织法（组织法旧译宪法）”②。荀子隆礼重法、知统类而一制度，构想了能统合无限扩大其规模的人类社会之规范制度。

纲纪、礼法系统地呈现在传统经学之中。汉代在法令之外，又以经义为据施政治国，所谓：“法圣人，从经、律。”③ 经，即普遍性的原则法度。经学包括了天道、人道及国家治理和建设的大经大脉。先秦五经、六经至宋代十三经，超越具体社会和时代，构成中华民族的制度总典。按照章学诚的说法，“六艺皆周公之政典，故立为经”④。“《六经》不仅继承了三代以上的中华文明，而且本质性地开创了新的秩序格局，《六经》的述作构成在失序时代为文明和秩序奠基的活动。”⑤

2. 大规模激发大规模的解决方式：国家是群体最复杂组织形态

“大规模诱发了大规模的解决办法。”⑥ 只有国家化才能建立和维护大规模群体的秩序，群体的扩大需要国家的力量。“合大众，美国家”⑦，国家是群能力深层机制的外在表现，是群体最复杂的组织形态。国家不仅是群体在空间里的延伸，也是其在时间里的延伸。

本质上讲，这个世界上所有群体生物都在探索最佳的社群组织方式。建立国家是一个充满挑战性的过程，长久维护国家运行更为困难，善于打天下者未必能够治天下。数千年来，中国探索和建立起管理和治理国家的

---

① 饶宗颐：《选堂集林·史林新编》（中册），中华书局（香港）有限公司2012年版，第562—563页。

② 胡适：《中国哲学史大纲》，民主与建设出版社有限责任公司2015年版，第96页。

③ （清）王先谦撰：《后汉书集解》，广陵书社2006年影印本，第491页上栏。

④ 章学诚著，仓修良编注：《文史通义新编新注》，浙江古籍出版社2005年版，第87页。

⑤ 陈赟：《〈六经〉成立与中华文明之奠基》，《现代哲学》2024年第1期。

⑥ ［美］约瑟夫·布罗茨基：《小于一》，黄灿然译，上海译文出版社有限公司2020年版，第64页。

⑦ （清）王先谦撰：《荀子集解》，沈啸寰、王星贤点校，中华书局1988年版，第286页。

系统理论，并实践化为日趋平衡的复杂制度行为体系。国家化是人类文明发展的必由之路。国家是人类理性的建构而非自然天成，国家的设计构建是个大系统工程。从人类发展史来看，国家制度的建构是最困难的使命之一，因国家组织不力、软弱涣散而导致的失败，已成为当今世界许多问题的根源。只有民族有形地凝聚，才能有真正的国家。“除非并直到民族有形地凝聚在一块，作为一个实体的时候，国家是不可想象的。”① 荀子倡导以制度“王天下”“凝天下”。国家是群体的最高形态，国家制度具有系统性、复杂性，是多种制度的高级集合体。

中国在国家制度建设方面曾经一骑绝尘。西周初年，周公就创造出一套“封建制度”，这套制度把全国各族群纳归于统一体系。自天子分封诸侯，再由诸侯各自分封其国内之卿大夫，而共戴一天子，形成自上而下大一统局面。《周礼》是古代中国第一部系统、完整叙述国家机构设置、职能分工的专书，是世界上现存最古老的国家组织法，其内容不仅涵盖官制、军制、田制、礼制等国家重要政治制度，还涉及法律、经济、文化、教育、科技等制度，为我国秦汉以来历代国家机构建制提供了全面的参照体系。秦汉以来，中国国家制度的建立代表了人类组织的历史限度。秦朝统一天下，造就了一个国家、一个民族的局面。汉朝时期，中国政府愈益建制化。传统上，政府官员获得任命，靠的不是自己的资格，而是与统治者的亲戚或私人关系；权力不在职位，而在担任此职的人。政治制度的现代化，就是家族统治被官僚机构所取代。“根据马克斯·韦伯的经典定义，现代官僚机构的特征包括：因功能而分的官职需有明确专长、在界定清晰的等级制度中设立各级官职、官员不得有独立的政治基础、官员必须遵守等级制度中的严格纪律、薪俸，官职只是谋生的职业。”② 西汉的中国政府几乎符合现代官僚机构的全部特

① ［德］奥斯瓦尔德·斯宾格勒:《西方的没落》(下册)，齐世荣等译，群言出版社 2016 年版，第 497 页。

② ［美］弗朗西斯·福山:《政治秩序的起源：从前人类时代到法国大革命》(第 2 版)，毛俊杰译，广西师范大学出版社 2014 年版，第 124 页。

征。西汉政府内确实有很多留用的家族官员，尤其是在高祖统治的早期。但在汉朝中央政府中非人格化基础上选出的官员逐步取代了家族官员。“朝廷显贵和执行君主决策的永久官僚机构之间，出现了日益明显的差别。”[①] 秦以后，两汉、隋、唐，中国文化的最大成就，便是在政治和社会的组织方面，“大一统的政治和平等的社会之达成，这便是汉、唐时期的成绩”[②]。

中国社群能够不断地走向更高的统一，其根本在于中国人所创造的国家制度和文化。“能创建优良的政治制度来完成其大一统之局面，且能维持此大一统之局面数千年之久而不败。直到今天，我们拥有这样一个广土众民的大国家，举世莫匹，这是中国历史之结晶，是中国历史之无上成绩。”[③] 日裔美籍学者，早年因鼓吹“历史的终结”而闻名于世的福山，在其近年的著作《政治秩序的起源：从前人类时代到法国大革命》中，把中国作为国家建构的原型，并追问为何其他文明没能复制这一模式。“如要研究国家的兴起，中国比希腊和罗马更值得关注，因为只有中国建立了符合马克斯·韦伯定义的现代国家。中国成功发展了统一的中央官僚政府，管理众多人口和广阔疆域，尤其是与地中海的欧洲相比。中国早已发明一套非人格化和基于能力的官僚任用制度，比罗马的公共行政机构更为系统化。”[④] “我们现在理解的现代国家元素，在公元前 3 世纪的中国业已到位。其在欧洲的浮现，则晚了整整一千八百年。”[⑤]

规模是对组织运行的重大挑战。随着规模的增大，人口和资源、公平和效率之间的矛盾凸显。组织规模过大，内部矛盾难以解决，最后只能分

---

① ［美］弗朗西斯·福山：《政治秩序的起源：从前人类时代到法国大革命》（第 2 版），毛俊杰译，广西师范大学出版社 2014 年版，第 124 页。

② 钱穆：《国史新论》（第 3 版），生活·读书·新知三联书店 2012 年版，第 356 页。

③ 钱穆：《中国历史研究法》，九州出版社 2011 年版，第 18 页。

④ ［美］弗朗西斯·福山：《政治秩序的起源：从前人类时代到法国大革命》（第 2 版），毛俊杰译，广西师范大学出版社 2014 年版，第 25—26 页。

⑤ ［美］弗朗西斯·福山：《政治秩序的起源：从前人类时代到法国大革命》（第 2 版），毛俊杰译，广西师范大学出版社 2014 年版，第 24 页。

裂成多个更小的组织。中国自从秦汉时代就开始探索大规模人口的组织技术，两千多年来有很多成功的经验也有很多失败的教训，但大规模组织技术在实践中逐步精进。通常来看，集体行动与群体规模取决于对挑战的回应。美国经济学家曼瑟尔·奥尔森在其名著《集体行动的逻辑》中，基于人性自利的假设，从微观视角提出，在许多情况下小集团比大集团更有效率、更能创造价值的观点。然而从宏大社会来看，通过中国历史实践分析可以看出，集体行动与群体规模取决于挑战的强度与规模大小。挑战的强度越大，集体反抗越坚决；挑战的规模越大，集体行动的规模越大。也就是说，在此情况下，集体规模越大，越有效率、越能创造更大价值。只有在资源丰富、生存无忧的情况下，个人才能真正独立行动，如庄子所言“相忘江湖”。反之，“力不若牛，走不若马”的人类，必须团结起来，合群、能群、善群、乐群，依靠集体行动，发展自身，促进文明。历史上，抗击北方游牧民族以及应对治水挑战，塑造了中国大型国家及超大规模族群。20世纪40年代解放战争三大战役以及百万人同时渡江作战，表现出了超高的组织效能。1949年新中国成立之后在数亿人口的规模上组织起来搞工业化，更需要复杂的经济技术组织。当代中国数亿人口规模国家的工业化、现代化的实现，必定是现代组织的成功。

三、组织力：中国现代力量的生成

（一）组织：人类高级才能塑造的群体秩序

传统意义上的组织，即编织经纬的“织组”。“经在轴，纬在杼，……凡交会之称。”“经与纬相成曰织。”[①]“织者，彼此相入之意。”[②]“织成之

① （汉）许慎撰，（清）段玉裁注：《说文解字注》，上海古籍出版社1988年版，第644页。

② 南怀瑾著述：《楞严大义今释》（第2版）“四大不织”注，复旦大学出版社2016年版，第286页。

绶材谓之组……诗曰执辔如组，传曰：组，织组也。执辔如组，御众有文章。言能制众。动于近，成于远也……谓如织组之经纬成文，御众缕而不乱，自始至终秩然。”[①] 经纬相交，织作布帛；组织还是治理社会、建立秩序之意。现代组织是按照一定的目标和制度建立起来的群体，通常以“志同道合”为原则。组织提供目标，提供教育，提出团结的纪律，提供持续性，形成集体协作的强大力量。现代组织超越亲情故土，是比家庭族群更泛在的群体。正如库利所指，首属群体所蕴含的人性与社会理想有可能借助新生的社会组织力量得到扩大，并由此实现社会的进步。在库利看来，现代社会能够越来越多地根据人类的高级才能、智识和同情心而不是权威、等级和惯例来组织，它们意味着自由、前景和无限的可能性。公众意识不再将它更为活跃的形态仅仅局限在地方群体中，而是随着新的交往所带来的各种意见的相互交流逐步扩展，甚至扩展到整个国家乃至世界。[②] 但无论如何，组织与群体并无本质不同：“不管一个社会组织多么广大，多么复杂，多么持久，也没有任何充足的理由认为它在这方面与最小、最简单或历时最短暂的群体有什么根本的不同。”[③]

中国文化及生活实践中的群与组织的关系，不同于滕尼斯视野中二元对立的共同体与社会，中国的组织与群不是互相替代而是互相套叠。以滕尼斯的逻辑看，群体呈现的是传统共同体的结构和逻辑，组织体现的是现代社会的结构和逻辑。传统群体难以解决阶级分化与社会分裂问题，由此近代以来的社会变革催生出现代组织。组织是群的高级形态，群与组织共同构成当代中国的结构支撑。中国超大规模人口的现代组织化，塑造了高

① （汉）许慎撰，（清）段玉裁注：《说文解字注》，上海古籍出版社 1988 年版，第 653 页。

② Cooley, Charles Horton, *Social Organization: A Study of the Larger Mind*, New York：Charles Scribner’s Sons, 1909.

③ ［美］库利：《人类本性和社会秩序》，包凡一、王湲译，华夏出版社 2020 年版，第 27—28 页。

效的经济社会体系，成为中国式现代化成功的公开秘密。中国共产党组织铸造中国革命与建设的现代引擎，激发超大规模社会及其现代组织能力，产生强大的基础建设能力、强大的生产制造能力，凝结中国式现代化的当代力量。

（二）中共党组织：淬炼中华文明钢筋铁骨

组织力是人类文明的硬实力。“一切胜利的秘诀都在于对那些不显目的事情的组织。”① 通过组织，大规模人群可以大范围、长时间、大跨度地协调工作，长城的修建从秦到明近千年，大运河疏挖从春秋隋唐至宋元上千年，一朝接着一朝干。数千年来，中国人总能够以一种富有集体性且有组织性的方式应对危机，在危机面前展现出强大的凝聚力。中国共产党的组织力是一种刚性力，包括提出目标愿景的能力、醒觉能力、动员能力、排除困难的能力、团结能力、领导群众向共同目标持续前进的能力。中国共产党的领导及其现代组织力既来自马克思列宁主义政党学说，也根植于中国文化中“群”的传统。虽然不能说胜利决定一切，但在事实的世界中，“胜利意味着某一件事物胜过了其他的事物”②。“世界历史就是世界法庭。”③

1. 组织起来实现革命与解放

在孙中山看来，清末以来中国人的合群天性殆失，乃为一盘散沙。因此孙中山希望通过成立现代组织，振发民权，纠合群力：“民权何由而发达？则从固结人心，纠合群力始……以一盘散沙之民众，忽而登彼于民国

---

① ［德］奥斯瓦尔德·斯宾格勒：《西方的没落》（下册），齐世荣等译，群言出版社2016年版，第572页。

② ［德］奥斯瓦尔德·斯宾格勒：《西方的没落》（下册），齐世荣等译，群言出版社2016年版，第592页。

③ ［德］奥斯瓦尔德·斯宾格勒：《西方的没落》（下册），齐世荣等译，群言出版社2016年版，第637页。

主人之位，宜乎其手足无措，不知所从，所谓集会，则乌合而已。”[①]1894年孙中山筹建的现代组织兴中会明确提出：“用特集会众以兴中，协贤豪而共济……兹特联络中外华人，创兴是会，以申民志而扶国宗。”[②]

孙中山领导的国民革命功败垂成。正在国人茫然不知所从之时，中国共产党举起革命火把，成为中国人民革命与解放的指路明灯。“国家坏到了极处，人类苦到了极处，社会黑暗到了极处，补救的方法，改造的方法，教育，兴业，努力，猛进，破坏，建设，固然是不错，有为这几样根本的一个方法，就是民众的大联合。”[③] 从联合起来、团结起来，到组织起来，毛泽东关于组织的论述不断深化发展。中国共产党的组织领导改变了传统农民运动的方式和方向，农民不再是突发性地参与，而是持久地参加有组织的、目标远大的社会运动。中国共产党向农民提供前所未有的有组织的领导，“中国革命者不是组织起自身去制造暴烈的群众起义，而是把群众组织起来，创造出比他们敌人更强大的系统性的体制”[④]。通过教育动员，使农民参加到不能带来直接的个人利益而能实现民族利益目标的活动中，“这种大目标和自我牺牲意愿被农民消化吸收而成为农民自我意识的一部分”[⑤]。同时，把训练有素的干部派到农村，领导农民解决实际问题。“中国共产党的确鼓舞、组织并且领导了这些人，因为他就是穷人的党。”[⑥] 中国共产党及其军队领导农民开展土地斗争，分地给农民；提高农民的劳动

① 孙中山：《孙中山选集》（上），人民出版社1956年版，第340页。

② 孙中山：《孙中山选集》（上），人民出版社1956年版，第19页。

③ 毛泽东：《民众的大联合》，《毛泽东早期文稿》（第2版），湖南人民出版社2008年版，第312页。

④ ［美］J. 米格代尔：《农民、政治与革命——第三世界政治与社会变革的压力》，李玉琪、袁宁译，中央编译出版社1996年版，第214—215页。

⑤ ［美］J. 米格代尔：《农民、政治与革命——第三世界政治与社会变革的压力》，李玉琪、袁宁译，中央编译出版社1996年版，第210—211页。

⑥ ［美］艾格妮丝·史沫特莱：《伟大的道路——朱德的生平和时代》，梅念译，生活·读书·新知三联书店1979年版，第229页。

热情，增加农业生产；帮助群众解决穿衣吃饭问题，疾病卫生问题，甚至婚姻问题，真正成了群众生活的组织者。“他们给农民提供利益，是把农民并入比村庄更大的社会中的必要环节。”[①] 在中国共产党的召唤和领导下，基层民众组织起来，以集体之力，为自身权益和民族解放奋勇斗争。

中国共产党的组织理论来自马克思列宁主义的中国化发展。马克思为中国共产党提供重大理论武器，论证了革命组织的合法性。“马克思主义的道理千头万绪，归根结底，就是一句话：‘造反有理。’几千年来总是说，压迫有理，剥削有理，造反无理。自从马克思主义出来，就把这个旧案翻过来了，这是一个大功劳。这个道理是无产阶级从斗争中得来的，而马克思做了结论。根据这个道理，于是就反抗，就斗争，就干社会主义。”[②] 十月革命为中国共产党提供了布尔什维克的组织示范，中国共产党的组织性特征源自列宁的布尔什维主义。列宁在 1904 年所著的《进一步，退两步》一书中，集中阐述了无产阶级政党的组织原则：党由工人阶级中最优秀、最忠于革命事业的人组成，他们是先进的有觉悟的；党只有成为由统一意志、统一行动、统一纪律团结起来的部队，才能起作用；党必须根据集中制组织起来，少数服从多数，下级组织服从上级组织；党是工人阶级一切组织中的最高形式，它与工会、合作社等有着严格的区别，党能够领导这些“其他一切组织”，并通过这些组织，去团结和组织群众。列宁还强调，无产阶级在争取政权的斗争中，除了组织，没有别的武器。列宁主张建立一个集中统一、组织纪律严密、有坚强战斗力、革命的无产阶级政党。“列宁把党看作一个有组织的整体，只有每个党员都参加党的一个组织，才能保证全体党员都能够受到党的教育，形成高度的纪律性，才能保证党对每

---

① ［美］J. 米格代尔：《农民、政治与革命——第三世界政治与社会变革的压力》，李玉琪、袁宁译，中央编译出版社 1996 年版，第 214 页。

② 毛泽东：《在延安各界庆祝斯大林六十寿辰大会上的讲话》，《工人日报》1949 年第 158 期。

个党员的活动都能够进行切实的领导，使党成为一个统一的整体。”[①] 在此基础上，中国共产党结合中国实际，提出“党指挥枪”原则，以及具有群学特色的工农联盟、群众路线、为人民服务、“民主集中制”，再到新时期的“党管干部”原则、“以人民为中心”、“全面从严治党”等，这些原则和制度保证了党的团结统一以及对群众的中心带动作用，确保干部队伍的纯洁性和战斗力，推进党的自我净化、自我完善、自我革新、自我提高。

2. 组织起来普遍步入现代生活

一个组织起来的中国使传统中国得以新生，同时在革命与战争中组织起来的民众普遍步入现代生活。传统农民是无历史的，农村处在世界历史之外。革命动员与农民觉醒，使农民群众走进社会舞台中央，书写了世界革命史的重要篇章。

在革命与战争中农民群众得到解放，成为自豪的革命者、受人尊敬的战士，从而激发全民族自信心，塑造新的民族精神，彻底改变了清末以来民众无精打采的状态。“民族，由于其他民族之故，由于反抗其他民族，精神上就变伟大了。”[②] 宋鸿文在回忆他的家乡山东蓬莱 20 世纪 30 年代抗日情况时写道，他们村出现了从历代王朝到民国时代从未有过的新气象、新局面：

> 宋家村和周围各村都有人加入了中国共产党，组织了各种抗日团体……村中党、政、军、民组织井然有序，共产党支部统一领导。抗战前，列强称我们中国人是东亚病夫、一盘散沙。共产党来了，民众组织起来了，何谓一盘散沙？在抗日战场上，中国人奋勇杀敌，前仆后继，堪称英雄好汉，何谓东亚病夫？！短短几个月，我们村出现了从历代王朝到民国时代从未有过的新气象、新局面。[③]

① 何海根：《无产阶级政党在俄国的建立》，《学习时报》2021 年 2 月 8 日第 A3 版。

② ［德］奥斯瓦尔德·斯宾格勒：《西方的没落》（上册），齐世荣等译，群言出版社 2016 年版，第 236 页。

③ 宋鸿文：《脱下长衫》，海潮出版社 2004 年版，第 91—92 页。

革命与战争如此迅速地激发中国人民的自信心。传统农村英雄无用武之地，20 世纪 30 年代“民众甚至也无权问询国事，谈论国家大事则属违法”[①]。革命与建设让人民成为生活的主人，英雄辈出。“只有当被压迫者认清压迫者的本质，投身于有组织的争取自身解放的斗争，他们才会开始相信自己。”[②]“通过有效地参与革命运动，农民获得了实现更大社会目标的信心，同样重要的是，农民也获得了为实现这些社会目标与他人合作的信心。”[③]1938 年，在抗日战争的艰难时刻，雷海宗在西南联大充满期望地写道：“我们的理想是恢复战国以上文武并重的文化……非如此，不能有光明磊落的人格；非如此，社会不能有光明磊落的风气；非如此，不能创造光明磊落的文化。”[④] 整个抗日战争及解放战争，整整三代中国人行动起来，造就成“光明磊落”的新人和新社会。为此，臧克家在《新人》这首诗中写道：“敌人，把用暴力劫去的土地和人民，一起洗过——用血，用火。春风再度吹来的时节，新的土地上，站立着新的人。”[⑤] 人民能够创造新的生活，新的历史，新的命运，“且看看故乡人民是怎样在催动着千军万马，创造自己金光闪闪的事业吧”[⑥]。

革命重绘了中国几千年的农村社会气象。土地改革使农民政治上获得翻身，对于中国几亿无地或少地的农民来说，这意味着站起来，打碎地主的枷锁，获得土地、牲畜、农具和房屋，意味着破除迷信，学习科学，意味着扫除文盲，读书识字，意味着不再把妇女视为男人的财产，而建立男女平等关系，意味着农民进入一个新世界，解放，翻身作主人，在革命和

---

① 宋鸿文：《脱下长衫》，海潮出版社 2004 年版，第 106—107 页。

② ［巴西］保罗·弗莱雷：《被压迫者教育学》，顾建新等译，华东师范大学 2001 年版，第 19 页。

③ ［美］J. 米格代尔：《农民、政治与革命——第三世界政治与社会变革的压力》，李玉琪、袁宁译，中央编译出版社 1996 年版，第 209 页。

④ 雷海宗：《中国文化与中国的兵》，商务印书馆 2014 年版，第 163 页。

⑤ 臧克家：《今昔吟》，山东人民出版社 1979 年版，第 234 页。

⑥ 杨朔：《杨朔散文选》，人民文学出版社 1978 年版，第 175—176 页。

战争中获得了几千年未曾有的话语权，精神面貌同土地制度的改革一起发生了翻天覆地的变化。

从传统小农到人民群众，革命与战争彻底改造了农村和农民，并在广大乡村实现了政治和社会重建。在中国共产党领导下，在减租减息的斗争中彻底改造村党支部，一直到新中国成立后人民公社的建立，把全体乡村农民纳入到完整的正式组织。从抗日根据地到新中国成立后合作化时期，大量的农民进入管理机构，步入各级政府，甚至走上领导岗位，走进城市，打破了传统社会的阶级分隔。广大农民取得了参加合作经济实践的经验，合作化培养了一大批有经验有管理能力的干部和人才，为后来的进一步改革准备了物质和精神的条件。新建构的公民身份允许在农村无产阶级中打造新人，他们不受乡村界限的束缚。改革开放时代激增的民工数量证明了这一点。农村合作化不仅使农民得到了现代革命的熏陶和历练，也不仅仅是启发了农民的阶级觉悟，激发了他们的生活热情，提高了政治地位，最重要的是合作化使每一处乡村的每一位农民，即使他们身处穷乡僻壤，远离城市，也开始一步一步进入现代生活，从而彻底摆脱了费孝通先生所言的“静止”、“孤立”和“地方性”，与一个更广阔的世界联结在了一起。

（三）中国式现代化的本质力量源于“组织之力”

组织力是中国式现代化的力量之基。邓小平指出，“我们这么大一个国家，怎样才能团结起来、组织起来呢？一靠理念，二靠纪律，组织起来就有力量”[①]。中国共产党的组织领导是中国式现代化最鲜明特色。西方制度学说也指出，人们为组织社会所选择制度的差别，是导致他们的相对繁荣程度有所差别的原因，国家或地区之间的经济表现差异主要是由其社会制度和组织方式决定的。拥有良好制度的社会能够更好地利用工业化机会，

① 邓小平：《一靠理想二靠纪律才能团结起来》，《邓小平文选》第三卷，人民出版社 1993 年版，第 111 页。

实现经济快速增长；而制度质量较差的社会则未能抓住这些机会，导致经济表现相对落后。

1. 中国共产党的组织领导激发中国式现代化强劲动力

中国共产党组织是当代中国社会活力之源。作为使命型政党，中国共产党的原动力来自“为天地立心，为生民立命”的传统文化使命，来自马克思列宁主义现代革命与组织理论。中国共产党的组织力涵盖思想引领力、政治领导力、群众组织力、社会号召力、统筹协调力。

中国共产党的思想引领和政治引领关系中国式现代化的根本方向。思想政治引领是宗旨、目标、纲领、价值观的引领，中国共产党的领导确保了中国式现代化正确的价值取向，让现代化建设成果更公平惠及全体人民。群众组织力、社会号召力直接关系中国式现代化的最终成败。中国共产党强调忠诚、纪律、奉献和民主合作精神。中国共产党是既具有现代适应力和专业判断力，同时又拥有忠诚、纪律、奉献精神的广大党员先进群体，只有这样的行动者才有可能真正将人民大众团结起来，激发现代化建设的集体力量。群众是党组织的生命力之源。中国共产党来自人民群众，同时又是人民群众的引导者。统筹协调力是中国共产党的高超执行力。执行是成败的关键，统筹协调就是“十个指头弹钢琴”。2014 年 2 月习近平总书记在接受俄罗斯电视台专访时表示，领导人“必须在把情况搞清楚的基础上，统筹兼顾、综合平衡，突出重点、带动全局，有的时候要抓大放小、以大兼小，有的时候又要以小带大、小中见大，形象地说，就是要十个指头弹钢琴”[①]。迈入新时代的中国是一个拥有 14 亿多人口的大国，要解决过去长时期发展形成的主要矛盾和完成事关强国建设和民族复兴伟业的中国式现代化，需要强大的统筹协调能力。

判断一个组织好坏的标准，最终是看它能否解放中国人民的生产力。作为推动生产方式变迁的政治主导力量，中国共产党一直致力于发展生产力。

① 殷烁:《善用十个指头弹钢琴》,《人民日报》2023 年 4 月 14 日第 9 版。

毛泽东在20世纪50年代初期发出号召，要组织起来让全国人民向国民经济的各个行业进军。在此指导下，我国建立起了独立的比较完整的工业体系，人民的身体素质与教育水平有了极大提高，为改革开放以后的快速发展奠定了广泛的工业基础。在改革开放阶段，充分发挥市场在资源配置中的重要作用，以国家引导市场、市场引导企业，发展出中国特色社会主义市场经济组织模式。当下，中国推动以人工智能、绿色能源等为代表的新质生产力的发展，正在积极探索一套全新的技术原则和组织分工原则。①

2. 中国式现代化与群学价值的创新转化

在全球化大背景下，中华民族面临前所未有的机遇与挑战，中国特色社会主义市场经济组织模式仍在发展过程中。如何在保持文化传统的同时建设新时代中华文明，是摆在我们面前的重要课题。

建设新时代中华文明本质上是传统文化的创造性转化。“两个结合”把马克思主义基本原理同中国具体实际、同中华优秀传统文化相结合，不断推动中华优秀传统文化创造性转化、创新性发展。“‘第二个结合’让马克思主义成为中国的，中华优秀传统文化成为现代的，让经由‘结合’而形成的新文化成为中国式现代化的文化形态。”②“更重要的是，‘第二个结合’是又一次的思想解放，让我们能够在更广阔的文化空间中，充分运用中华优秀传统文化的宝贵资源，探索面向未来的理论和制度创新。”③新思想解放的一个重要方面，是把中国社会思想从西方历史哲学及西方政治学、经济学教条中解放出来，深入挖掘中华优秀传统文化价值，体现马克思主义的先进本质，借鉴吸收一切人类优秀文明成果，展现不同于西方现代化模式的新图景，构建人类文明形态。

① 孟捷:《中国道路为什么不一样？要对“生产力理论”抽丝剥茧》，观察者网，2024年5月29日，https://www.guancha.cn/MengJie/2024_05_29_736300，最后访问日期2024年9月7日。

② 习近平:《在文化传承发展座谈会上的讲话》，《求是》2023年第17期。

③ 习近平:《在文化传承发展座谈会上的讲话》，《求是》2023年第17期。

中华优秀传统文化的群学价值是中国式现代化的深厚底蕴。群学作为社会凝聚之学，构筑中国式现代化的组织基底。景天魁指出，“中国之所以能形成这样一个人口最多、结构最复杂、生生不息的社会，必有其深层的逻辑。这个机理、这个逻辑，部分地深藏在群学之中”①。陈来也发现，“人性并不是根本的价值，维持个人和社群的生活有序才是最高的价值……一切价值都是面对‘人类合作而可持续地生活’而产生，这也是荀子哲学的根本目的”②。

“群”不是怀旧的乌托邦和想象的共同体，而是传统理性打造的社会公共产品。对于古往今来的中国人来说，家庭是群学价值传承之地。中国传统文化精神根植于以家为单位的中国人的现实生活当中。近现代以来中国家庭族群思想与行为模式及实践的重组改造，使大众正视并适应变化了的社会现实，家庭关系变得更加平等、民主和自由，“五四”后的新文化继续保持了尊老爱幼的家庭凝聚力，超越了晚清以来“中国意识的危机”，标志着家庭族群核心概念和命题的古今贯通和创造性转化在实践中的基本完成，显示出人类生生不息的力量以及中华文明的精神性升华。

马克思主义群众创造历史观与中国传统的“救护众生”理想相结合，解决了人民群众与现代政党组织的关系问题。近代以来，毛泽东把马克思主义群众观与中国传统群学观相结合，塑造中国特色的党群（组织与群众）关系。中国共产党党员来自群众，经过学习及实践锻炼，接受并内化了先进的思想，提升了阶级觉悟，回到群众中，一方面继续向群众学习实践经验，学习文化传统，同时以先进的觉悟、先进的文化，团结群众、领导群众，摆脱狭隘的血缘、地缘局限，树立关于民族、国家、世界的远大理想，并自觉自愿为之艰苦奋斗。

中华文明蕴含人类共同的精神航向。“‘合天下为群’即形成‘天下

① 景天魁:《论群学复兴——从严复“心结”说起》,《社会学研究》2018年第5期。

② 陈来:《荀子政治哲学的人性公理》,《中国社会科学辑刊》2009年第1期。

群’是中华文明的精髓所在，是人类文明的根本指向。”[①] 跨越族群的合作与团结，深深植根于中国文明底层结构。《周易》同人卦卦辞言“同人于野，亨，利涉大川”，“同”即聚合之意。同人卦主要意旨就是如何聚人、如何收聚人心。[②] 同人卦后即大有卦，同人、大有的内在逻辑演进关系是“与人同者，物必归焉，故受之于‘大有’”[③]。也就是说，打破小宗派的分野、超越族群的分享与合作能得到希望的“大有”。大同社会的核心是族群和平：“盗窃乱贼而不作，故外户而不闭，是谓大同。”[④] 虽则和平是人类的普遍价值和追求，但唯有在中国文化中，围绕和合平安提出了大量命题，形成了系统的理论，从心理体验到生活实践，全面塑造人类持久和平：“夫政象乐，乐从和，和从平……夫有和平之声，则有蕃殖之财。”[⑤] “和平则久。”[⑥]

四、结语：现代组织赋予中国超越性力量

价值决定高度。群学从文化和制度层面解决了大规模社会的凝聚问题。由群到组织，是中华民族传统文明的创造性转化、创新性发展，是中外会通、古今贯通的成果，是历史逻辑与理论逻辑的统一。一个超大规模以及

---

① 景天魁：《“天下群”与人类道义秩序》，《中国社会科学报》2022 年 8 月 29 日第 12 版。

② 陈鼓应、赵建伟注译：《周易今注今译》，商务印书馆 2016 年版，第 135—142 页。

③ 陈鼓应、赵建伟注译：《周易今注今译》，商务印书馆 2016 年版，第 740 页。

④（清）孙希旦撰：《礼记集解》，沈啸寰、王星贤点校，中华书局 1989 年版，第 582 页。

⑤ 徐元诰撰：《国语集解》（修订本），王树民、沈长云点校，中华书局 2002 年版，第 111—112 页。

⑥ 徐元诰撰：《国语集解》（修订本），王树民、沈长云点校，中华书局 2002 年版，第 123 页。

长久持续发展的族群，其内在的维系力量一定是其文化价值。价值塑造人心，制度规范行为。荀子所创立的群学深度参与了中国社会的制度化形塑。群学制度化加强了社会团结，建立起数千年来统一的族群认同和国家认同，使个体生命得以安顿，族群延续得以保障，大一统国家得以塑造，保育华夏民族成为世界上最大族群。中国是人类数千年来社会发展的参照物。我们的视线不仅聚焦中国，还包括人类世界；不是若干年，而是许多个世纪。因为革命和战争，中国历史在近代中国的土地上拐了弯。中国共产党团结一切可以团结的力量，凝聚成组织的巨大能量，形成超强的组织战斗力，带领广大群众走出中国历史黑暗的低谷。中国式现代化的成功推进，不仅是物质文明、科技文明、新质生产力高质量发展的成功，还是中国共产党组织的成功。在中国式现代化的伟大实践中，“从民本到民主，从九州共贯到中华民族共同体，从万物并育到人与自然和谐共生，从富民厚生到共同富裕，中华文明别开生面，实现了从传统到现代的跨越，发展出中华文明的现代形态”[①]。发展中国特色社会主义制度、推进国家治理体系和治理能力现代化，全面建成社会主义现代化强国，以中国式现代化全面推进新时代中华文明建设，需要强大的制度化先进组织的引领。

责任编辑：徐珺玉

① 中共中央党史和文献研究院编:《习近平关于中国式现代化论述摘编》，中央文献出版社 2023 年版，第 303 页。

荀子学说的社会学意蕴探析 *

孟天运　陈思旭 **

提　要：要树立文化自信，就要充分认识博大精深的传统文化资源；要建立中国的社会学理论体系，需要重新认识中国的社会思想渊源。中国社会学界公认，中国最早的社会学理论意识是从荀子发端的。荀子之时，社会生产力和生产关系的变化、社会结构的松动、思想界的争鸣为荀子社会学意识的觉醒提供了一定条件。荀子提出了人的社会化思想、群学思想、社会规范和社会分工等思想，形成了很有特色的中国古代朴素社会学说。荀子的群学，是中国先秦最接近社会学的思想。

关键词：荀子；社会学意蕴；群学

在中国的社会思想学界，若说是社会学意识的第一个觉醒者，非荀子莫属。不仅中国近代的严复、康有为、谭嗣同、梁启超等人认同荀子第一个提出类似于“社会学”的“群学”概念这一论断，而且国外也有人认为荀子是中国社会学意识的鼻祖。因为荀子不仅仅提出了一个“群学”，而

---

* 本文为国家社会科学基金重点项目“轴心时代东西方社会思想比较研究”（13ASH002）的研究成果。

** 孟天运系青岛恒星科技学院教授；陈思旭系南开大学社会学院博士研究生。

且还以社会学家一般的立场和方法提出了一套互相联系、有紧密逻辑关系的社会学说。本文系统研究荀子的社会思想的构成以及与当时社会历史背景和文化的关系，探索和梳理荀子社会学思想的贡献与边界，结合中国社会学理论发展的渊源，追溯中国社会思想发展的历程和文化自觉。

一、荀子所处的社会历史背景

无论什么理论的产生，总是与当时所处的社会环境和所具有的文化积累分不开的，社会学即是在生物、数学、化学、天文学等学科获得广泛突破、在社会科学也取得了极大的进展下产生的。马克思认为，“如果把统治阶级的思想和统治阶级本身割裂开来，使这些思想独立化，如果不顾生产这些思想的条件和它们的生产者而硬说该时代占统治地位的是这些或那些思想，也就是说，如果完全不考虑这些思想的基础——个人和历史环境”[①]，我们就会误入歧途。“一名美国学生如果真要理解社会学思想史，仅仅了解理论观点和理论结构是不够的。要想抓住这些理论的内在含义，还必须在一定程度上熟悉产生这些理论的社会环境和学术环境。……如果不理解一种思想及产生的社会环境，就很难正确评价这一思想。”[②] 荀子古典社会学理论的产生，同样具有它所产生的历史条件。

荀子所处的社会历史环境和文化背景是什么样子呢？本文从如下三个方面来论述。

其一，生产能力的拓展和科学技术的进步。

在战国时期，各国先后废除了限制农民积极性、限制生产力发展的“井田制”，而代之以承认农民开垦的土地、按照田亩数征收税赋的制度，如鲁国的“初税亩”、秦国的“初租禾”等，对于生产力的解放和发展起

① 《马克思恩格斯选集》第一卷，人民出版社2012年版，第179—180页。

② ［美］刘易斯·A.科瑟：《社会学思想名家》，石人译，中国社会科学出版社1990年版，“导言”第8页。

到了巨大推动作用。当时牛耕、铁器农具普遍使用，都江堰、郑国渠等大量水利工程兴建，“深耕易耨”的耕作方法普遍推行，一年两熟制等也使农业收获得以大幅提高。“中国中原地区已普遍推行这样国家规模的小农经济的生产方式。”①

科学技术成就显著。杨宽说，“特别应该重视的，这时又是科学技术上重大的创造和发展时期”②。春秋时期已能够冶炼生铁，春秋战国之际，人们已经能够把脆硬的生铁作柔化处理以生产农具。高明的铸剑师，能够用固体渗碳制钢技术铸造出干将莫邪太阿宝剑。在天文历法方面，战国中期的齐国甘德著有《天文星占》、石申著有《天文》8卷，天文历法学家们发明了“黄道十二宫”，并把十二个太岁名用作岁星纪年法并普遍应用；在地理方面出现了《禹贡》与《山海经》；在医学上出现了《黄帝内经》等医学名著；在物理学方面，相关的发展在《墨子》中也有许多体现。科学技术的发展开阔了人们的眼界，增进了人们对自然和社会的了解。

其二，社会分工的发展与社会分层的流动。

在西周时期，社会阶层等级森严，《左传》中说：“天有十日，人有十等，下所以事上，上所以共神也。故王臣公，公臣大夫，大夫臣士，士臣皂，皂臣舆，舆臣隶，隶臣僚，僚臣仆，仆臣台。”③ 所有阶层的社会地位、行为规范都在周礼制度中有细致明确的规定。《礼记·曲礼下》记载：“天子死曰崩，诸侯曰薨，大夫曰卒，士曰不禄，庶人曰死。”④ 死的不同说法只是众多区别之一，在婚丧嫁娶、朝聘交往、衣饰车马、言语职业方面都有等级区别。阶层之间有着严格的界限，社会是封闭性的结构，身份是世袭的，难以流动，职业固化，分工简单。春秋时期，这些界限就逐渐松动，到了战国，社会分工越来越细，原有的社会结构解体，社会流动越

① 杨宽：《战国史》（增订本），上海人民出版社 1998 年版，第 7 页。

② 杨宽：《战国史》（增订本），上海人民出版社 1998 年版，“前言”第 8 页。

③ （春秋）左丘明：《左传》，郭丹等译注，中华书局 2012 年版，第 1677 页。

④ 杨天宇撰：《礼记译注》，上海古籍出版社 2004 年版，第 50 页。

来越普遍。范晔在《后汉书·党锢列传》中说："霸德既衰，狙诈萌起。强者以决胜为雄，弱者以诈劣受屈。至有画半策而绾万金，开一说而锡琛瑞。或起徒步而仕执珪，解草衣以升卿相。士之饰巧驰辩，以要能钓利者，不期而景从矣。"① 世卿世禄制度被各诸侯国的改革逐渐废除了。其中最著名的就是商鞅变法，以军功贵族取代了以往的世袭贵族，吴起在楚国也实行了类似的改革。这样许多下层人士通过军功与智慧改变身份，一些人甚至平步青云、名重天下。

其三，王纲解纽与百家争鸣的学术积累。

在大一统的局面下，思想文化的发展往往会受到限制。在统一的局面瓦解之后，思想文化反而会出现繁荣局面。春秋之前，天下一统，"学在王官"，学术文化为统治者所垄断。春秋以来，王纲解纽，礼崩乐坏，统一的局面就瓦解了。春秋战国之际，是"古今一大变革之会"②。孔子创办了儒家学派，此后"九家之术，蜂出并作"③。"百家争鸣"中，至少有儒、法、道、墨、阴阳、名家学者深入关切社会问题。

儒家强调用礼治、人治、德治来控制社会，重视内"仁"的修养和外"礼"的规范。对于人的社会化、人性的养成、自身的修养与社会的秩序、家国天下的差序格局和社会理想的设计，都有了一套成说。以商鞅、韩非、慎到、申不害为代表的三晋法家，把法治探索推演到了极致："无法之言，不听于耳；无法之劳，不图于功；无劳之亲，不任于官。官不私亲，法不遗爱，上下无事，唯法所在。"④ 墨家是从"兼相爱""交相利""尚同""法天""天志""明鬼"等方面对于社会的产生、组合、秩序、和谐等方面进行了探索。道家对儒、法两家社会控制理论进行了批判，主张宽松无为，解放人性。阴阳家则主张顺天而行，因时而作。

---

① （宋）范晔撰:《后汉书》,（唐）李贤等注，中华书局1999年版，第1476页。

② （清）王夫之:《读通鉴论》，舒士彦点校，中华书局2013年版，第926页。

③ （汉）班固:《汉书》,（唐）颜师古注，中华书局1999年版，第1378页。

④ 王斯睿:《慎子校正》，商务印书馆1935年版，第53页。

总之，在荀子之前，社会发生了巨变，春秋战国的先哲们对于社会的构成、变迁，社会问题，人与家、国、社会的关系种种都已经作了积极的探究讨论，构建了丰富的“早熟”的社会思想。这些思想为荀子的社会学意识和“群学”理念的提出打下了基础。正如景天魁先生所说，荀子创立群学，“就当时来说，也是有社会实践基础的，那时社会关系已经非常复杂，人们在这方面做了大量的探讨，积累了丰富的社会思想资料，在此基础上创立群学，也是一个水到渠成的结果”[①]。

二、人性论与人的社会化

人性是哲学的一个基本问题，也是社会学的一个基本问题。说到底，社会学是人学，那么解决人的问题才是社会的根本问题。对于人性善恶，孔子没有提出明确判断。孔子之后的子思一派对人性的探讨论述着重于性与命、性与天道的关系。[②] 孟子明确主张人性善，认为人生来具有“恻隐”“羞恶”“辞让”“是非”四种善的禀赋。他也承认人有恶行，但是这些不善是环境影响、自己放纵导致的。所以他非常重视人的良性社会化和不断学习，提倡时刻反省自己，发扬自己的良知良能。他劝导统治者们发扬善心，用“王道”“仁政”对待百姓，因为百姓的本质都是善良的。性善论是孟子“仁政”学说的基石。

荀子则认为，孟子的说法是不全面不正确的，“是不及知人之性，而不察乎人之性、伪之分者也”[③]，即没有考察到人的自然性与社会性的区别。《性恶》开篇就说：“人之性恶，其善者伪也。”[④] 所谓人性，是“天之就也，

① 景天魁、王君柏：《文化自觉与中国社会学研究——中国社会科学院学部委员景天魁访谈》，《江南大学学报（人文社会科学版）》2016 年第 1 期。

② 孟天运：《先秦社会思想研究》下册，人民出版社 2013 年版，第 361—363 页。

③ 方勇、李波译注：《荀子》，中华书局 2015 年版，第 377 页。

④ 方勇、李波译注：《荀子》，中华书局 2015 年版，第 375 页。

不可学、不可事”[①]。“若夫目好色，耳好声，口好味，心好利，骨体肤理好愉佚，是皆生于人之情性者也。感而自然，不待事而后生之者也。”[②]这些都是天赋的“性”。那些可以通过后天学习建构的，却是“伪”:“不可学、不可事而在人者谓之性，可学而能，可事而成之在人者谓之伪，是性、伪之分也。”[③]“心虑而能为之动，谓之伪；虑积焉、能习焉而后成，谓之伪。”[④]也就是说，人能够通过学习和后天养成的都属于“伪”。“伪”是社会性的内容。“故圣人化性而起伪，伪起而生礼义，礼义生而制法度。然则礼义法度者，是圣人之所生也。……故顺情性则弟兄争矣，化礼义则让乎国人矣。”[⑤]即是说，礼义法度都是因规范人性而起，是为了“群”生活人为建构的。人内化为自身的意识，形成道德规范与制度的制约，可以促进社会秩序与和谐。他还说:“伪者，文理隆盛也。无性则伪之无所加，无伪则性不能自美。……性伪合而天下治。”[⑥]伪与“文理隆盛”，非常接近于现在我们所说的“文化”。文化陶冶人性，人就成其为社会人；没有文化的陶冶，人性是不能凭空提高文明程度的。

“性”“伪”区分是荀子的发明，是典型的社会学概念。“性”与“伪”的分析，科学地区分了人的自然性和社会性。荀子指出，若以个人社会性的多少也就是文明程度来区别庶人君子，那么庶人与君子也不是固定的，努力学习修身，庶人也能成为君子，而不学习、不努力社会化，君子也会降为庶人。学习与修身就是“化性起伪”，就是社会化，就是增强人的社会性同时规范人的自然性。荀子关于人性的论述，比之孟子的说法，显然更加严谨而科学，充分体现了荀子的社会学意识和眼光。

---

① 方勇、李波译注:《荀子》，中华书局2015年版，第377页。
② 方勇、李波译注:《荀子》，中华书局2015年版，第379页。
③ 方勇、李波译注:《荀子》，中华书局2015年版，第377页。
④ 方勇、李波译注:《荀子》，中华书局2015年版，第357页。
⑤ 方勇、李波译注:《荀子》，中华书局2015年版，第379页。
⑥ 方勇、李波译注:《荀子》，中华书局2015年版，第313页。

荀子还从社会功能的角度指出了社会教化的必要性和必然性。荀子认为，一个社会之所以能够和谐共存，是因为有文化制度道德规范的约束，否则就不成其为社会。圣人们因为人性恶，所以才发展出礼义制度“以矫饰人之情性而正之，以扰化人之情性而导之也。始皆出于治、合于道者也”[①]。“化性起伪”是圣人以及礼义制度的价值所在，“积极地防止恶，这才是荀子提出性恶论的社会价值”[②]。他就孟子性善论反驳说：“凡古今天下之所谓善者，正理平治也；所谓恶者，偏险悖乱也。是善恶之分也已。今诚以人之性固正理平治邪？则有恶用圣王，恶用礼义矣哉！虽有圣王礼义，将曷加于正理平治也哉！”[③] 就是说，如果人性都善，那些圣王的作用和社会功能在哪里呢？那些文明礼义制度还有什么必要呢？

正是基于这种深刻科学的分析，荀子才确定了礼法规范的必然性和人社会化的必要性。

在《劝学》篇中，荀子指出，人的成长是和环境密不可分的：“生而同声，长而异俗，教使之然也。”[④]“蓬生麻中，不扶而直。……故君子居必择乡，游必就士，所以防邪僻而近中正也。”[⑤] 这些论述形象地阐明了社会化过程中社会环境、初级群体和社会化的关系。

荀子还提出了终身社会化的问题。《荀子》的前两篇，《劝学》是讲人要终身学习，终身社会化；《修身》则讲人如何社会化。荀子断言：“学不可以已。”[⑥]“学恶乎始？恶乎终？曰：其数则始乎诵经，终乎读礼；其义则始乎为士，终乎为圣人。真积力久则入，学至乎没而后止也。”[⑦] 意思是从

---

① 方勇、李波译注：《荀子》，中华书局 2015 年版，第 376 页。

② 阎乃胜：《荀子社会学的基本概念探析》，《大连大学学报》2007 年第 1 期。

③ 方勇、李波译注：《荀子》，中华书局 2015 年版，第 381 页。

④ 方勇、李波译注：《荀子》，中华书局 2015 年版，第 1 页。

⑤ 方勇、李波译注：《荀子》，中华书局 2015 年版，第 3 页。

⑥ 方勇、李波译注：《荀子》，中华书局 2015 年版，第 1 页。

⑦ 方勇、李波译注：《荀子》，中华书局 2015 年版，第 7 页。

内容上说，以诵读经典开始，以读《礼》为终点；从目的来说，从一般的士人开始，最终目标是成为一个社会模范的圣人。学习和自我修养是没有止境的，社会化也是没有止境的，一直到死而后止。无论是经也好，还是《礼》也好，都是社会化的内容，都是社会的文化、社会道德与行为规范。

西方社会学的社会化理论，早期认为社会化到成人为止，后来才认识到社会化是终身的，而荀子当时就明确提出终身社会化理论，证实了他的远见。

三、“明分使群”的群学理论

荀子最具社会学思维和眼光的是发现了“群”的性质和对“群”的论述。

荀子以前，未必没有人把人群、群作为群体来使用，但是荀子却是第一个把“群”用于社会研究，把群体社会的存续、维系、团结用社会学的思维来研究的。荀子对群的范畴的认识已从儒家的以家庭为核心发展到以社会整体为核心。

人与水火、草木、动物，区别和优势究竟在什么地方？这就是人类组织性和社会性。“水火有气而无生，草木有生而无知，禽兽有知而无义，人有气、有生、有知，亦且有义，故最为天下贵也。力不若牛，走不若马，而牛马为用，何也？曰：人能群，彼不能群也。”[①] 这就是说，“能群”是人类傲视自然界、征服自然、驱使牛马等大型动物为己所用的独有特性。在这里的“群”，显然已经不仅仅是一个复数构成形式这么简单，而是组织、团结、过社会生活的意思。在这里，荀子就探到了社会学关于社会起源的真谛。在先秦诸子的著作中，也有许多人把社会阶层作为分析和论述的对象，但多是政治学的，是从权力运用和社会控制的角度着眼的，而荀子则

① 方勇、李波译注：《荀子》，中华书局 2015 年版，第 127 页。

是从社会学的意义来分析的。深入社会组织内部，荀子首次深入阐发了人类“群”的特性。

荀子的“人生不能无群”的论断，是从人性恶推演出来的。“故人生不能无群，群而无分则争，争则乱，乱则离，离则弱，弱则不能胜物，故宫室不可得而居也，不可少顷舍礼义之谓也。”① “今当试去君上之势，无礼义之化，去法正之治，无刑罚之禁，倚而观天下之民人之相与也，若是，则夫强者害弱而夺之，众者暴寡而哗之，天下之悖乱而相亡不待顷矣。”② 就是说，“群”是靠礼义法度来维持的，离开礼义法度，“群”就会纷争离散。他的方法，几乎是用了社会学的实验法。他所说的，都是春秋战国时的社会现实，对此墨子也曾有类似的论述③，这些都是人们习而易见、信而有证之言。

荀子有一段话最集中地概括和说明了“群”的功能：“君者何也？曰：能群也。能群也者何也？ 曰：善生养人者也，善班治人者也，善显设人者也，善藩饰人者也。善生养人者人亲之，善班治人者人安之，善显设人者人乐之，善藩饰人者人荣之。四统者俱而天下归之，夫是之谓能群。不能生养人者人不亲也，不能班治人者人不安也，不能显设人者人不乐也，不能藩饰人者人不荣也。四统者亡而天下去之，夫是之谓匹夫。故曰：道存则国存，道亡则国亡。省工贾，众农夫，禁盗贼，除奸邪，是所以生养之也。天子三公，诸侯一相，大夫擅官，士保职，莫不法度而公，是所以班治之也。论德而定次，量能而授官，皆使其人载其事而各得其所宜，上贤

---

① 方勇、李波译注：《荀子》，中华书局 2015 年版，第 127 页。

② 方勇、李波译注：《荀子》，中华书局 2015 年版，第 381 页。

③ 参见《墨子·尚同上》的开头一段：“古者民始生，未有刑政之时，盖其语人异义。是以一人则一义，二人则二义，十人则十义。其人兹众，其所谓义者亦兹众。是以人是其义，以非人之义，故交相非也。是以内者父子兄弟作怨恶，离散不能相和合；天下之百姓，皆以水火毒药相亏害。至有余力，不能以相劳；腐朽余财，不以相分；隐匿良道，不以相教。天下之乱，若禽兽然。”

使之为三公，次贤使之为诸侯，下贤使之为士大夫，是所以显设之也。修冠弁、衣裳、黼黻、文章、琱琢、刻镂皆有等差，是所以藩饰之也。故由天子至于庶人也，莫不骋其能，得其志，安乐其事，是所同也；衣暖而食充，居安而游乐，事时制明而用足，是又所同也。”[①] 在这里，荀子进一步明确了“群”和“能群”的意思。他说，所谓“能群”，是凝聚组织能力，是国家组织具有的以下四方面功能：一是发展生产，使社会稳定，人口增长；二是能够制定制度，有效管理官员，使社会得到有效治理；三是能够选贤任能，发挥特长，使社会得到有效整合；四是能够使社会各阶层、各类角色等级分别鲜明，各安其分，秩序井然。最终作用就是能使所有社会成员从天子到庶人都能发挥自己的能力、成就自己的志向、安于自己的事情；所有社会成员饱暖安乐丰足，政令明确有效。这是荀子赋予君主的功能，也是从结构功能主义的意义上一整套国家社会的组织功能。从“故由天子至于庶人也，莫不骋其能，得其志”中可见，在这个群中，君主也是一个成员。而且荀子说的君，也主要是从功能的意义上说的，具备这种能力，能够发挥组织运转社会的功能，这个人就扮演了君的角色，发挥不了“四统”的功能，就去做百姓。

“明分”。那么人为什么能“群”，“群”为什么能够生存发展呢？这里荀子又提出了一个极为重要的社会学意义的概念——“分”。“人何以能群？曰：分。”[②] “分”在汉语里，念 fēn 与念 fèn 是有不同含义的。[③] 所谓的“分”，从荀子的论述中，至少可以析出四种含义：一是身份，即群体成员各自的社会地位（包括长幼贵贱贫富及其一系列权利义务和特定的行为规范）；二是职分；三是所有权；四是礼义政法等制度规范。

“离居不相待则穷，群而无分则争。穷者患也，争者祸也，救患除祸，

---

① 方勇、李波译注：《荀子》，中华书局 2015 年版，第 197 页。

② 方勇、李波译注：《荀子》，中华书局 2015 年版，第 127 页。

③ 谢遐龄：《释“分”》，《复旦学报（社会科学版）》1990 年第 3 期。其中对“分”的不同念法都有精彩考证，此处不再展开。

则莫若明分使群矣。强胁弱也，知惧愚也，民下违上，少陵长，不以德为政，如是，则老弱有失养之忧，而壮者有分争之祸矣。事业所恶也，功利所好也，职业无分，如是，则人有树事之患，而有争功之祸矣。男女之合，夫妇之分，婚姻娉内送逆无礼，如是，则人有失合之忧，而有争色之祸矣。故知者为之分也。”[①] 从中可以看到，荀子所说的强、弱，智、愚，上、下，少、长，各种不同的人，属于第一种身份范畴，如果没有“分”的制约，会出现混乱，出现强者凌老弱、智者惧怕愚者、以下犯上、以少凌长的情况，而依据强弱智愚等个人情况把人纳入“分”的系统，就会达成社会秩序。第二种是职业之“分”。职业事关事业功利，如果职业混乱，互相干预，则人争功利，事业难成。第三种是家庭婚姻之“分”。婚姻的结合一定要经过公开的严肃的程序，祭告天地祖宗，取得合法名分，才可以取得家庭成员的身份。否则就会有“争色之祸”，社会就会混乱。只有这些“分”划分明确，得到认同和遵守，社会才能够安定，得以存续发展。

为什么礼义政法等制度规范也是“分”？上文中有言：“故人生不能无群，群而无分则争……故……不可少顷舍礼义之谓也。”这里“礼义”就等同“分”。荀子在《性恶》篇中又说：“今当试去君上之势，无礼义之化，去法正之治，无刑罚之禁，倚而观天下之民人之相与也，若是……天下之悖乱而相亡不待顷矣。”[②] 可见这里的“君上之势”“礼义之化”“法正之治”“刑罚之禁”从宏观上都属于“分”的范畴。

荀子举例说，礼法就是“分”，而礼，又是“法之大分，类之纲纪也”[③]。礼是随着社会的产生而产生的，是为了抑制人性的恶、规范和保证人的正当欲望而制定的。“礼起于何也？曰：人生而有欲，欲而不得，则不能无求；求而无度量分界，则不能不争；争则乱，乱则穷。先王恶其乱也，故制礼义以分之，以养人之欲，给人之求。使欲必不穷于物，物必不屈于

① 方勇、李波译注：《荀子》，中华书局 2015 年版，第 138—139 页。

② 方勇、李波译注：《荀子》，中华书局 2015 年版，第 381 页。

③ 方勇、李波译注：《荀子》，中华书局 2015 年版，第 7 页。

欲。两者相持而长，是礼之所起也。”[①] 此中的“度量分界”，从逻辑上看就是“分”，“分”把人们的欲求纳入秩序，既保障需求又适度控制。在欲望与制约的关系上，道家认为儒家的礼制束缚人性，孟子则说“养心莫善于寡欲”[②]，荀子则认为人性是正当的，“分”不是要扼杀物欲，反而是要保证有序满足人的欲求。

很明显，在荀子那里，他的理论核心和关注重点是“群”，是人群的生存与发展，是社会的运行与和谐。尽管礼义法度很重要，但仍然只是手段，是为了“群”而产生而存在的。“就‘礼’与‘群’的关系来说，荀子并非就礼谈礼，究其实，其‘礼’是服务于人群秩序需要的。为了‘群居和一’理想社会的实现。”[③] “明分”也是手段，“将以明分达治而保万世也”[④]。

那么，“分”已经明确为必要的社会界限和规范，它是怎样推行的、怎么实现的呢？荀子说：“分何以能行？曰：义。故义以分则和，和则一，一则多力，多力则强，强则胜物，故宫室可得而居也。故序四时，裁万物，兼利天下，无它故焉，得之分义也。”[⑤] 这里又提到了一个“义”。“义者，宜也。”[⑥] “宜”应该是合理、应然的意思。从荀子的本意来说，应该就是合理公正、符合群体和社会需求。“分”以合理公正为原则，才能达到“和”的效果，获得群员的信服，才能起到凝聚和团结的作用。“和”才能团结一致，形成强大的合力，征服其他禽兽，利用自然，过社会文明生活。因此，“分”和“义”是“群”的社会生活秩序和发展的保证。“圣王在上，分义行乎下，则士大夫无流淫之行，百吏官人无怠慢之事，众庶百

① 方勇、李波译注：《荀子》，中华书局2015年版，第300页。

② 方勇译注：《孟子》，中华书局2010年版，第301页。

③ 丁成际：《“明分”之道——荀子“明分使群”思想解读》，《社会科学论坛》2011年第11期。

④ 方勇、李波译注：《荀子》，中华书局2015年版，第197页。

⑤ 方勇、李波译注：《荀子》，中华书局2015年版，第127页。

⑥ 杨天宇撰：《礼记译注》，上海古籍出版社2004年版，第700页。

姓无奸怪之俗，无盗贼之罪，莫敢犯大上之禁。”[①] 那么社会也就秩序井然了。

在以往对荀子社会思想的研究中，人们都忽略了荀子的一个重要思想，即“凝”的概念。“兼并易能也，唯坚凝之难焉。齐能并宋而不能凝也，故魏夺之；燕能并齐而不能凝也，故田单夺之。韩之上地，方数百里，完全富足而趋赵，赵不能凝也，故秦夺之。故能并之而不能凝，则必夺；不能并之又不能凝其有，则必亡。能凝之，则必能并之矣。得之则凝，兼并无强。古者汤以薄，武王以滈，皆百里之地也，天下为一，诸侯为臣，无他故焉，能凝之也。故凝士以礼，凝民以政，礼修而士服，政平而民安。士服民安，夫是之谓大凝。”[②] 这里意思是比较明白的，概括地说，就是兼并一个国家或夺取一块土地是容易做到的，但是要稳定住就难了。汤、武能够征服天下，根本原因就在于他们能够“凝”住人。凝聚士人靠礼，凝聚百姓靠政策，礼与政做好了，士民就安服了，这就叫“大凝”。社会的群，需要有凝聚力来团结个体，能够做到“大凝”，就是社会的稳定和谐。

四、社会分工与社会流动

既然“群”是社会的重要特征和构成条件，那么这个“群”中的“分”就涉及社会学的“分工”和“分层”的问题。荀子不可能发明现代社会学的词语，但是他的视角和思维、分析逻辑和意识，已经透露出他的社会学思维了。

在荀子的时代，经过了战国二百多年的变迁，社会阶层和社会分工早已发生了深刻巨大的变化。分工越来越复杂，行业越来越多，职业界限越来越清晰，社会流动越来越活跃。

① 方勇、李波译注:《荀子》，中华书局 2015 年版，第 392 页。

② 方勇、李波译注:《荀子》，中华书局 2015 年版，第 248 页。

早在春秋时期，管仲就实行过“四民分居定业”，即士、农、工、商分区居住；《孟子》一书中，孟子对农家许行的自给自足保守理念也进行了有力的批驳。但管仲的做法，虽有利于社会整合，却不利于社会流动。孟子对许行的批判，社会学的意味也不足。荀子说：“北海则有走马吠犬焉，然而中国得而畜使之。南海则有羽翮、齿革、曾青、丹干焉，然而中国得而财之。……故泽人足乎木，山人足乎鱼，农夫不斫削、不陶冶而足械用，工贾不耕田而足菽粟。故虎豹为猛矣，然君子剥而用之。故天之所覆，地之所载，莫不尽其美，致其用，上以饰贤良，下以养百姓而安乐之。夫是之谓大神。”① 这就是说，作为社会的个人来说，通过分工，四海的各种物资，他不必亲自跋涉动手，都可以得到享用。这就是社会分工带来的神奇功效。

荀子论证了社会分工的合理性，批驳了墨子关于社会分工的保守思想。“人主者，以官人为能者也；匹夫者，以自能为能者也。人主得使人为之，匹夫则无所移之。百亩一守，事业穷，无所移之也。今以一人兼听天下，日有余而治不足者，使人为之也。大有天下，小有一国，必自为之然后可，则劳苦秏悴莫甚焉，如是，则虽臧获不肯与天子易势业。以是县天下，一四海，何故必自为之？为之者，役夫之道也，墨子之说也。论德使能而官施之者，圣王之道也，儒之所谨守也。传曰：‘农分田而耕，贾分货而贩，百工分事而劝，士大夫分职而听，建国诸侯之君分土而守，三公捴方而议，则天子共己而已。’出若入若，天下莫不平均，莫不治辨，是百王之所同也，而礼法之大分也。”② 其意思是：君主的职分特长，是选拔任用官员管理事务；农夫只能做自己的事情，守着一百亩地，不能转换职业。君主治理一个国家还有余暇，是因为他可以指派别人去做事，如果治理国家，不管大小都事必躬亲，那就是累死也做不好。这么做是出苦力的

① 方勇、李波译注：《荀子》，中华书局2015年版，第125页。

② 方勇、李波译注：《荀子》，中华书局2015年版，第172—173页。

笨法，是墨子的主张。论德使能、专业分工则是儒家的一贯主张，《传》书上讲：士农工商各尽其责劳动，诸侯、三公尽职管理，天子的事情便很简单。荀子称，这是“礼法之大分也”。可见，荀子的“分”，也包括了社会的分工，是社会发展规律。

在荀子的社会分工学说中，“君”是一个非常重要的概念，荀子是把它从结构功能主义的角度作为一个社会角色来分析的，也是把整个社会当作观察对象来论述的，他认为作为人类社会的优势，就是形成紧密的社会结构。人君及官僚集团的职能，就是进行社会整合和社会团结。尽管他不知道社会整合理论和社会学的结构功能主义理论，但他用自己的语言论述了这个问题：“能以事亲谓之孝，能以事兄谓之弟，能以事上谓之顺，能以使下谓之君。君者，善群也。群道当则万物皆得其宜，六畜皆得其长，群生皆得其命。”① 能管理国家、使人工作的就是“君”，君主最重要的特点和功能就是管理组织和凝聚人群，实际上也就是指善于管理社会的人。管理得当，社会就兴旺发达。“而人君者，所以管分之枢要也。故美之者，是美天下之本也；安之者，是安天下之本也；贵之者，是贵天下之本也。”② 这种分工和区别是社会存在和发展必需的，君主就是管理和组织社会最关键的一个角色。尊崇君主，不是尊崇这个人，而是尊重和服从这个角色和他的管理，是维护社会秩序和根本利益。在另一处，荀子说的更明确：“天之生民，非为君也。天之立君，以为民也。故古者列地建国，非以贵诸侯而已；列官职，差爵禄，非以尊大夫而已。”③ 这就是说，一切“君”“臣”以及官僚，在荀子这里都是管理职位，都是社会角色，都是为社会服务的。尊重君、臣、大夫等，不是尊重某人，而是尊重这些职位的权威，服从社会分工。

他从人性恶和社会分工的特性论述说：“无君以制臣，无上以制下，天

① 方勇、李波译注：《荀子》，中华书局 2015 年版，第 127 页。

② 方勇、李波译注：《荀子》，中华书局 2015 年版，第 142 页。

③ 方勇、李波译注：《荀子》，中华书局 2015 年版，第 453 页。

下害生纵欲。欲恶同物，欲多而物寡，寡则必争矣。故百技所成，所以养一人也。而能不能兼技，人不能兼官。”[①] 其意思是说，如果没有君主来制约群臣，没有上级来制约下级，人们就会放纵情欲。人们“欲多”而社会上“物寡”的客观事实也会引发彼此之间的争夺。此外，一个人的能力不能同时掌握多种技能，一个人也不能同时身兼数职。基于此，社会分工是必然的。

荀子不认同孟子的“劳心者治人，劳力者治于人”的说法，而是称“德”与“力”。“君子以德，小人以力；力者，德之役也。百姓之力，待之而后功；百姓之群，待之而后和；百姓之财，待之而后聚；百姓之势，待之而后安；百姓之寿，待之而后长；父子不得不亲，兄弟不得不顺，男女不得不欢。少者以长，老者以养。”[②] 这里，可以把“德”理解为管理组织能力，但有一定价值判断色彩，属于正功能。民众的“力”“财”“势”等，都需要管理与组织，才能得到整合与发挥。

荀子主张积极的社会流动，“贤能不待次而举，罢不能不待须而废，元恶不待教而诛，中庸民不待政而化。分未定也则有昭缪。虽王公士大夫之子孙，不能属于礼义，则归之庶人。虽庶人之子孙也，积文学，正身行，能属于礼义，而归之卿相士大夫”[③]。良性的社会流动保证管理者是德能兼备的人，这样才是“王者之政”，也就是理想的社会状态。

五、社会分配和社会正义

荀子认为：首先，一个社会群体、一个国家，一定要有一个公道的合理的社会分工和财富分配制度，要体现公平“均”“遍”的原则，既平均又普遍；其次，平均不是“绝对平均”，而是相对平均，按照“德”、“能”、贡献、社会地位来分配；最后，差别是社会运行和整合的必要条件，个人

① 方勇、李波译注:《荀子》，中华书局2015年版，第138页。

② 方勇、李波译注:《荀子》，中华书局2015年版，第145页。

③ 方勇、李波译注:《荀子》，中华书局2015年版，第114页。

能力和社会地位是分配的重要依据，礼是关于这些差别的规定。

荀子特别强调“均”与“不偏”。“请问为人君？曰：以礼分施，均遍而不偏。”[①]“分均则不偏，势齐则不壹，众齐则不使。有天有地而上下有差；明王始立而处国有制。夫两贵之不能相事，两贱之不能相使，是天数也。势位齐而欲恶同，物不能澹则必争，争则必乱，乱则穷矣。先王恶其乱也，故制礼义以分之，使有贫富贵贱之等，足以相兼临者，是养天下之本也。书曰：‘维齐非齐。’此之谓也。”[②]

人君最重要的职分就是使分配“均遍”“不偏”，体现社会公正。荀子并不主张绝对平均，而是承认社会是有差别的、公正是相对的。不但有差别，差别还是社会能够整合、得以存在和运行的必要条件。所以他不赞成墨子关于平等、模糊等级界限的主张，并认为社会结构是立体的而不是一个平面，人们的社会地位不同而产生了不同的“势位”，这种“势位差”就是管理和服从的理由。人的能力和智识不同，社会地位是有高低上下之分的，只有这样才能行使管理权。

在解释“分均则不偏”这句话时，以往研究几乎都解释为“名分相等就不能统属”[③]。这是不妥的。原因是人们光注重了荀子的“分（fèn）”，忽略了荀子的“分（fēn）”还有分配的意思。[④] 因为从字面上讲，这里就是说“分配得均平就公正”。以《君道》中说“以礼分施，均遍而不偏”就可佐证，而且“偏”解为“统属”则不通，字典上也查不到。所以本文认为，这句话应该解释为“分得均平就不会不公正”。

---

① 方勇、李波译注：《荀子》，中华书局 2015 年版，第 192 页。

② 方勇、李波译注：《荀子》，中华书局 2015 年版，第 117 页。

③ 刘涛：《“礼论”与“王制”：荀子对儒学制度化的理论贡献》，《江淮论坛》2008 年第 4 期。

④ 陈继红：《名分·秩序·和谐——先秦儒家名分思想的一种解读方式》，《南京大学学报（哲学·人文科学·社会科学版）》2010 年第 5 期。其中说平声的“分”，有“分工、分配之义”。

荀子所说的“均遍”，是有等级原则的，“以礼分施”，是在礼的等级制度下的“均遍”。人有德能的大小、贵贱贫富的差别，承认这种差别，在这个基础上分配，就是相对的“均遍”，有现实的合理性。他认为“礼”的原则体现了相对的“均平”，按照“礼”的原则分配就会达致“均平”。“出若入若，天下莫不均平，莫不治辨。是百王之所同也，而礼法之大分也。”[①]

荀子强调“分均”“不偏”，体现了他关于贫富差距和贫富关系的思想，即强调普通百姓的富足，反对上层统治者的聚敛，反对社会贫富差距过大。他推崇古人“使民夏不宛暍，冬不冻寒，急不伤力，缓不后时，事成功立，上下俱富”[②]，还在多处强调，国家不要与民争利，要“节用富民”。他一再说，看一个国家是不是强大，主要是看最基层的农民是否富裕，而不是看国家聚敛了多少财富；只要下层百姓都富裕了，那么国家就会富裕，“下贫则上贫，下富则上富”[③]。“王者富民，霸者富士，仅存之国富大夫。”[④] 民贫国富，那么危亡就不远了。这体现了荀子的民本思想。

总的来看，荀子既重视社会公平，又兼顾社会差别，公平更优先于差别。“荀子的公正思想集中体现于‘差等原则’与‘民本原则’中，这两个原则可以称之为荀子的公正二原则。‘差等原则’要求权力分配严格与‘德’‘能’相称，而‘民本原则’要求政权必须照顾到最广泛的人民。”[⑤] 这话是不错的。

六、结语

对于儒家与社会学的密切关系，早就有人指出过。山东省社会科学院

① 方勇、李波译注:《荀子》，中华书局 2015 年版，第 173 页。

② 方勇、李波译注:《荀子》，中华书局 2015 年版，第 152 页。

③ 方勇、李波译注:《荀子》，中华书局 2015 年版，第 156 页。

④ 方勇、李波译注:《荀子》，中华书局 2015 年版，第 118 页。

⑤ 易飞:《论荀子的“公正”思想》,《理论界》2015 年第 12 期。

社会学所原所长彭立荣先生著有《儒文化社会学》一书，其认为儒家学说就是中国古代的社会学。

与孔孟相比，荀子看问题的社会历史环境不同、学术视野不同、分析问题的深度也不同，其思想与我们一般所持的社会学思维更加接近。虽然他自称儒家，但他在学术上集各家之长，有诸多创新，与孔孟的思想已有许多差异。如他在儒家学说中融汇了齐法家的思想，提出了“隆礼重法”的社会控制主张；在社会建设模式上不仅仅执着于“王道”，而是认为“霸道”也是一种选择；在人性论上主张“性恶”，主张刑罚是必要的；在对古法的效仿方面，也提出了与孔孟以来的儒家不同的主张。而且，孔孟与传统的儒家人物都主张“法先王”，荀子则主张“法后王”，重视社会的发展，注重对晚近社会的研究效法，这更接近于社会动力学，也是荀子社会理论与以往儒家的重要区别。“与孔子和孟子偏重道德说教不同，荀子从物质与精神、制度与规范、人性与欲求等多个层面提出了维系社会和谐稳定的主张”①，凡此种种使荀子成了先秦学者中最“像”社会学家的人。

1997 年，谢遐龄先生在上海旅游节“儒家文化与现代文明”研讨会上提交的论文中就指出：孔子所创造的儒家社会思想，在荀子那里得到了进一步的阐释与发挥，并形成了一套颇为完整的思想体系。如果以现代社会学来衡量的话，荀子的许多论述都与之有契合之处，荀学实可被称为儒家的社会学。② 甚至更早，英国著名哲学家、人类学家布朗（R. Brown）于 20 世纪 30 年代在燕京大学讲课时就指出：中国在战国时代已有荀子开创了社会学这门学科，比孔德要早 2000 年。③ 景天魁先生多次呼吁要认真界定群学的社会学性质，认为中国古代的学术学科划分不很清楚，“你就不好说荀子那里一定没有社会学，或者他的群学就算不上社会学，这样讲是没

① 张继涛：《荀子社群观探析》，《光明日报》2017 年 5 月 15 日第 14 版。

② 谢遐龄：《释“分”》，《复旦学报（社会科学版）》1990 年第 3 期。

③ 费孝通：《从实求知录》，北京大学出版社 1998 年版，第 232 页。

有道理的”[①]。

本文认为，若立足于中国学术，从社会学意识的觉醒出发，不以近现代社会学来苛责的话，荀子的群学可以被称为中国的古典社会学。“中国的”是说荀子群学是中国的社会学，不排除国外（比如古希腊）也有社会学；“古典”是说荀子的“群学”毕竟与孔德以来的社会学不一样，学科界限不是那么清晰严谨，学说范围不是那么全面和丰富，是产生于那个时代、那个社会历史环境下的社会学说。但这个学说，对于当时社会关注的秩序、社会管理方式、人性与社会控制等重大问题，提出了社会化、群体组织原理、社会分工、社会分配等社会学的解决方案。只不过，荀子没有用“社会学”而是用“群”来概括了。这个“群”的社会学名称，一直到近代严复接过来，因此他把斯宾塞的社会学著作译成了《群学肄言》。

责任编辑：徐珺玉

① 景天魁、王君柏:《文化自觉与中国社会学研究——中国社会科学院学部委员景天魁访谈》,《江南大学学报（人文社会科学版）》2016 年第 1 期。

费孝通的“绅士”类型及其再分析

杨 清 媚*

提　要：费孝通先生的“绅士”类型研究可视为中西会通的一个范例。一是他所说的“绅士”不只是一种历史人物类型，而是一个基于社会经济史的分析范畴，因此，更偏重其在社会结构功能上的位置。从这个角度分析，“绅士”可以分为三种类型。二是借由三种类型各自的理论对话探讨它们之间的关系。三是从旧绅士到新绅士的蜕变，以及启蒙者的出现，反映了费孝通向往一种文化更新的、昂扬上拔的知识分子精神主调。与潘光旦的优生学构成对话的是，费孝通笔下的改革者，体现了在家领域之外生成新的社会关系和道德关系，而这意味着新的精神蜕变。现代化过程中“绅士”对民族精神的承担恰恰是要在家族主义之外开出新道路。

关键词：绅士；“燕京学派”；经济史；家制

在社会学“燕京学派”的研究中，有一个特殊的脉络是针对“绅士”的研究，讨论绅士在社会结构中的位置、功能和类型，及其在现代化转型中的不同担当与归宿。对这个问题谈得最多的当属费孝通。

* 杨清媚系中国政法大学社会学院教授。

关于费孝通所讨论的“绅士”的来源，学界有所争论。早期的研究者认为，按照费孝通参与写作《皇权与绅权》、《乡土重建》、*China's Gentry* 的时间，关于绅士的研究应该是在 1948 年前后，在已经完成了江村、禄村等四个农村调查和一个工厂研究的基础上进入历史研究，探索将实地调查与历史研究相结合；中国绅士是一个中层理论问题，首先得自费孝通对历史上中国社会结构的理解。[①] 也就是说，从农民到知识分子研究体现了费孝通思想的发展推进。有的学者则认为，费孝通的绅士研究其实在《江村经济》里就已经出现了，以费达生为代表的一群乡绅既不忘本，又不排外，既继承了中国文化传统，又发扬知识的自主性，因而后来的《皇权与绅权》等集中讨论中国社会转型中的知识分子类型是早有前缘，构成一前后连贯的问题意识。[②] 对于费孝通来说，绅士研究究竟是一个新命题还是一个心中酝酿已久的问题，是这两种观点的主要分歧，而它们的共同之处都是大体上认为费孝通提出的问题和概念最重要的来源是经验的。

但是也有学者提出不同看法，认为费孝通自觉并成熟地使用“绅士”概念是在 1945 年前后，在整合了托尼命题、关于美国的社会历史分析、中国社会史论战的左派观点以及马林诺夫斯基的文化变迁理论等多种思想资源基础上而提出，“实现了一次分析上的跳跃”；理解新绅士的最重要特点是“社会责任感”和“政治责任感”，而费孝通设想的“绅士”究竟是否能够构成中国社会变迁的主要担纲者，则未为定论。[③] 首先，费孝通并不因为自己出身于士绅家庭或者费达生做了乡村建设工作就必然对“绅士”展开研究。其次，费孝通使用过包括绅士（gentleman；gentry）、乡绅、领

① 惠海鸣：《社会结构的变动——重读费孝通〈中国绅士〉一书》，《苏州大学学报》1994 年第 1 期。

② 王铭铭：《从江村到禄村：青年费孝通的“心史”》，《书城》2007 年第 1 期；杨清媚：《最后的绅士：以费孝通为个案的人类学史研究》，世界图书出版公司 2010 年版，第 73 页。

③ 方慧容：《费孝通早期思想探源》，上海人民出版社 2019 年版，第 131—150 页。

导人 / 领袖（leader）、有闲阶级（leisure class）等表述，均有不同的含义，直到 1947 年之后才开始频繁使用“绅士”，取代了“有闲阶级”等说法。由此佐证费孝通并不是自然而然地进入绅士研究。最后，费孝通发表的《农民与绅士：中国社会结构及其变迁的一种解释》[①] 一文中，对第一代接受西方教育的旧绅士的子女进行了批评，认为他们发动了中国的文艺复兴运动，但是他们与老一代绅士一样，缺乏积极的政治责任，导致革命失败。这里文艺复兴运动即“新文化运动”，第一代新绅士因此指的是胡适；费孝通显然对专注于思想文艺而回避政治问题的新文化运动领导者感到十分不满，从而才会有自己这一代新知识阶级的自我期许。[②]

笔者认为，费孝通并不是一个特别执着于建立精确的概念表述的理论家，比如“差序格局”“消闲经济”“双轨政治”等脍炙人口的概括性表述，与其说是高度抽象的通则性概念，不如说是一种类型界定，总是指向经验比较对象。使用不同名词未尝不可视为费孝通一直在为心中所思考之实质问题寻找合适的概念表达，或者说，寻找经验上可以与之比较的对象，也许后者更贴近他的一贯做法。从费孝通在《江村经济》以及《复兴丝业的先声》[③] 等作品中对费达生的信仰和奉献精神的描写来看，无论他当时有没有用“绅士”这个词，这一类人已经在他的田野经验上构成了一特殊范畴。费孝通人生中对绅士家庭的认知，并不是只有他的父辈一代，他的第一位启蒙者是其母亲杨纫兰女士——一位出身于士绅大族的大小姐、新式蒙学教育的先行者；之后在他遭遇丧妻重伤的时候予以有力支持的，是其姐费达生女士。被这些耀眼的女性所环绕，何其有幸且稀少。思想史不著她们的名字，是思想史本身的缺陷。此外，他的舅舅、哥哥都受过新式高等教育，都是各自行业的杰出英才。从小身处这样一种家庭氛围，当然

① Fei Hisao-Tung, “Peasantry and Gentry: An Interpretation of Chinese Social Structure and Its Change”, *American Journal of Sociology*, Vol. 52, No.1, 1946, pp.1-17.

② 方慧容：《费孝通早期思想探源》，上海人民出版社 2019 年版，第 150 页。

③ 费孝通：《费孝通文集》第一卷，群言出版社 1999 年版，第 237—249 页。

足以构成他的身份自觉意识。至于"寻找担纲者"的问题，则取决于费孝通如何理解"担纲者"。笔者倾向于认为，社会责任或者政治责任都只是其部分功能，"担纲者"的本质不唯串联社会结构，做一个承上启下的中介，而更多在于针对乡土社会现代化过程中的具体承担。[①] 基于上述思考，下文对绅士类型的分析，将以费孝通自己的书写为基础，从相对宽泛的角度而非概念精确化的角度来讨论。

一、绅士的类型

在笔者看来，在费孝通笔下出现过的绅士类型主要有如下三种。第一种是在"双轨政治"和《乡土重建》等论文中讨论的，姑且称为"旧绅士"，以与后来者区别。第二种是在《江村研究》里已经出现的"新绅士"，如费达生。从经济史的比较来说，这一类接近 R.H. 托尼（R.H.Tawney）所说的英国乡绅。还有第三种教士型"绅士"，作为思想启蒙者出现，主要见于《新教教义与资本主义精神之关系》《茧》等作品。区分这三种类型的目的，是为了表明费孝通的绅士研究内涵丰富，随着经济史比较研究而发展。

前述讨论已指出，费孝通比较密集地讨论"绅士"（gentry）大概是在 1946 年至 1948 年。1946 年，他在《美国社会学杂志》发表了《农民与绅士：中国社会结构及其变迁的一种解释》一文。1947 年春天访问英国的时候写了关于英国乡绅的《访堪村话农业》一文，回国后写作了《乡村·市镇·都会》和《论城·市·镇》，这两篇关于城乡关系的作品都是在分析中国传统城市和乡村之间不是一种经济统一体，而是城市为了满足聚居于

① 费孝通晚年回顾自己的家族故事，谈到自己的祖母和姨祖母、开烟馆放高利贷的大伯父、开工厂的外祖父、接受新式教育且在各自行业里成为翘楚的几个舅舅和母亲。实际上后来费孝通说的中国传统绅士和新绅士类型几乎都可以在他父母双方家族里找到影子（费孝通:《费孝通在 2003：世纪学人遗稿》，费皖整理，中国社会科学出版社 2005 年版，第 7—23 页）。

此的地主享乐，日益加深对乡村的剥削。之后当年9月在《观察》杂志发表了《论绅士》，随之又写了《论知识阶级》和《论师儒》。《论绅士》从社会结构的角度来讨论"绅士"勾连地方宗族与官僚体制；《论知识阶级》从知识社会学的角度来讨论"绅士"与平民之间的文化等级；《论师儒》指出儒家的"士"传统将自己与皇权捆绑在一起的意识形态如何产生及其影响。除此之外，《江村经济》《乡土中国》《新教教义与资本主义精神之关系》都谈到了不同类型的绅士。

由于《论绅士》等三篇文章引起了非常多的讨论，于是费孝通又写了《基层行政的僵化》《再论双轨政治》作为回应。针对知识分子怎样才能下乡将现代知识输入中国经济最基本的生产基地乡村中去，写作了《损蚀冲洗下的乡土》，由此篇文章开始提倡"乡土复员论"。[①] 这个系列文章如《黎民不饥不寒的小康水准》《地主阶层面临考验》《现代工业技术的下乡》《分散在乡村里的小型工厂》《乡土工业的新形式》《自力更生的重建资本》，加上《对于各家批评的总答复》附后、在伦敦政治经济学院的演讲论文《中国社会变迁中的文化结症》附前，以及前述城乡关系的两论，构成了《乡土重建》一书的主要内容。《论绅士》《论知识阶级》《论师儒》则与吴晗等人的讨论结集为《皇权与绅权》一书。1948年费孝通口述，经雷德菲尔德夫人记录并整理，形成了《中国士绅》（*China's Gentry: Essays in Rural-Urban Relations*）一书。[②] "旧绅士"在费孝通关于"gentry"的分析中占据了主角部分，这也导致后来研究者容易将其作为贯通费孝通全部绅士研究的依据。

二、"旧绅士"的社会学意义

《农民与绅士》一文中所讨论的许多内容，比如绅士和农民的土地制

① 费孝通：《费孝通文集》第四卷，群言出版社1999年版，第435页。

② 费孝通：《中国士绅》（*China's Gentry: Essays in Rural-Urban Relations*），赵旭东、秦志杰译，外语教学与研究出版社2011年版。

度基础、绅士的寄生、绅士的保守性、商埠、绅士与技术等，在《乡土重建》各篇文章里都有再度讨论。该文开篇区分了农民和绅士之间“家”和“族”的社会组织区别，指出大家庭制度和氏族（clan）都是乡绅的组织。在农民中有时也有氏族，但内涵不同。比如云南乡村地方组织包括不同姓氏的成员，从功能上讲，这并不是严格意义上的亲属团体。费孝通认为农民中的这种组织是地方组织，而不是亲属组织。氏族在中国并不普遍，最有效、最复杂的氏族出现在士绅阶层。在没有土地的人甚至小业主中，氏族组织是多余的。当保护共同拥有的土地利益的需要消失时，氏族也就消失了。①

韦伯认为，中国自秦汉时起，便从封建制转变成为一个官僚制国家，一个凭个人功绩而获官职的政权建立起来，这些家产制新政，自汉代以来保存了下来，并且成为对儒教精神而言根本的结构形式。② 家产制国家里最常见的是，一个官吏同时也是租税征收者，最有机会聚积财富。他将其行政辖区内的收入作为自己的俸禄，这是国家不愿意承认却不得不妥协的一种做法。③ 退休官吏将他们积累的财富投资于土地，其诸子为保全财产与影响力，以共同继承人的形式保持继承的结合体，以此共集资金，使家族的某些成员得以进学然后获得官职。通过政治性的财产积聚，便发展出一个放租小农地的土地贵族阶层。这个贵族阶层并不带有封建或者市民的色彩，而是处处处心积虑于纯粹政治性的官职剥削。家产制国家里典型的财富累积，基本上不是一种理性的、经济的利得，而是一种政治性的掠夺

① Fei Hisao-Tung, “Peasantry and Gentry: An Interpretation of Chinese Social Structure and Its Change”, *American Journal of Sociology*, Vol. 52, No.1, 1946, p.5.

② ［德］马克斯·韦伯：《中国的宗教：儒教与道教》，康乐、简惠美译，广西师范大学出版社2010年版，第86—87页。

③ ［德］马克斯·韦伯：《中国的宗教：儒教与道教》，康乐、简惠美译，广西师范大学出版社2010年版，第100—101页。

资本主义。[①]

两相对照不难看出，费孝通对绅士的讨论和韦伯的观点有诸多相近之处。但费孝通更感兴趣的是氏族要发挥作用，必须拥有土地作为共同财产。这种土地通常是由身为政府官员的成员捐献给宗族组织的，表面上的借口是土地的收益可以支付维护祖坟和定期祭祀所需的费用。但事实上，这种共同财产是一种共同保障，有了它，氏族才能在更广泛的社区权力结构中保持地位。它资助年轻成员接受教育，使他们能够进入士大夫阶层，获得高级官职并保护其亲属的利益。[②] 简单来说，宗族最本质的东西就是以土地作为教育投资，使之获得稳定的政治资质的继承和"遗传"。

在费孝通和历史学家吴晗等人共同合作《皇权与绅权》的时候，他很清楚面对历史学家，自己的分析对象限定在"旧绅士"的范围。三篇文章分别谈绅士、知识阶级和师儒："绅士"如前述是讨论作为家产官僚制基础的家族问题；"知识阶级"是讨论知识与社会关系的问题；"师儒"是讨论儒家与政权关系的问题。《论绅士》表明，绅士的家族主义是在大一统的专制皇权下形成的，这种制度逐渐产生某种路径依赖效果。《论师儒》则补充讨论了绅士之所以热衷于做官，其历史来源是什么，以及绅士试图兼有道统和政统的矛盾。在孔子之前，儒家构建了一个政道合一的时代，从部落的文化英雄燧人、神农，传到部落的政治领袖五帝，再传到封建帝国，这些上古贤王既知道政治规范同时又实际地在规范里治理天下。道统和政统正式的分离到了孔子才完成。因为政权在于贵族，在于血统，而孔子不具备血统身份，后世儒家要抬高孔子使之获得相当于政统的地位，只能是以之为道统的象征，是以政统和道统不得不分离。可是儒家不爱讲道统和政统的对立，否则也可能发展出像西方一样的政教分离，而政教分离的结果

① ［德］马克斯·韦伯：《中国的宗教：儒教与道教》，康乐、简惠美译，广西师范大学出版社 2010 年版，第 134 页。

② Fei Hisao-Tung, "Peasantry and Gentry: An Interpretation of Chinese Social Structure and Its Change" , *American Journal of Sociology*, Vol. 52, No.1, 1946, p.5.

是民权抬头。孔子的理想是政道合一的王道，恢复贵族封建制度。这套制度本身是要规范贵族的。但孔子后来做官以后不附庸任何一方贵族，行政全靠学生，反而被认为“不可以为国”。董仲舒时想通过宗教改革达成政道二分，但是被皇权压制下去，然后儒家就走了公孙弘纳师儒以入官僚的道路（大概是孔子从政给了不少启发）。费孝通认为，自此儒家彻底屈服于政统，秉持绥靖主义和保守主义，以维护自己的安全。[①]《论知识阶级》一文则指出，绅士凭借知识的差异作为身份等级的标记，得以独占着决定社会规范的威权；这套知识体系与以自然知识和技术为重心的西洋知识发生冲突；孟德斯鸠、亚当·斯密等人的理论是工业革命之后西方现代文明的理论基础，但是当这些理论传进中国，却没有激起工业革命，原因在于中国知识分子受到传统社会结构的拘束，不能在中国现代化过程中担当领导的责任。[②]“中国知识分子是否还有前途，要看他们是否能改变传统的社会结构，使自然知识、技术知识、规范知识能总合成一体，而把他们所有的知识和技术来服务人民。”[③]

对照吴晗的《论皇权》和《论绅权》来看，《论皇权》认为费孝通所说的两条防线——无为政治和绅权的缓冲，并不能有效防范皇权。无为政治即“法祖”因循旧例，问题在于“旧例”每逢改朝换代也就随之改了。比如宋太祖说“不杀士大夫”，到了明太祖，心想要把官员监督起来，设立了东西厂和锦衣卫，士大夫动辄便会被杀。士大夫为了维护自己的财产官位，只会和皇权合作，诸如门下封驳制度、台谏制度、谏官等的设置，很大程度都是职务规定而已。真有直言进谏者，也得看遇到的是不是明君，大多数谏官都会权宜掂量。刘祎之不忿王本立直接拿着武则天的手令来办案，说了一句“不经凤阁鸾台，何名为敕”，于是掉了脑袋。可见，防范皇权只是士大夫的愿望，绅权也不构成自下而上的轨道，它本身即皇权运

① 吴晗、费孝通等:《皇权与绅权》，观察社 1948 年版，第 24—38 页。

② 吴晗、费孝通等:《皇权与绅权》，观察社 1948 年版，第 19—21 页。

③ 吴晗、费孝通等:《皇权与绅权》，观察社 1948 年版，第 22 页。

用的一方面。[①] 在《论绅权》《再论绅权》中，吴晗分析了绅权和皇权关系的三个阶段变化，认为官僚和绅士共治地方，不存在绅权作为“双轨”之一轨的说法。在《论士大夫》中，吴晗则指出官僚、士大夫、绅士、知识分子四者同一，为了维护种种特权，有的愚忠于皇权，有的投靠新的权力，和一般平民的利益不一致。[②]

吴晗以左派的“阶级分析”视角来讨论绅士和绅权的问题，与之相比，费孝通的批评显得柔和不少，难怪当时的读者质疑他是不是拥护这套剥削阶级的传统结构和意识。[③] 费孝通自辩说这是针对士大夫进行结构和观念的社会学分析，先得理解这套结构和观念是怎么产生的、内涵是什么，才能知道改革社会结构时候的阻力在哪里。双方都赞成废除绅权。从吴晗的角度来说，在政治结构上先废除皇权，除掉这个根源，然后废除士大夫阶级的特权。从费孝通的角度来说，士大夫和绅士连在一起，家族连着家族，士大夫相对好办，直接免去官职，废除他们侵吞地方收入的政治特权，但是绅士不好办，整个家族在地方上有时候就构成大半个村子，把冒头的当作富户消灭了，等到国家一松手，类似的地方组织又再冒出来。简单来说，就是产生这种社会群体的机制没有改变，那么政治改革的成果难以稳定。

无论吴晗还是费孝通，无论他们是否自觉意识到这个问题——绅士研究本身由土地问题延伸而来，均关联着他们关于土地政策的思考，最终需要再回到土地问题上来。吴晗的分析基本上否认了绅权的社会基础，他的问题视野里以农民和土地的关系为最突出的矛盾。费孝通将官僚士大夫和绅士连在一起的讲法，显示出他的视野中有两重关系：农民和土地的关系是一重，也就是乡村的地权为其一；绅士与土地的关系是一重，也即城镇/城市与乡村的土地关系为其二。这个区分的意义在于，将城市的经济史和

① 吴晗、费孝通等:《皇权与绅权》，观察社 1948 年版，第 46—47 页。

② 吴晗、费孝通等:《皇权与绅权》，观察社 1948 年版，第 70—74 页。

③ 吴晗、费孝通等:《皇权与绅权》，观察社 1948 年版，第 24 页。

乡村的经济史能够真正统一起来，使城市的精神转型和乡村的精神转型有实在的社会结构可依托。

费孝通的这个做法，体现了他对“燕京学派”的社区研究方法的实践，并将后者进一步明确化。

吴文藻在评述派克的都市社区研究时，借以道出自己对中国社会采用社区研究进行分析的初步设想。根据地理环境、经济组织和文化制度的重叠，先来圈定一个“空间区域”开展社会学调查。[①] 这是最宽松意义上的“社区研究”。最大的社区就是以汉人农民和农村为基础的一整个，可称为乡村社会，这里边无论城市、市镇、商埠，都是镶嵌在这个社区生态系统里的更小一点儿的社区单位（small communal units）。[②] 它们的来源千差万别，大小形状不一，但都是被某种结构性的力量驱动而“自然”形成的。

有研究者认为，派克主张的人文区位学（human ecology）以人类社会与动植物生态系统类比，分析各个族群在社区的各种互动关系以及互动行为的逻辑。[③] 但是这个说法容易将“空间”置换为社会关系，而遮蔽了地理空间本来的含义。也有研究者认为，派克试图寻找的是由诸多移民群体组成的“调色板”上，不同的“民风”如何重新组成一个共生的整体。这些群体依次坐落在以都市为中心的“同心圆”星座图中，它们首先要作为“道德区域”被识别出来，然后在流动性中沉淀下来并变化出新的道德形态。[④] 假设这种理解才更贴近芝加哥学派的理论本意，那么“燕京学派”对派克的人文区位学解读就与之存在较大的差距。

---

① 吴文藻:《导言》，载北京大学社会学人类学研究所编《社区与功能——派克、布朗社会学文集及学记》，北京大学出版社2002年版，第15页。

② 赵承信:《派克与人文区位学》，载北京大学社会学人类学研究所编《社区与功能——派克、布朗社会学文集及学记》，北京大学出版社2002年版，第77页。

③ 刘思达:《社会空间：从齐美尔到戈夫曼》，《社会学研究》2023年第4期。

④ 田耕:《人文、生态与社区——重温帕克〈城市〉》，《社会发展研究》2016年第3期。

首先，“流动性”（mobility）在“燕京学派”中是一个重要的观察和衡量社会活跃度的指标，而不是直接与“道德”有关。他们翻译了派克1929年在美国弗吉尼亚大学社会科学研究所的讲座论文《社会学》，其中派克是从人口流动和地价的关系来分析流动问题。赵承信在《派克与人文区位学》的介绍中相当忠实地摘述了派克的上述观点。他指出，地价贵贱是流动多寡的最好标示。流动不足的社区产生社会停滞（social stagnation）；流动过多的社区，因组织社区的个人或团体不易适应，很容易形成社会失调（social maladjustment）的各种问题。对于个体来说，职业流动（occupational mobility）是促使其在不同区位流动的最主要动机。[①] 流动和移民不同，后者总是有历史意义的，而流动本质上是结构问题。在流动性中积累足够的资源，往地价最贵的区位移动，这是一个城市人的社会历程的重要起点（尽管可能不是所有个体都这样选择）。其次，“自然区域”不只是移民群体的自然聚集区或者亚文化聚集区。赵承信认为，“个人因个性不同，有意或无意找着最适合的区域而居留或工作；有因竞争、选举和分类的作用之互为反应，社区内乃形成了许多小社区单位”[②]。这种“自然”不是共同体意义上的自然，其文化特点并非整合的，而是大城市的巨量分工导致。最后，派克所说的集合行为大致有两种——基于道德义务的集合行为和非基于道德义务的集合行为，前者比如家庭、家族、共同体、宗教团体，后者是群众运动（mass movement）。群众运动最重要的特点就是“传染”，包括都市经济的繁荣和恐慌（business booms and business panics）都是基于这种“传染”营造的具有社会运动特质的行为。集合运动是怎么产生的？来自社会互感——你的意思和意向与别人交流时，相互

---

① 赵承信:《派克与人文区位学》，载北京大学社会学人类学研究所编《社区与功能——派克、布朗社会学文集及学记》，北京大学出版社2002年版，第76—77页。

② 赵承信:《派克与人文区位学》，载北京大学社会学人类学研究所编《社区与功能——派克、布朗社会学文集及学记》，北京大学出版社2002年版，第77页。

的暗示就产生了，暗示就是社会的，它永远包含着目的和解释。[①] 交感不必然意味着调和，也没有既定轨道可言，一旦传染起来就形成舆论。民风和德风是涉及神圣观念的表达，成为风俗习惯，然后再具备法律形式。德风是神圣不可变的；制度是凡俗的、可变的。[②]

基于上述这些讨论，有助于我们返回吴文藻的论述。在派克应邀访华的时候，全中国包括北京和上海，找不到一个像芝加哥那样的现代都市。人文区位学这些“流动性”指标暂时派不上大用场。真正与实际相关的是派克所讨论的“集合行为”。吴文藻分析“中国乡村社会”的角度，比如空间区域、地方位置、人口流动、经济分工、宗族、民风、法律、巫术等，[③] 吸收了派克从分工角度讨论自然区域，以及从“集合行为”讨论制度与组织的观点。费孝通对这套研究的推进在于，他发现了能够推动“中国乡村社会”向“中国城市社会”转型的中间关联，使“燕京学派”的理论没有停留于一种社会的修补术，而是具备了社会发展的眼光。

除了《皇权与绅权》中的三篇论文，费孝通在《乡土重建》的《基层行政的僵化》一文中补充了对“双轨政治”的解释。他指出，县政府的命令是发到地方的自治单位的，在乡村里被称为“公家”那一类组织。这类组织是一地方社区里人民因为水利、自卫、调解、互助、娱乐、宗教等公共的需要而自动组织成的团体。跟衙门具体打交道的是乡约。乡约和绅士不一样，这是个苦差，由百姓轮流担任，在衙门和自治组织的管事之间跑腿儿。如果衙门下了命令，管事的不接受给退回去，那乡约就得被打或被

① 罗伯特·派克:《派克与人文区位学》，蒋旨昂记并译，载北京大学社会学人类学研究所编《社区与功能——派克、布朗社会学文集及学记》，北京大学出版社2002年版，第112页。

② 罗伯特·派克:《派克与人文区位学》，蒋旨昂记并译，载北京大学社会学人类学研究所编《社区与功能——派克、布朗社会学文集及学记》，北京大学出版社2002年版，第140页。

③ 吴文藻:《导言》，载北京大学社会学人类学研究所编《社区与功能——派克、布朗社会学文集及学记》，北京大学出版社2002年版，第14—15页。

关，自下而上的政治活动也开始了。地方的管事由自己或委托亲戚朋友，到地方官上司那里去活动，达成了协议，命令自动修改，乡约也就能回乡了。[①] 这个例子很清楚，从衙门到乡约，这时候是自上而下的轨道。从管事 / 绅士到上级衙门，这是自下而上的轨道。用今天的话来说，前者是制度内，后者是制度外。“双轨政治”的逻辑可用图 1 表示。

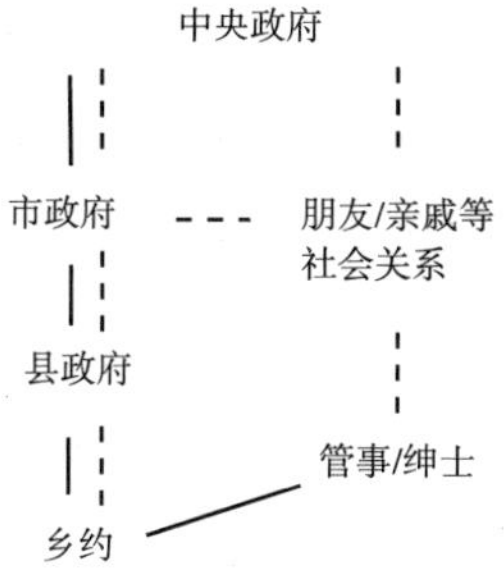

资料来源：笔者自制。

图 1　双轨政治示意图

已有学者指出，费孝通的这个说法的经验来自谷苞在云南呈贡化城村的调查；谷苞的研究呈现了一个十分完整的汉人的法权共同体形态。在这个形态下的绅士并不要求一定要有官僚系统的背景，反而是依靠能力、经历和年资被选任的，他们真正的社会学基础是共同体的法权，而不是曾经在某种程度上靠近过皇权。[②] 这个说法很有启发，说明绅士和农民有紧密的共同生活基础。这个基础意味着，绅士与农民维持不同身份等级，等级之间有相互义务，即便这些义务是不对等的，却可使村庄较城市的利益冲突缓和得多。保甲制度请这些地方绅士出任保长，结果就是失去了这一重可供其他操作的空间。

① 费孝通：《乡土重建》，《费孝通文集》第四卷，群言出版社 2019 年版，第 339 页。

② 张亚辉：《费孝通的两种共同体理论：对比较研究的反思与重构》，《中央民族大学学报（哲学社会科学版）》2020 年第 5 期。

值得补充的是，谷苞在1941年做了化城村调查之后，费孝通还指导胡庆钧做了龙街乡的大河口村和中卫乡安江村的基层组织调查。胡庆钧于1948年完成了《公家与会牌——四十年代云南呈贡县村落基层组织调查》一文，较为详细地描述了公家的形成、公家的经济基础、公家职能与绅士权力。他指出，安江村是多姓村，依赖“会”这种组织进行自治。所谓“会”原来是一种集体筹款组织，用来解决某家婚丧喜庆时资金紧缺的问题。在会牌之上形成主管全村公众事务的大公家组织。在大公家统属下设两名乡约。[①] 胡庆钧所见与谷苞差不多，但胡庆钧格外关注绅士与农民之间的社会阶层流动、绅士与县长的合作或冲突、绅士个人的品德与地方政治的关系，指出劣绅充斥而正绅掩退，造成地方政治的松弛溃败。[②] 这些则体现出他更接近清华史学家们的旨趣的一面。

三、从贵族到望族的经济史分析

费孝通所使用的“绅士”（gentry）这一概念至少有两个来源，一是托尼，提供了理论思考的方向；二是田野经验，如费达生和英国乡村，提供了理论印证，加深了比较感受。托尼关于绅士研究有两个重要序列，一个是在经济史背景下产生的“乡绅理论”，从贵族、望族到乡绅这一系列类型的出现和转变；另一个是结合思想史背景讨论的以路德和加尔文为代表的启蒙者。已有学者指出，从中世纪向现代转型的过程中，“绅士”作为崛起的新兴势力逐渐成为英国社会的重要组成部分，同时也构成其现代性生成

---

① 胡庆钧:《公家与会牌——四十年代云南呈贡县村落基层组织调查》，载马雪峰、苏敏主编《魁阁三学者文集》，社会科学文献出版社2019年版，第63—65页。

② 胡庆钧:《传统农村的社会流动》，载马雪峰、苏敏主编《魁阁三学者文集》，社会科学文献出版社2019年版，第42—43页；胡庆钧:《中国农村社会阶层的分化——绅士与农民》，载马雪峰、苏敏主编《魁阁三学者文集》，社会科学文献出版社2019年版，第18页。

的重要路径，作为从共同体向社会转型的核心机制。“绅士”不仅促成日耳曼共同体与现代政治结合，将村落共同体与现代市场结合起来，更在维护传统伦理的同时促成精神变革。① 笔者认为这是对费孝通研究的重要推进。而且在托尼这里，英国绅士作为一种文化异质而经济同质的“大杂烩”，内在也有不同的类型，以及在资本主义经济体系中不同的位置，这一点使托尼对绅士的态度是双重的，而且绅士之后的英国社会亦有新的问题。

在英国经济史上，贵族、望族和乡绅是前后相继出现的（不排除在某个历史时期里有所重叠），他们对应的经济类型有不同特点。托尼指出，绅士到 17 世纪正式登上英格兰的历史舞台，成为社会的主导阶层。② 在伊丽莎白一世和她的两位继任者詹姆士一世和查理一世时期，贵族纷纷破产，从中获利的正是后来的绅士们。正如从伊丽莎白一世到查理一世期间英国经历了激烈而反复的宗教斗争一样，社会转型中的经济分化同样反复而深刻。大贵族的破产不是一蹴而就，绅士的出现也并非骤然而起。导致贵族破产的关键在于财政。土地所有者面临庄园的收入项目价值发生下降的局面，那些习惯性的劳役、回报庄园主的出产物、非商业性支付的价值远远不如以前，而一些弹性较大、灵活度较高的项目则价值上升，比如运输谷物等商品的运输承包商、销售商品的商人、承包土地再转租出去的包租人等。③

① 黄子逸、张亚辉:《绅士、共同体与现代性：中英绅士理论的思想史比较》,《社会》2021 年第 1 期。

② R.H.Tawney, “The Rise of the Gentry” , *The Economic History Review*, Vol. Ⅺ , 1941, p.1.

③ 正如布洛赫所说，从 16 世纪到 18 世纪，谷物承包商是获取大量财富的人。因为人们需要更多现金支付各种税款、购买生活必需品，这些都依靠把农产品卖掉换钱。粮食商人在丰收时低价吃进，等青黄不接时卖出高价。他们还发明了贷款、贷粮、贷牲口、抵押土地或者土地未来收成等五花八门的方法来放钱给“乡下人”。庄园的困境不只是对于领主，对于继承份地的庄园佃户同样甚至更紧迫。由于从 16 世纪开始关于收取利息一直有严格的法律禁令，于是放贷者将利息伪装成契约租金来规避法律风险（[法] 马克 · 布洛赫:《法国农村史》，余中先、张朋浩、车耳译，商务印书馆 1991 年版，第 164—166 页）。

托尼指出，这是一场社会各阶层都面临的危机。我们有理由认为，布洛赫（Marc Bloch）之所以强调“贵族财富危机”，是因为对于那些拥有复杂而分散的利益、承担着巨大公共责任的古老财富的继承人来说，他面临的冲击感受更深，克服起来也更加困难。无数同时代的作家记录了哀叹：“多少贵族家族的记忆已彻底消失！多少繁荣昌盛的家族被遗忘……”①

到 17 世纪即将结束时，社会金字塔上层的构成已经出现一种非身份阶层的集团。他们的核心人物包括约曼农（yeomanry）以上、勋贵（peerage）以下的地主，以及越来越多的富裕农民：有的是贵族亲戚的佃户，他们取代了过去卑微的农民成为庄园的承租人；有的是专业人士，如著名律师、神学家和少数医生；有的是更富有的商人，他们即使并非地主家庭出身，但也接受过类似的教育，在相同的圈子里活动。这些人都因财富和权力的迅速崛起给同时代人们留下了最深刻的印象。教育、职业、艺术，尤其是建筑，都反映了这个群体的影响。在 1600 年，他们的总收入也是贵族、主教以及王室继承者等群体总收入的三倍左右。绅士群体壮大的同时，也对政治提出了要求，尤其是政治稳定有赖于维持财产平衡。

绅士的经营类型非常多样，财产大小不同的绅士，对于社会产生的影响也有所不同。有的绅士农场主租赁土地且同时经营几个农场，但并不拥有土地。有的人把自己的土地当作商业来经营，比如肯特郡的约翰 - 托克收购威尔士和苏格兰的阉牛，在罗姆尼沼泽地上加工后销往伦敦市场；北威尔士的约翰 - 怀恩爵士，是养牛人、部落酋长、土地掠夺者、学者、未知矿物的勘探者等。相比之下，上层阶级的资本家更热衷于投资。类似弗吉尼亚公司和东印度公司的大投资者们，是瞧不上这些乡绅的微小投资的，然而正是数百名默默无闻的乡绅投资网对社会经济发展作出了贡献。

这个普遍的商业化经营浪潮得益于斯图亚特王朝前两任政府以更大的

---

① R.H.Tawney, “The Rise of the Gentry”, *The Economic History Review*, Vol. XI, 1941, p.1.

规模继续推行伊丽莎白时代的政策，将王室财产变为现金。政府简直是将土地向商业界倾泻而下。到了詹姆士一世中期，每一个伦敦著名的资本家同时也是一个大地主。伊丽莎白一世晚年（16 世纪末 17 世纪初），主要大律师的年收入在 2 万到 3 万英镑。[①] 在这种情况下，地主阶级和商人阶级就是一回事，从收入来源来看，他们都是资产阶级。

伴随资产阶级发展，土地流转的速度加快。土地市场交易，交易的不仅仅是商品，还有社会声望和政治权力。在伊丽莎白及其后两位继任者时代，经济和政治条件共同推动了土地市场，而法院对庄园契约的敌意则让这两种力量更能自由发挥。经济上不断增加对不动产的需求，政治上通过定期向市场投放新的地块，为投机活动提供了大量机会。[②] 在 16 世纪末之前，人们已经意识到土地交易量的增加会带来欺诈和舞弊，所以通过法律来控制，比如不动产登记。随着土地交易业务规模扩大，法律行业开始膨胀——17 世纪前 30 年间，格雷律师学院和林肯律师学院的律师人数几乎增加了 2/3。

大部分流转的土地是从一些家族转到另一些家族。1600—1640 年，这些土地的主人主要分为三类。一部分是王室庄园的农民；一部分是投机商集团，他们大笔购买土地，然后将其分割、转售；还有一部分是富裕的土地所有者和商人。出卖王室或教会庄园地产来解决财政问题其实成本很高。因为它涉及与顽固的公簿持有者长期的诉讼拉锯，持有者很可能因为诉讼而破产。政府想要的是迅速、可观的付款方式。要想取得这样的结果，显然不能指望无产阶级农民。王室财产的最佳市场不是在较小的耕种者中，而是在有能力进行大规模交易的阶层中，而且很大程度上是通过信贷融资。城市的金融机制因此特别发达起来。政府将土地批发给金融财团或商业巨

① R.H. Tawney, “The Rise of the Gentry”, *The Economic History Review*, Vol. XI, 1941, p.18.

② R.H. Tawney, “The Rise of the Gentry”, *The Economic History Review*, Vol. XI, 1941, p.19.

头，财团先支付现金，自己决定出售方案。

其财政后果是显而易见的，如霍布斯所说，试图通过赋予国家可以转让的财产来支持国家是徒劳无益的。土地经济的新贵们大量进入政治权力中影响政策。1621 年经济萧条时期，仅羊毛价格的下跌一年就使地租减少了 80 多万英镑，议会反对当局管制农产品内部贸易就是很自然的。长期议会对农民要求解决土地问题的请愿的冷淡态度不足为奇。著名的森林争夺战背后是土地利用方式的粗放型和集约型之间的斗争，资本主义农业利润的增加使这种斗争变得更加激烈。①

托尼所描述的英国绅士的出现，充分呈现了土地、市场、产业、贵族的复杂关系。第一，根据托尼对绅士的定义，它是由不同等级和阶层的人汇合而成，唯有市场经济是其显著属性。第二，贵族到望族的转型，也就是保守主义的贵族转向采用资本主义经营方式的贵族。望族的身份仍是世袭的，但是声望主要来自商业上的成功。比如彭布罗克伯爵拥有 93 个庄园、4 个行政区以及散布 10 个郡的地产——他去世时被誉为英格兰最富有的贵族。他的声望已不来自身份，而是来自财产。② 第三，“绅士”是一种现代化转型的市场产物，需要在市场和政治权力的角度下理解，而不应首先将其视为一种“德性”的担当。这并不是说因此可以漠视和容忍投机者的贪婪，认为其行为就是正当的，而是说，应该详细分析绅士的类型和特点，在此基础上进行不同的扶持和限制。比如托尼所说的“中小型庄园主”、投资矿业和实业的中小绅士，他们构成人数最多的社会主体部分，他们的利益就应该是国家和政府首先考虑的。这部分观点和费孝通提倡乡土工业内在逻辑完全一致。第四，土地投机的狂欢显然是大资本家和权力阶层独享的飨宴。这里土地市场流转的本质就是将公有的变成私人的。一

① R.H. Tawney, “The Rise of the Gentry”, *The Economic History Review*, Vol. Ⅺ, 1941, pp.33–35.

② R.H. Tawney, “The Rise of the Gentry”, *The Economic History Review*, Vol. Ⅺ, 1941, p.16.

个活跃的土地市场在初期可以使中小乡绅获益，这主要是大地产被分割成小块土地并便宜出租或出售——因这些庄园地产本身就在乡村，所以中小地主可以获得土地进行生产。但是大地产的整块出售或者出租只能是城市的金融行为，那么城市自身的金融管理能力、管理水平和金融意识就比较重要，尤其是防范城市金融对乡村的掠夺——而这点是费孝通重点考虑的问题之一。

托尼也研究过中国的情况。他在 1931 年接受太平洋国际学会和国民政府的邀请，携妻子到中国访问，为期三个月。他们从鹿特丹出发，9 月抵达上海，然后去了南京、钱江、天津、北京、杭州和无锡。[①] 对于此次访华，太平洋国际学会委托托尼撰写一份关于中国这个以饥荒闻名的地区的农业改革报告，这就是他在 1932 年出版的《中国的土地和劳动》。他对中国乡村的分析很大程度上依赖于他对英格兰农业变革的经济史分析。这里主要讨论与绅士相关的内容。

第一，一个地区的农业集群包括了种植、畜牧、副业加工等复合的生产方式。这个集群相当于英格兰封建庄园的村庄。同时，托尼对畜牧业格外关注，因为在英格兰这是涉及圈地运动和公地问题的基本条件。[②]

第二，中国的“自耕农”和土地所有权制度，根据各地方的习俗（实质上起地方法律的作用）各自不同。因此，地主和农民的关系也不同。而日渐显著的一个影响是，在大都市附近，完全自己占有土地的自耕农最不常见。[③]

第三，中国没有土地贵族阶级，也没有类似德国的容克贵族阶级和英

① Lawrence Goldman, *The Life of R.H.Tawney: Socialism and History*, London: Bloomsbury, 2013, p.146.

② ［英］理查德 · H. 托尼：《中国的土地和劳动》，安佳译，商务印书馆 2014 年版，第 18—24 页。

③ ［英］理查德 · H. 托尼：《中国的土地和劳动》，安佳译，商务印书馆 2014 年版，第 31 页。

国的乡绅阶级。租佃问题在中国某些地区虽然很尖锐，但性质和背景与欧洲完全不同。中国地主和佃农都是商业契约的当事人，不是分属于特权阶级和隶属阶级的双方。地租相比高利贷不算太高，但是由于大多数农民只有微薄的收入，所以问题就会变得严重。地租过重不是土地租佃的唯一问题，“土地财产权”也没有欧洲那么迫切重要，但是由于不在地主日益普遍，这些地主和农业的关系纯粹是金融关系。伴随土地投机，地主和农民之间出现中介阶层，他们手段更狠，欺骗地主、威吓佃农，从双方取利，激发了农民有组织的反抗。① 托尼所说的这个情况和对问题要害的判断，与费孝通基本相同。

第四，工业化是不可避免的，中国的工业化传统蕴藏在农业经济之中，因之中国工业化的形式和精神，不是西方的那种形式和精神。而且中国现在是、将来也会一直是一个农民和手工业者占绝大多数的国家。漠视中国传统经济制度的力量，将会是一个重大误判。②

托尼对中国的知识分子毫不留情的批评，和费孝通严肃的自我反思也是一致的。中国的文官们无论是在海外还是在国内受的教育，通常对西方政治理论的了解要多于对西方政治实践的了解，对西方政治理论和政治实践的了解要多于对中国环境的了解。学政治学的人，不懂得中国城市和乡村如何处理地方公务；学经济学的人，不懂得自家门前的手工业及城外农民的田间耕作。50多所中国大学的政治学教授们没有一位能够说清楚，中国的30个省、100余座市以及1900多个县城及50多万个乡村中，哪怕两三个省的市县乡的实际行政情况。③

① ［英］理查德·H. 托尼:《中国的土地和劳动》，安佳译，商务印书馆2014年版，第69页。

② ［英］理查德·H. 托尼:《中国的土地和劳动》，安佳译，商务印书馆2014年版，第156页。

③ ［英］理查德·H. 托尼:《中国的土地和劳动》，安佳译，商务印书馆2014年版，第195页。

和托尼的看法有些类似，韦伯亦断言，像英国乡绅那样的阶层并不见之于中国，而且即使是在望族时期，英国的治安长官乃是一种身份家产制与纯粹的、自律性的望族行政的组合，且后者的性格要比前者强。在中国出现的是一种最纯粹的、家产官僚制的典型，这个官僚制不受任何反对力量的掣肘。[①]

费孝通似乎没有讨论中国的贵族和望族问题，所以在他的现代化方案中，土地市场的启动确实存在模糊之处。这也许是他的不足。尤其城市食利者的土地攫取谈不上规划，更多是零敲碎打，给强取豪夺留下空间。而且以使用权事实取代了所有权的法理讨论，亦无形中弱化了土地制度变革的动力。但他比托尼乐观的地方在于，诸如费达生这样的从旧绅士家族中诞生的新绅士，他们将带领乡土经济的重建，是可以期待的。

在对旧绅士的抛弃这个问题上，费孝通和托尼观点虽然一致，理由却不同。托尼认为，在英格兰，乡绅和牧师看不起下层人民，两者联合在一起镇压大众的骚动；挽救乡村还得依靠新教运动带来的民主制度。[②] 他的英格兰经验是中间力量和上层的合作，然后自上而下地改革。费孝通认为，旧绅士转型是在职能上“把他们这阶层的性质由寄生而变成服务”[③]，也就是中间要向下层靠拢。同时，他也不完全赞同比如陈瀚笙比较“左派”的观点。陈翰笙将不在地主制当作“永佃制”，认为永佃有两种来源，一是帝制时代大地主和官僚领取的大批官荒，雇用移民耕作，后定居形成固定的垦殖集体，二是农民自有耕地为逃税而托庇于大户，久而久之，包税成为田租；永佃制一定程度上保护了贫农的土地权。他主张土地革命和土地

① ［德］马克斯·韦伯：《支配社会学》，康乐、简惠美译，广西师范大学出版社 2010 年版，第 178—179 页。

② ［英］R.H. 托尼：《宗教与资本主义的兴起》，赵月瑟、夏镇平译，上海译文出版社 2006 年版，第 164 页。

③ 费孝通：《乡土重建》，《费孝通文集》第四卷，群言出版社 1999 年版，第 380 页。

国有，建设集体农场和集体工厂。[①] 费孝通承认永佃制的社会保护功能，但是认为只将其看作经济制度遗存因而可以消灭是不够的，隐性的在城市中的食利阶层来源广泛，他们可能是公务员、军士、公司职员等，地租收入只是其总体收入的一部分，这些人怎么消灭？而且费孝通不会认同放弃家户经济，因为那可能导致权力和资源的极度集中。

四、面向民众的思想启蒙者

第三类“教士型”的绅士，在经济史上不显著，主要在思想史和文化史上显著。对费孝通来说，相较于前两种类型，这一人物类型是最宽泛的，气质风格多样。有研究者否认存在这个类型，认为费孝通一共讲过两种类型，一种是旧绅士，另一种是“新绅士”，他们来自旧绅士送出国留洋归国的知识分子，也包括买办的第二代子女，特点就是受过国外教育，回国发动中国的文艺复兴，但是都失败了，对此费孝通认为新绅士也不可靠。[②] 针对费孝通所作的《新教教义与资本主义精神之关系》，有研究者断言费孝通写作此文的时候没有“绅士的自觉”，也谈不上扩展绅士的类型。[③]

笔者认为，回到费孝通的《新教教义与资本主义精神之关系》这篇论文本身，其实还是能看出费孝通关注的焦点。

“时势和英雄”明确说的是路德和加尔文。路德是出生在农村贫苦之家的孩子，加尔文成长于都市——前文讲了这个经济史背景，得益于 16 世纪航海贸易的开拓，欧洲商业革命兴起，像安特卫普、伦敦这些城市开始成为金融中心。路德和加尔文两人面对的问题不同，对路德来说，是农村

---

① 陈翰笙:《广东的农村生产关系与农村生产力》,《陈瀚笙集》，中国社会科学出版社 2002 年版，第 84、211 页。

② 方慧容:《费孝通早期思想探源》，上海人民出版社 2019 年版，第 148 页。

③ 方慧容:《费孝通早期思想探源》，上海人民出版社 2019 年版，第 103 页。

社会的凋敝，教会的黑暗；对加尔文来说，是面对市场的经济行为如何具有德性。费孝通的原文：“路德和中古的神学家、一般地主在农民社会的场合说教。但是时代已走出了农村中心的社会向着工业中心猛进，所以路德尽量地狂喷号呼，终觉世风日下，没有希望。加尔文即生长于Noyan，新兴的都市。父亲是一个爆发[①]的绅士，所以他的处境和风扇熔炉旁的路德自然大异。他的生活从小就站在时代的最前线，新势力的中心。他后来的信徒都是往来各地的商人和聚居于市场的经济巨贾。他们过惯了巨款的债贷来作生产事业，取利是不成道德问题的。……加尔文要解决的问题，就在如何能使他在社会所见的种种资本主义的精神成为宗教的美德，如何能使资本主义的行为受宗教的洗礼。路德的上帝是天旱了降雨，稻枯了放晴的老天，加尔文的上帝是市场上赢亏无定变化莫测的运命。所以前者是慈悲的，后者是严酷的，前者是软心肠的，后者是硬心肠的。”[②] 这两段尽管既参考了托尼又参考了韦伯，但是这种表述是费孝通自己的观点，尤其是“软心肠”和“硬心肠”。不止这一处，费孝通还说路德“永远不愿意听见恭维他是新时代的先导的话，他思想的态度是很一贯的要维持中古农村经济中心的社会组织……他是封建制度的忠臣”，而加尔文“这种理论是极为冷酷的”。可见“软”和“硬”的比较反映了费孝通对两种处境中的知识分子的理解。

路德和加尔文对新的经济与社会关系作出了解释，这些解释传达了社会现代化过程中的精神变化。[③] 路德仇视商业文明，反对教会和贵族，也反对革命，认为革命是在破坏共同体。对教会制度的反感，使他强烈要避开任何上帝与信徒之间的中介，而直接在个体心灵中沟通上帝。吊诡的是，这无形中降低了共同体的位置。虽然所有人都获得了在上帝面前相同的地

① 原文为“爆发”，应改为“暴发”。——编者注

② 费孝通：《新教教义与资本主义精神之关系》，《西北民族研究》2016年第1期。

③ ［英］R.H. 托尼：《宗教与资本主义的兴起》，赵月瑟、夏镇平译，上海译文出版社2006年版，第51页。

位，但真正的圣化只有通过宗教的内心生活获得，只属于少数个体，因此在路德的思想中找不到安置社会伦理的位置。于是路德最后不得不呼吁，由国家占领这块地盘，维护基督教道德的任务从教会转移到国家手中。①

加尔文要求经商的基督徒要有严格的自律性。其目标不是拯救个人，而是荣耀上帝。为了达到这个目标，不仅要祈祷，还要用奋斗和劳动来使世界圣化。从加尔文的学说既可以推出一种强烈的个人主义，也可以推出一种严格的基督教社会主义。② 因而在此影响下英国革命后的社会重建，"每个人心中既有社会主义，又有个人主义；既有集权主义，又有对自由的追求；正如每个人的心中既有一个天主教徒，又有一个新教徒"③。

然而对于费孝通来说，韦伯所重视的路德的宗教世俗化使命可能反而不重要，因为中国社会很早就已经使俗世生活道德化了。如费孝通在《乡土中国》中描述的那样，礼治秩序与共同体的情感融为一体，"孔子并不像耶稣，耶稣是有超于个人的团体的，他有他的天国，所以他可以牺牲自己去成全天国"④。因而在这点上费孝通更倾向于托尼，并不是他漏掉了韦伯最具价值的问题。但是路德对共同体的理想和维护，以及加尔文对现代性的城市精神的促进，对于费孝通来说都同时具有积极的意义。

这就来到了我们关心的问题。为什么费孝通没有停留在英国乡绅的讨论，还要扩大他的知识分子研究范围呢？

虽然英国绅士的现实主义成功地实现了政治和经济的转型，不至于以剧烈的社会破坏为代价——"光荣革命"没有出现法国雅各宾专政那样的

① ［英］R.H. 托尼：《宗教与资本主义的兴起》，赵月瑟、夏镇平译，上海译文出版社2006年版，第61页。

② ［英］R.H. 托尼：《宗教与资本主义的兴起》，赵月瑟、夏镇平译，上海译文出版社2006年版，第65—68页。

③ ［英］R.H. 托尼：《宗教与资本主义的兴起》，赵月瑟、夏镇平译，上海译文出版社2006年版，第127页。

④ 费孝通：《乡土中国 生育制度》，北京大学出版社1998年版，第29页。

恐怖暴力，议会就顺利接管了国王权力；当然之后威廉三世镇压苏格兰和爱尔兰的天主教徒也有激烈的战斗，而且随即爆发了英法第二个百年战争，但是英格兰本土没有陷入内战和混乱——然而，这种现实主义让费孝通觉得不够满足。“英国人的长处是饱经世故，不讲玄妙的哲理，不求花样翻新，但求切实可用。英国人的短处，至少我觉得如此，任他如何幽默，总是市侩气太重，好像一日三餐，炉边子孙绕膝，人生别无意义。任他如何常识丰富、谈吐文雅，总是成见（不加细究的前提太多）。……我在英国人的社会中总是逼得慌，郁涩得厉害，不畅快，可是我也羡慕他们对付世事那样游刃有余。爱德华退位不惊动一草一木，帝国的旗子永远照着太阳。”①

很重要的一个原因，是绅士不能自动地形成对托尼所说的“贪婪社会”的反思。他们是社会阶层变动中的受益者，是巨额财富的囤积者，又占据了社会政治制度的中心，经过加尔文的宗教改革之后，甚至上帝都不再成为他们追逐名利的障碍。还有什么可以约束他们的贪婪和疯狂？不要忘了，费孝通所说加尔文救赎理论的“冷酷无情”，一种寂寞的个体，不仅面对着无情的上帝，而且在人生道路上没有互助的同伴，在得救或者毁灭的未知命运上，没有人能给他帮助。各人只能负责各人，自己得救了不必感谢旁人，因为这是上帝的命令，自己若是失败而毁灭，也是自己咎由自取。旁人对上帝指定毁灭的人是用不着怜悯的，甚至谈不上救济。被毁灭的等于被淘汰的，这个本质上是斯宾塞式的社会进化论。

因此，我们仍旧需要类似路德这样的人发出代表社会良心和德性的呐喊。费孝通在这个方面又确然和托尼这样的英国绅士十分相像，反对暴力，戳穿都市资产阶级的虚伪无情，对乡村和生产者充满道义责任，又永远保持自己文化的体面。

---

① 费孝通:《论马氏文化论》,《费孝通文集》第一卷，群言出版社 1999 年版，第 511 页。

《乡土中国》里谈到了一点，即在社会变迁新旧交替之际，会出现一种“文化英雄”，他提得出办法，有能力组织新的试验，能获得别人的信任；这种人可以支配跟从他的群众，由此产生了一种权力。这种权力和横暴权力（在社会冲突中统治者诉诸暴力来维持自己的经济利益）不同，因为它并不是建立在剥削关系之上的，和同意权力又不同，因为它不是由社会授权的社会契约，和长老权力更不同，因为它并不是根据传统的教化性的权力（paternalism），这种权力由时势所造就。在原始社会，这一类担当者往往是战争英雄，而在现代社会，担任文化英雄者，必然是一个时代的领袖。[①] 不同权力应对社会变迁的效果不一样。长老权力的保持自身依靠的是社会继替的社会制度，“三年无改于父之道”。就是说使社会变迁的速率慢到和世代交替的速率相等，亲子之间、两代之间，不至于发生冲突，传统自身慢慢地变，还是可以保持长老的领导权（每一代人都会老去），社会就不需要革命了。具体的安排就是由孙辈接祖辈的班，即昭穆制度。[②] 横暴权力必须压制反抗，不能容忍反对。在同意权力中容忍、奖励、反对才会发生，而且反对就是异议，是获得同意的必要步骤。在时势权力中，反对发生于对同一问题的不同答案上。但是有时一个社会不能同时试验多种方案，于是在不同方案之间出现了斗争，也可以称作“冷战”、宣传战。为了求功，每一个自信可以解决问题的人，都会感觉到别种方案会分散群众对自己的方案的注意和拥护，因此产生了不能容忍反对的“思想统制”。在思想斗争中，主要的是阵线，反对变成了对垒。[③]

中国历史上文化英雄并不少见，比如各个时代的变法者、改革家。费孝通在《论师儒》一文里，谈到儒学在韩愈之后道统不复，师儒从朝堂之上转入乡间，成为教书先生。而此位教书先生的原型正是大儒朱熹，其复兴儒学，重塑道统，并推出了从乡土社会自下而上整合国家的方案。在

① 费孝通:《乡土中国 生育制度》，北京大学出版社1998年版，第77页。

② 费孝通:《乡土中国 生育制度》，北京大学出版社1998年版，第236—237页。

③ 费孝通:《乡土中国 生育制度》，北京大学出版社1998年版，第79页。

费孝通的时代比如梁漱溟。费孝通盛赞梁漱溟是对中国文化进行探索的思想家，[①] 认为他面对一战以后世界冲突的新形势，提出了文化整体论的观点。[②]

在梁漱溟看来，虽然当时中国面临政治危机和经济危机，但是在根本上是一种文化危机。中国的文化到清代的时候，表面光滑然内里腐烂，代表中国精神的士人，到清朝已经腐朽不堪。中国人受到西洋的刺激，产生了精神上的兴奋，要民族自救，这是一种向上的自拔。很多维新家、革命家在这个鼓舞下有一种伟大的愿望为民族社会牺牲。但是这种精神倾向于西洋的粗野，以暴制暴，以武制武，已经离开了中国人的根本精神。那么中国人根本精神在于何处？——就在于“礼”。这是西洋制度在中国不能成功的最大原因，“礼”是我们数千年所习尚之道。中国儒家花了这么久的时间，将无论宗教、法律、政治、外交以及一切的日常生活，统统化为“礼”；礼与伦理相缘而俱来，礼也是理性主义。[③] 解决问题，就是要建设一个新的社会组织构造，即建设新礼俗。[④]

具体做法可以参考丹麦合作社，从乡村教育启发农民自觉组织合作社，形成自治团体。丹麦合作社没有很多条文章程，完全靠习惯礼俗维持团结。中国乡村如果要重建团体组织，就得按照中国人的精神来。比如人治。人治与法治不同，在法治中，法高于一切，因为法就是团体的一个公共决定，而任何人都不能大过团体，所以谁也不能高于法。当今世界民治的国家都走的法治道路。[⑤] 这两条道路不能调和，那么非要、必须调和的情况下，应找到双方的共通点。这个共通点就是“崇尚贤者”，尊重专家、尊重学

---

① 费孝通：《乡土中国 生育制度》，北京大学出版社 1998 年版，第 142 页。

② 费孝通：《论梁漱溟先生的文化观》，《费孝通文集》第十一卷，群言出版社 1999 年版，第 338 页。

③ 梁漱溟：《乡村建设理论》，上海人民出版社 2006 年版，第 99 页。

④ 梁漱溟：《乡村建设理论》，上海人民出版社 2006 年版，第 118 页。

⑤ 梁漱溟：《乡村建设理论》，上海人民出版社 2006 年版，第 125 页。

者；立法、行政都有专家来决策。[①] 一个团体中，少数贤智之士的领导与多数人的主动二者可以调和，并不冲突。[②]

那么构建一种乡村团体，方法和要害又是什么？梁漱溟认为，本着古人的乡约之意来组织乡村，而将其偏乎个人者稍改为社会的。与古人相反，要和乡下人讲大道理。以前的乡约看重个人德性的完善，忽略了生活方法的进步，所以应设一个乡农学校，介绍引进各种知识，比如开一个技能传习所，教人开汽车等，让人自动为学而来。[③] 第一步先由教员启发农民去谈问题，并讲实际问题的关节，然后第二步带着商讨办法，第三步就是组织农民去实地操作。比如邹平多山，问当地人为何不种树，答曰种树易，养护难，于是研究讨论的结果就是大家合起来有组织的共同造林，共同保护。[④]

梁漱溟的方案是一套自上而下的教化方案，无论这里的"礼"，还是尊贤者的人治，都是笼罩于乡村的外部力量。对于梁漱溟来说，最紧要的就是要把一盘散沙的农民组织成一个整体。对于"自由的个体"，他认为以前中国人的散漫就是一种自由，现在新的自由观是指个体的自由是团体给的，并且必须是为了个人向上创造之意才给个体自由，所以自由是有条件的。[⑤] 这个说法更明显地表现了梁漱溟的儒家的教化色彩。

费孝通的出发点则是作为风俗体的乡村共同体。在他看来，文化传统不过是乡村之中的日常生活，这些内容不完全来自儒家，也不完全受经典规训。风俗随时代转移变化或者遗留，人心不能以一种强硬的方式去扭转，而应在制度和社会环境下孕育。比如他的小说《茧》的男主角吴庆农，也提出过一套乡土重建的实践方案。这里稍微展开说一点。

---

① 梁漱溟:《乡村建设理论》，上海人民出版社2006年版，第129页。

② 梁漱溟:《乡村建设理论》，上海人民出版社2006年版，第131页。

③ 梁漱溟:《乡村建设理论》，上海人民出版社2006年版，第172页。

④ 梁漱溟:《乡村建设理论》，上海人民出版社2006年版，第186页。

⑤ 梁漱溟:《乡村建设理论》，上海人民出版社2006年版，第137页。

故事背景是日军入侵前的苏州。吴庆农是留美归国的青年，出身于苏州乡绅，继承了父母留下的土地。他在美国学习了现代经济体制，得出一个结论——目前西方体制将最终导致人类走向厄运，因此反对将这个制度引入中国。吴庆农认为应该走“经济人道主义”的道路，用一套公式表达为：资本→生产→生计。在这个公式中，生活水平才是资本和生产的最终目的。① 为了实践这套理论，吴庆农卖掉了土地，在苏州附近农村开办了一家蚕丝工厂。他关于工厂的组织计划有几个内容。（1）预支蚕农 40% 的蚕茧金，以便他们能用这笔钱来进行蚕茧生产。（2）派专家指导蚕农饲养桑蚕。（3）改工厂为教育机构，同时改善劳工的工作环境。工厂要雇用那些来自乡村的女孩，从技能和知识两方面去培训她们。吴庆农的理想是，固定资本的利润，将剩余价值用于支付工人薪资，实现分配调节，以分配调节为手段，体现劳动在生产中的价值。②

借助吴庆农这个人物可以看到，同样是对农村和农民开展教育，费孝通的方式不同于梁漱溟。费孝通是在现代化的工业生产组织里去进行技术和知识培训，并没有一种事先规定的乡村社会生活必须怎么样的伦理前提。他借吴庆农之口说，“我们不是与一群女孩而是在与未来的母亲们打交道。如果可能，通过这些年的培训，她们将获得做现代母亲所需要的知识和道德面貌，从而成为我们农民现代化的真正力量”③。这与他在《江村经济》中对进城镇工厂打工的女工分析可以相互对应。

费孝通对吴庆农的定位是社会主义者，更确切地说是一个受到 19 世纪法国社会主义运动影响的乌托邦社会主义者。他的身上有一种英雄主义。

---

① 费孝通：《茧》，孙静、王燕彬译，生活·读书·新知三联书店 2021 年版，第 22 页。

② 费孝通：《茧》，孙静、王燕彬译，生活·读书·新知三联书店 2021 年版，第 24 页。

③ 费孝通：《茧》，孙静、王燕彬译，生活·读书·新知三联书店 2021 年版，第 25 页。

这时候的吴庆农是这样看待自己的：正是他这样的英雄才是历史的动力，而非普罗大众。大众只能跟随，不能创造。创造依赖的是意志，而意志是个人的。他一度认为，如果大众不盲目，又何须为他们做任何事。大众给予的是力量，不是方向，方向来自个人的创造。这个时候吴庆农的“英雄主义”还是一种脱离大众的个人英雄观，不太相信农民自己可以有现代性精神。这点和梁漱溟异曲同工。费孝通对此持怀疑态度。小说中的女主角宝珠，从童养媳蜕变成了有勇气、有能力、有见识的工厂女工，最后揭露了杨保长等人想搞垮工厂的阴谋。从她身上表现出农民不只是被动的服从者和跟随者，也有自己的主动性和创造性，有能力实现自我精神的现代性转型。吴庆农后来也意识到自己的英雄主义有问题，只把工厂作为实现自己启蒙理想的一个工具，如果工厂不符合自己的理想，那就把它关掉[①]，而没有考虑过，工厂和乡村社区的结合，如何能够让劳动者真正成为工厂的主人。有宝珠这样的理想类型出现，表明吴庆农设想的乡土改革事业真正有了继续推进的可能性。

“燕京学派”的另一位成员李安宅也专门做过“礼”的社会学研究，讨论过领袖的问题。他认为，《中庸》论政治领袖，“非天子不议礼，不制度，不考文……虽有其位，苟无其德，不敢作礼乐焉；虽有其德，苟无其位，亦不敢作礼乐焉”[②]，就是说德与位相配，才可能制定文化制度并具备法律权威。这种政治领袖，很像希腊的“圣王”（philosopher-king），政治领袖和文化领袖是同一的。但是他认为“好人政治”也有缺点，分职任事还需要人才。后来他关于北美印第安祖尼人的研究，发现祖尼人实行部落武士制度，但武士“害怕”成为人民的领袖，因为那会使他有可能被指控行使巫术而遭受迫害。他认为，问题不在于首领与反对者的矛盾，而在于获取首领地位的方式。在祖尼社会里，任何正常人都不会去追求自己力所

① 费孝通：《茧》，孙静、王燕彬译，生活·读书·新知三联书店 2021 年版，第 25 页。

② 李安宅：《〈仪礼〉与〈礼记〉之社会学的研究》，世纪出版集团、上海人民出版社 2005 年版，第 7 页。

不及的东西，否则会使自己成为笑柄；即使是大家属意最合适的候选者也会对所给予的职位假装推辞一番。所以原住民社会是借反对巫术为名来惩治心理危险分子以履行社区利益“安全第一”的政策。[①] 这种权力观念深受文化规则限制，而当祖尼文化接触了西方文化以后，出现了一些新的权力竞争观念。比如一名高级祭司靠政治手腕使自己的地位僭越了其他更受尊敬的祭司，在过去，这种行为要遭到鄙视。但现在他的行为得到了当地政府新任长官授意，后者又给予他教区牧师的人事任命权。他们的政治勾当分化了地方社区，公共舆论由此分裂成两个阵营。[②]

无论是费孝通还是李安宅，他们对于“文化英雄”的讨论都容易让人想到韦伯提出的“卡里斯玛”（charismatisch）权威。但是值得注意的是，韦伯所说的卡里斯玛支配是和贵族制、武士社会紧密联系在一起的。韦伯认为，所有政党几乎毫无例外，都是以作为卡里斯玛的扈从群而起家的。当他们一旦走入永久日常领域，就会变形为在“名门望族”领导下的构成体。到了 18 世纪末，几乎都成为贵族联盟。在乡间，一旦领主改变其所属政党，那么就像英国以及一直到 19 世纪 70 年代的东普鲁士一样，不仅其家产制的臣民会理所当然地依附他，农民们也会追随他——除了革命的高涨时期之外。在城市里，至少是较小的城市，除了市长，法官、公证人、律师、牧师、教师等也都扮演同样类似的角色。[③]

费孝通讲“荒原英雄”和李安宅讲祖尼首领的时候，可以对应得上卡里斯玛领袖，但是当费孝通讨论“吴庆农”这一类人物的时候，就不是一回事。韦伯在讨论中西方城市的差别的时候谈道，不管是在早期中古、西

① 李安宅：《附录一：关于祖尼人的一些观察和探讨》，《〈仪礼〉与〈礼记〉之社会学的研究》，世纪出版集团、上海人民出版社 2005 年版，第 86 页。

② 李安宅：《附录一：关于祖尼人的一些观察和探讨》，《〈仪礼〉与〈礼记〉之社会学的研究》，世纪出版集团、上海人民出版社 2005 年版，第 87 页。

③ ［德］马克斯・韦伯：《支配社会学》，康乐、简惠美译，广西师范大学出版社 2010 年版，第 288 页。

方古代世界、近东或远东，城市之兴起都是基于外来人群的会集，城市包含最为复杂化的社会成分。城市和乡村不同在于土地法和人的法律地位差异。西方城市从中古早期开始就是可以通过货币经济的营利手段，从隶属身份上升至自由身份的场所。西方城市的市民基本上是完全意识清楚地、以身份政策为其追求标的。市民权瓦解了领主的支配权；这个革命性的变革，使得中世纪的西方城市与所有其他城市截然有别。在中欧及北欧城市出现了著名的“城市空气使人自由”原则，这些城市中形成了垄断了市政官职的支配城市的法人团体。① 这类市民的法人团体有职工行会的兄弟誓约共同体、各种宗教和社会性的兄弟会。②

吴庆农在海外留学，他的现代性来自西方现代城市，也来自城市中的大学。和他一起共事的李义浦、王婉秋则毕业于国内大学。在费孝通的看法中，当时中国只有两种类型城市，一种是以北京和苏州为代表的传统城市，以政治属性为主，一种是上海这种通商口岸城市；这两种都不是独立的经济区域中枢。③ 也就是说，李义浦和王婉秋的现代思想启蒙来自大学而非直接来自城市。他们与吴庆农的差异构成了两种现代性输入的渠道，也或者形塑了两种现代性的意识形态。吴庆农自己作为工业投资人，属于城市的工商业阶层；同时作为学者，又像费孝通所说的作为启蒙者的绅士。可见，在落实现代性转型的实践层面，“绅士”的功能往往是复合的。

韦伯就声称，教师不是领袖，也不是生命导师，对学生所能提供的帮助，一是关于技术的知识，二是思想的方法、思考的工具和训练，三是清

---

① ［德］马克斯·韦伯:《法律社会学：非正当性的支配》，康乐、简惠美译，广西师范大学出版社2011年版，第429—430页。

② ［德］马克斯·韦伯:《法律社会学：非正当性的支配》，康乐、简惠美译，广西师范大学出版社2011年版，第461页。

③ 费孝通:《对于各家批评的总答复（后记）》,《费孝通文集》第四卷，群言出版社1999年版，第426页。

明。教师不能扮演先知，因为讲台上的先知将只能产生狂热的宗派，永远无法造就真正的共同体。在教室的范围内，唯一的德性，便是平实的知性诚实。[①] 费孝通所涉及的第三类“绅士”，大概在今天的环境下，与韦伯所说的“教师”或现代知识分子是相通的。

五、结论：绅士与民族精神

从旧绅士到新绅士的蜕变，以及启蒙者的出现，反映了费孝通向往一种文化更新的、昂扬上拔的知识分子精神主调。这个意义上，费孝通又是赞同梁漱溟的，虽然在技术路线上有差别。而且这一点构成了费孝通绅士类型内在的演化线索。这三种类型既主要表现为对社会经济功能上的差别，同时又在经济史的展开中成为规范经济的伦理力量来源之一。

首先，绅士作为文明的担纲者，在体质和精神上都是社会最优化的部分。在费孝通对绅士的讨论中其实还隐含着一个内容与遗传和体质有关，这部分之前很少人注意到。他从文化和体质结合的角度指出，绅士中盛行的宗族社会保障制度助长了绅士的依赖性，尤其是在该阶层不参与生产劳动的情况下。在这种环境中长大的孩子生活在没有阳光的大房子里，在对过去的敬畏中长大，在祖先的阴影下成长，而他的特权是从祖先那里继承来的。他从家族成员之间琐碎的“宫廷政治”中学会了假装服从，被灌输了一切努力都是徒劳无益的意识，变得琐碎、逆来顺受、保守和懦弱。他的身体虚弱、纤细，有时还不能生育。费孝通说，“我的六位叔伯中，有三位没有自己的孩子”。那么绅士阶层如何能够维持自身的群体呢？声望和特权吸引着来自下层社会的大胆进取者。从乡土社会中新晋的士子源源不断地进入政治权力圈子。这种悠闲的生活模式为骚动不安的下层树立了理想

① ［德］马克斯·韦伯：《学术与政治》，钱永祥等译，广西师范大学出版社 2010 年版，第 186、193—194 页。

出路，士绅阶层实际上是社会变革的安全阀。[①]

这个讨论或显示了其师友潘光旦的某些影响。潘光旦在《明清两代嘉兴的望族》一书中，从姻缘和血缘角度分析了嘉兴出现的诸多人才特盛的名门望族，探讨其人才涌现和氏族之间是否有必然联系。他以秀水朱氏[②]、嘉兴谭氏[③]、平湖沈氏[④]、平湖朱氏[⑤]、海盐彭氏[⑥]和海宁查氏[⑦]等宗族作经线，再以经线上联姻的节点为纬线，访查这些联姻的宗族，最后发现重要的氏族血缘都可以形成一个网络。[⑧]他指出了两点。（1）望族是一种某个地域社会范围内不断产生交往关系的多个宗族组织系统。依靠他所说的"血缘网"产生人才和网罗人才。如明清两代全部巍科[⑨]60% 都落在"血缘网"上，或者与"血缘网"挂带着延伸出去的关系。（2）望族的兴替盛衰最重要的是"遗传"。"遗传"的不仅是生物特征，更是在生理和文化双重作用下形成的一种综合的素质遗传。使遗传能够有新气象的不外乎

① Fei Hisao-Tung, "Peasantry and Gentry: An Interpretation of Chinese Social Structure and Its Change", *American Journal of Sociology*, Vol. 52, No.1, 1946, p.12.

② 秀水朱氏，代表人物为清初号称南北两大诗宗之一的朱彝尊。

③ 嘉兴谭氏，代表人物可推明末五经进士谭贞良。

④ 平湖沈氏，代表人物为清乾嘉时的沈初，以一甲第二人及第，后仕至户部尚书。

⑤ 平湖朱氏，代表人物为道光年间整顿漕运有功的朱为弼。

⑥ 海盐彭氏，代表人物为康熙己未科博学鸿词第一的彭孙遹。

⑦ 查氏名义上属府境之外，但是与境内望族瓜葛甚多。查氏源出姬姓，为海宁巨族，分南、北、小等三支，明清以来为"文宦之家"。明代有查约、查秉彝、查继佐，清代有查慎行、查嗣僳、查升、查揆等著名文人学者，及至近现代，著名人士查人伟、查猛济、查济民、查良钊、查良鉴、查良铮（穆旦）、查良镛（金庸）等均为其族人。

⑧ 潘光旦:《明清两代嘉兴的望族》，载潘乃穆、潘乃和编《潘光旦文集》第三卷，北京大学出版社 2000 年版，第 262—263 页。

⑨ "巍科"指的是科举制度下会试的第一人与殿试第一甲的三名与第二甲第一名，即所称会元、状元、榜眼、探花与传胪。潘光旦认为，这五名是否都是足以泽被后世的大师这个不好说，但是从全国大考中选拔出来的前五名，就算是普通人也肯定是普通人中的智力佼佼者（潘光旦:《明清两代嘉兴的望族》，载潘乃穆、潘乃和编《潘光旦文集》第三卷，北京大学出版社 2000 年版，第 377 页）。

移民和婚姻，两者都是导致氏族血缘交融的途径。比如"门当户对"是众所周知的世家婚嫁标准，然而这个"门当户对"实际内涵是物类相聚，而不简单是门第对等。体力、智力、兴趣都大致相当的氏族更容易彼此缔结姻好，优秀的人和优秀的人通婚，这是一种极自然的经验。这同时也是一种审慎的选择，而这种选择导致类聚越持久，历经世代越多，则优良品性的增加、集中和累积，产生精神、品性和体质上的进化。① 比如，"高寿"就往往成为一个氏族兴旺的结果和标志。

潘光旦始终关心的是民族精神问题。近代以来，中华民族所遭遇的现代化危机，从内部说，根本在于精神危机。② 从古代到唐代，中华民族原来是富有雄伟气概的，可是自宋朝南渡之后，受到重大打击，就萎靡不振起来，出现了民族精神的衰退。③ 衰退的主要原因就是民族本位的模糊不清。所谓本位，是一民族得以立身的根据，包括三个方面的因素：一是特定的地理与物质环境；二是特定的历史文化与社会组织；三是民族性格。脱离这三者，民族复兴无从谈起。潘光旦认为，前两者我们很容易观察到并接受，而且诸多学者也习惯从文化失调角度进行分析，但是关于民族性格这个最根本的因素却鲜少探讨。假如第一、第二因素是现代化的条件，则第三因素是我们实现现代化的能力。决定民族性格的是生物的遗传、地

---

① 潘光旦:《明清两代嘉兴的望族》，载潘乃穆、潘乃和编《潘光旦文集》第三卷，北京大学出版社2000年版，第398页。潘光旦还谈道，与择妻的明确而慎重相比，娶妾的随意性和风险则增加了。一个妾的来历往往不可考，谁也不知道她给氏族血统带来哪些影响，甚至还有反向选择的风险。比如一个很讲究名分的人纳妾，发现欲纳之人是一个清白读书人家的女儿，于是为了大义放弃了，很可能最后纳了不能生育的或者身世不清白的女子。在今天看来，潘光旦的这个观点很有物化女性的嫌疑，笔者也并非为其辩护。这里仅是为了更清楚地呈现潘光旦的优生学视角。

② 这个问题特别为新儒家思想家所注重，参见牟宗三、徐复观、张君劢、唐君毅《为中国文化敬告世界人士宣言——我们对中国学术研究及中国文化与世界文化前途之共同认识》，载张君劢《新儒家思想史》，中国人民出版社2006年版，第552—595页。

③ 潘光旦:《民族特性与民族卫生》，载潘乃穆、潘乃和编《潘光旦文集》第三卷，北京大学出版社2000年版，第30页。

理环境和文化遗产。[①] 由于漫长的历史时期和不平均的地理气候环境，人口过剩和灾荒这两件事情，不断对中华民族起到选择和淘汰的作用。其中最可怕的就是反选择的自然淘汰力。[②]

什么是反选择的自然淘汰力？就是将更孱弱的种留下。比如一般人会认为经历过灾荒同时扛过各种疾病的人，体质上磨炼得更坚韧，但实际上，灾荒频仍只会诞生更多营养不良、不健全的人。不止如此，对社会影响最坏的，是荒年时候熬不过被迫卖儿鬻女的。假设一个家到了这步田地，卖掉的往往是子女中、媳妇中最好看、最聪明也发育最健全的。这个自私自利的家长卖掉妻儿，自己的血统也就断了；假设回头再娶，那么他的子女也不会比他更有义气。极端的自私自利可以使一家人度过荒年生存下来，只要当家的人不把自己当作单位而把全家当作单位。然而在农民之中，品质最好的女子被卖掉，等于人为选择留下了那些平凡的、丑陋的、愚蠢的、不健全的，那么经过五六十年，这个社群一定一代比一代堕落，且鄙视女性成为血统和社会习惯。被卖掉的女子，对于种族前途也不会有贡献，因为她们大多都成为都市的牺牲品。[③]

绅士作为受教育最高、也最善于利用民族累积教育优势的群体，他们当然代表了中华民族的民族性格的显著部分，甚至是最具优势的部分。从潘光旦的角度来说，绅士家族靠着一代代比普通农民更理智审慎的选择，维持着种群优势。经济和政治条件支持着他们能够作这样的选择，但自私的通病却同样存在，它的根子就在于这种灾荒年的个体自我保存心理。潘光旦认为，要去掉自私自利这一最不幸的心理品性，要有领袖人才与其组

① 潘光旦：《民族特性与民族卫生》，载潘乃穆、潘乃和编《潘光旦文集》第三卷，北京大学出版社 2000 年版，第 35 页。

② 潘光旦：《民族特性与民族卫生》，载潘乃穆、潘乃和编《潘光旦文集》第三卷，北京大学出版社 2000 年版，第 151 页。

③ 潘光旦：《民族特性与民族卫生》，载潘乃穆、潘乃和编《潘光旦文集》第三卷，北京大学出版社 2000 年版，第 163—167 页。

织能力（这点相当于韦伯所说的卡里斯玛式的人物），同时去掉家族制度的畸形发展。[①] 对家制的改革，其主张保留根干，以老、壮、幼三辈共居，去其枝蔓，即成婚的兄弟、妯娌之间最好分家，不要同居共爨。简单来说就是维持一种主干家庭模式。[②]

早在给费孝通的《生育制度》写《派与汇（代序）》一文时，潘光旦就表露过类似的想法。他在该文中批评社会思想和各种政治主张结合，大多片面狭隘，乃至于引起像希特勒这样畸形人格加极权主义和种族主义的疯狂，把人当作问题来消灭而不是去解决问题。西学各派思想的根底，源出进化论，而进化论中唯一没有得到系统化概念化表述的，是“位育”，也即调适，相近于中国文化传统的“中庸”思想。这个思想表述的是，一切从人出发，向人归宿；遇到冲突的时候，一切折中于人，由人来斟酌损益掌握分寸；人居天地之间，不应以天地为出发点和归宿点，而是以人。[③] 追求位育和调适，就要讲究事、物、人所处的情境，追问其目的，研求其价值和意义。他所分析的民族性格，既是位育的结果，也可以通过位育得到改善和变化。他所谓的“新人文思想”，是以民族性格为抓手，同时关注体质、环境和文化对民族性格的塑造，实质是一种民族社会心理学的研究。

在厘清这些思想脉络之后，我们再来讨论绅士与民族性格、民族精神转型的关系。在潘光旦这里，民族精神指向的是在这个时代中保持积极竞争而不被淘汰，向上争取，实现自己的文化价值，则民族性格必须要改变，积极调适。这种精神呈现在社会组织和社会结构上，仍然是对家制的偏

---

① 潘光旦：《民族特性与民族卫生》，载潘乃穆、潘乃和编《潘光旦文集》第三卷，北京大学出版社 2000 年版，第 211 页。

② 潘光旦：《民族特性与民族卫生》，载潘乃穆、潘乃和编《潘光旦文集》第三卷，北京大学出版社 2000 年版，第 223 页。

③ 潘光旦：《派与汇（代序）》，载费孝通《乡土中国 生育制度》，北京大学出版社 1998 年版，第 316 页。

好，以家制为中轴；而民族性格的调适体现在重心的调整，以主干家庭为中心来实现现代化变革，从旧家制中折中，生成一种新的家制（如图2所示）。[①] 绅士的存废需要看他们能否与这套家制相互配合。

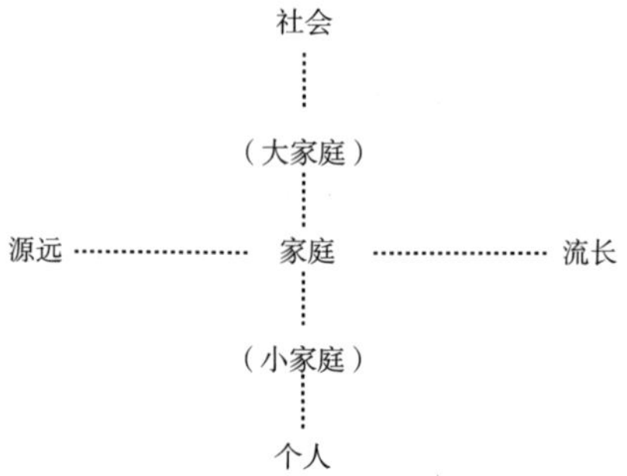

图2　中国家制变革十字示意图

在图2里，“家庭”是一种老、壮、幼三代共居的形式，由其出发，上可以衍成一个扩大的家族，下可以收缩成只有一对夫妻轴的小家庭，再收缩则聚焦到家中的个人。这里的个人始终维系着小家庭到家庭，并非指从中脱离或分解。同理，社会也是大家庭外扩辐射的范围，并非指社会和家庭之间有清晰界限。与旧家制相比最大的不同，就是位于中心的“家庭”最具有实际意义，是现实的政治经济逻辑的出发点。

费孝通亦指出，潘光旦自留学归国任教以后，终身不离“提高民族素质”“强种优生”的志趣。[②] 和潘光旦相同的是，费孝通亦认为旧文化格局里的绅士，其不劳而获的寄生生活方式要废除，所依赖的氏族组织也要发生变化。但是费孝通没有强调绅士在社会转型过程中，依然要依赖类似家族组织。他的小说《茧》所写的宝珠一家人，是由宝珠的行动、思想和经

① 潘光旦：《民族特性与民族卫生》，载潘乃穆、潘乃和编《潘光旦文集》第三卷，北京大学出版社2000年版，第221页。该图摘自本页，但是图题为笔者所加。

② 费孝通：《重刊潘译注〈性心理学〉书后》，《费孝通文集》第十卷，群言出版社1999年版，第494页。

济变化，带动着丈夫三福和婆婆，而不是像潘光旦设想的由家庭团体出发，反过来去影响个体。同时宝珠在某种意义上先是脱离了家庭，在工厂中找到了志同道合的同伴，一起做事业。吴志农也是如此。这并不是说，对于改革者而言，家庭的伦理关系不重要，而是说在家领域之外生成新的社会关系和道德关系意味着新的精神蜕变。改革者对于社会的号召和影响，既非告别家庭或者最终回归家庭，而是在家制之外树立的道德、法律权威。从这个角度可能更容易理解，现代化过程中“绅士”对民族精神的承担恰恰是要在家族主义之外开出新道路。

其次，费孝通对于家户的兴趣主要在经济和分工。他对中国人的家观念的理解，是分成两个层面的，最底下的是全世界都一样的“生育三角形”[①]，然后上边不断叠加文化规定的亲属关系。和潘光旦从民族集体心理去讲不同，费孝通特别要讲子女和父母之间的心理差异，最开始双方是一种生理的联系，接着是一种共生（把人看作自己的工具），最后才发生契洽（愿意牺牲一些自己的利益来成全别人的意志）。代际之间，孩子不容易和父母契洽，而且还时常会走到相反的路子上去；从父母到孩子推己及人比较容易，但是从孩子到父母推己及人却不容易。在这里往往就埋下孩子反叛出家门、家庭有机分裂的固有可能性。[②] 越是试图阻止这样的分裂，则越是可能激发强烈的冲突。费孝通的意思是说，要让这样的个体有充分发育成长和独立出来的空间，先让它冒出来看看，而不是着急为文化打补丁。

最后，和潘光旦一样，费孝通对中国现代知识分子的文化使命抱有同样的期待，要朝着昂扬活泼的、向上探索的文化精神发展。如果说潘光旦的启蒙方案是向内的求索，费孝通的更像是向外的拓展。他所呈现的绅士和农民的关系，不只是绅士将农民作为社会改造对象，让农民挣更多的钱，让农民获得更多的“教育”机会，然后变成城里人；而是与乡土社会始终

① 费孝通：《乡土中国 生育制度》，北京大学出版社 1998 年版，第 159—163 页。

② 费孝通：《乡土中国 生育制度》，北京大学出版社 1998 年版，第 206—210 页。

保持交流沟通，通过双方的理解而产生影响，培育本土经济文化创新的思想温床。知识分子和西方现代化之间的关系，同样需要知识分子承担不同文化之间的翻译和解释，尤其是在如今不同文明的城市社会、乡土社会、政治领袖、文化英雄频繁相遇，文化冲突乃至思想对垒屡见不鲜的情形下。这一点可以视为费孝通绅士理论最后的发展。他的“文化自觉”命题，赋予第三种类型的启蒙者的文化使命，超过了早年讨论的路德、加尔文以及吴志农等人，具有跨文化的世界主义的眼光。

责任编辑：徐珺玉

城市社区治理中传统基层治理智慧的现代转化研究

——基于“现代义仓”实践的思考

杨嘉莹*

提　要：如何破解公众参与不足、弱势群体缺少社会支持等社区治理难题，可以从中国传统基层治理智慧中寻找解决之道。本文以成都市爱有戏社区发展中心在水井坊街道开展的“现代义仓”实践为例，系统分析了中国传统“义仓”助人经验在现代城市社区治理中的传承与发展、运作机制及经验启示。研究发现，“现代义仓”实践传承了“义”的价值理念，延续了传统义仓“小额、非现金捐赠”“社区居民参与管理”以及“彰显互助性”的义仓助人经验，做到了与传统理念“价值契合”，与社区本土情境“结构亲和”，在现代城市社区治理中实现了创造性转化与创新性发展，破解了城市社区治理中的难点问题。因此，有必要深入挖掘中国传统的基层治理智慧，在回望传统与现代化的进程中，探寻适合本国的城市社区治理之路。

关键词：义；义仓；城市社区；基层治理智慧

* 杨嘉莹系中共北京市委党校（北京行政学院）社会学教研部副教授。

一、问题的提出

在高度原子化的城市社区，如何破解公众参与不足、弱势群体缺少社会支持等社区治理难题，可以从中国传统的基层治理智慧中寻找解决之道。中国是拥有着五千年悠久历史的文明古国，在历史长河的演进中，中华民族创造了灿烂的文明，形成了关于基层治理的丰富思想与经验。传统的基层治理智慧来源于历经千年的中国人民生活实践，它根植于中国土壤，融入中国人的血脉之中，是现代基层治理不可忽视的历史根基，具有先天的本土性优势，是有效的治理手段和宝贵的治理资源。以史为师，汲取和挖掘根植于中国土壤中的传统基层治理智慧，并与现代价值理念、治理体系、技术方法等相结合，是创新城市社区治理的一条有效的路径选择。

目前学界关于城市社区治理的研究已经呈现历史转向，开始重视从中国优秀传统文化和本土思想资源中寻找智慧的中国式基层治理现代化之路，但是这些研究更多是从一般意义上提出了社区治理中回归传统的重要性，侧重于宏观理论思辨，运用实证研究方法对典型案例的系统剖析还有待加强。基于此，本研究从群学视角出发，以“如何挖掘中国传统基层治理智慧，推进中国城市社区治理现代化”为根本研究问题，选取成都市爱有戏社区发展中心（以下简称“爱有戏”）在城市社区探索的“现代义仓”实践为典型个案，深入剖析中国传统的义仓助人经验在现代城市社区治理中的现代转化机制，以及“现代义仓”实践对于推进中国城市社区治理及基层治理现代化的经验启示。目的是激活基层治理的本土传统，在现代与传统良性互动的基础之上实现新的创造性转换，从而拓宽创新城市社区治理的思路方法，破解当下城市社区治理中的难点问题。这既是加快推进国家治理体系和治理能力现代化的重要基础，也是在世界百年未有之大变局下中国彰显大国自信、文化自信的重要体现。

二、文献综述与研究方法

（一）“传统”与“现代”关系的理论研究

关于“传统”与“现代”的关系，国内外学者均进行了哲学思辨，并形成两种研究理路。一种是源于过去欧美经典的现代化理论，认为“传统”与“现代化”是互不相关，截然对立的。另一种是当今学界的主流观点，认为“现代化”与“传统”不是“二分”的，现代化不是对传统的简单否定，而是对传统的扬弃和超越，传统是现代化的不可忽视的内容。[①] 美国学者爱德华·希尔斯在著作《论传统》中指出，传统是历经延传而持久存在或一再出现的东西，它具有持续性、规范性，为人类生存带来秩序和意义，即使是在理性化（现代化）的时代下，现在也始终处于过去的掌心之中。[②] 香港学者金耀基在著作《从传统到现代》中，强调了中国必须在批判中肯定传统，构建中国现代文明的新秩序的现代化发展道路。[③] 关于社会治理现代化的推进，也需要对“传统—现代”的关系给予最大限度的激活，既要依托于现代的制度和技术创新社会治理模式，又要激活社会治理的本土传统，还要在现代与传统良性互动的基础之上实现新的创造性转换。[④]

---

① ［德］马克斯·韦伯:《新教伦理与资本主义精神》，于晓、陈维纲等译，生活·读书·新知三联书店 1987 年版;［美］爱德华·希尔斯:《论传统》，傅铿、吕乐译，上海人民出版社 2009 年版；金耀基:《从传统到现代》，中国人民大学出版社 1999 年版；田毅鹏:《社会治理现代化进程中的“传统”与“现代”》，《社会发展研究》2019 年第 4 期。

② ［美］爱德华·希尔斯:《论传统》，傅铿、吕乐译，上海人民出版社 2009 年版，第 214 页。

③ 金耀基:《从传统到现代》，中国人民大学出版社 1999 年版。

④ 田毅鹏:《社会治理现代化进程中的“传统”与“现代”》，《社会发展研究》2019 年第 4 期。

（二）中国传统基层治理智慧及其现代转化研究

在乡土社会的基层结构下，中国传统基层社会创造了灿烂丰富、有效运转的治理经验。比较典型的如下。一是，乡规民约。例如，北宋《吕氏乡约》中记载“德业相劝、过失相规、礼俗相交、患难相恤”，体现了乡规民约的劝导、规范、教育等基层治理功能。二是，互助共济经验。冠以“义”之名，体现互助共济性质的义庄、义田、义仓、义学、义冢等，在基层社会中发挥着济贫、救灾、公益事业等公共服务、宗族保障功能。三是，基层孝老礼制。《国语・晋语下》中记载，周朝三代对老者本人实行“五十不从力征，六十不服戎，七十不与宾客之事，八十宾客之事弗及也”的优待，对其家庭则给予“八十者一子不从征，九十者其家不从征”的政策优待，支持众多的老者由家庭奉养。四是，乡村建设实践。例如，明代王阳明的乡村治理、何心隐的聚合堂等，以及民国时期晏阳初、梁漱溟的乡村建设运动，杨开道、许世廉的清河实验，等等。这些乡村治理实践，将教化、管理、救助等融为一体，鼓励村民自治。

目前，传承与发展中国传统基层治理智慧，并将其运用于社区治理的系统研究较少，针对城市社区治理的研究更为有限。在已有的相关研究中，学界主要从中国“孝”“家”“和”等优秀传统文化出发，探讨中华优秀传统文化资源对当代中国社区治理的价值与启示。[①] 也有学者梳理了“乡亭里制”“乡绅治理”“乡规民约”“社会治理”“以礼求和”等中国传统基层社会治理文化，并提出实现传统基层社会治理文化现代转型的具体举措。[②] 从治理实践出发，一些学者专门研究“乡绅之治”等中国传统治理经验，提出现代基层治理需要培育民间精英人物，重新激活地方政府与社

① 景天魁：《传统孝文化的古今贯通》，《学习与探索》2018 年第 3 期；刘亚秋：《“家”何以成为基层社区治理的社会性基础》，《江苏社会科学》2022 年第 1 期。

② 杨建华：《传统基层社会治理文化的现代转型》，《中国特色社会主义研究》2015 年第 5 期。

区精英、地方企业家、地方民众的协作治理[①]，以及研究唐宋时期的“蕃坊”治理经验，进而探索今天的城市外籍人聚集区治理模式[②]。

（三）研究思路

综合来看，已有研究中，宏观层面的哲学思辨较多，从真实的社会生活实践中去发现及总结传统基层治理智慧现代转化的机制、路径的社会学实证研究较少，针对城市社区治理的研究更为有限。这一定程度源于传统基层治理的经验智慧根植于乡土，在今天的农村社区治理实践中更易延续、转化与创新，与之对比，城市社区治理中传统基层治理智慧的现代转化研究不足。因此，有必要运用社会学的实证研究方法，基于真实的城市社区治理实践，探究如何挖掘中国传统基层治理智慧，实现传统基层治理与现代基层治理的良性互动。

成都市爱有戏在水井坊街道开展的“现代义仓”社区治理实践，是传承和弘扬“义”的价值理念，将中国传统的义仓助人实践进行现代性转化，从而推动城市社区参与式互助目标实现的典型案例。本研究通过对“现代义仓”实践进行个案分析，具体探讨中国传统义仓助人经验是如何在现代城市社区治理中延续与发展的、中国传统义仓助人经验在城市社区治理中的现代转化机制是什么、“现代义仓”实践对于推动中国城市社区治理及基层治理现代化有怎样的经验启示，从而探究中国传统基层治理智慧在城市社区治理中创新与转化的一般规律，找寻连接传统与现代的最佳接口。

① 崔晶：《回望传统与现代化转型：社会治理创新中的基层政府与民众协作治理研究》，《中国行政管理》2017 年第 2 期；秦德君、毛光霞：《中国古代“乡绅之治”：治理逻辑与现代意蕴——中国基层社会治理的非行政化启示》，《党政研究》2016 年第 3 期。

② 毛国民：《城市外籍人聚集区治理模式创新研究——古代蕃坊治理经验的借鉴与启示》，《社会科学家》2014 年第 2 期。

（四）研究方法

本研究选取成都市爱有戏在水井坊街道开展的“现代义仓”实践作为个案研究对象。爱有戏成立于 2009 年，是 5A 级公益性社会组织，其前身是爱有戏公益戏剧社志愿者服务队，主要通过拍微电影的方式宣传无偿献血、倡导环保节水、号召公众关注留守儿童等社会问题。2011 年爱有戏转型为专业社会组织，进入社区探索“现代义仓”社区治理实践。笔者于 2017 年在成都市爱有戏水井坊街道项目点进行了为期数月的实地调研，具体运用深度访谈法、参与观察法进行资料的收集与处理。访谈对象包括爱有戏负责人、一线社会工作者，水井坊街道工作人员、社区工作者、社区志愿者、社区居民等。与此同时，笔者以志愿者的身份加入义仓、义集项目中，参与了义仓物资的收集与入户派发，并负责义集的筹备、实施、总结工作，参加了“全国义仓发展网络”会议，协助水井坊街道、爱有戏做了有关“现代义仓”项目的日常事务性工作，从而获得了丰富的研究资料。

三、“义仓”的变迁

（一）“义仓”的历史演变

“义仓”是历代朝廷倡导，以民间力量为主兴办的一种互助互济性质的救荒、济贫仓储，也称社仓。[①] 义仓，取“义”之名，正是因为其救济、利他的性质，体现着人类的善和社会的美好。义仓的正式建立始于隋朝，在宋朝时走向兴盛，其中最具代表性的是北宋时期的“范式义庄”，形成了包含义仓、义田、义学在内的较为完整的宗族社会保障体系。明清时期，义仓的发展进入鼎盛时期。义仓遍及大江南北，并且义仓的内部管理更为成熟。明代的义仓立于社，覆盖面广及乡村，义仓的储粮完全来自民间筹

① 刘洪清：《“义仓”浅考》，《中国社会保障》2014 年第 8 期。

集，将民间贫富不等的家庭分为三等，要求其分别拿出不等的储粮，遇到灾年，上户领了赈粮需偿还，而下户与中户不再偿还。明代的义仓纯粹由民间建立和管理，但要接受官府的监督。[①] 到了清朝，义仓已经不再仅仅是满足贫困者最基本的需要，而是涵盖救灾、失学儿童就学、就业、金融借贷、公益事业等综合功能，保障层面更高。到了民国时期，虽然义仓逐渐走向衰亡，但是也在发挥着积极作用，特别是全面抗日战争期间，陕甘宁边区大力倡导兴办义仓，恢复传统义仓制度，为抗日战争的胜利提供了有力支持。新中国成立之后，在 20 世纪 50 年代的土地改革运动中，因为土地收归国有后被重新分配，义田成为了公田，义仓也失去了原有的经济基础，至此义仓彻底消亡了。

义仓于20世纪50年代衰亡，进入21世纪的今天，在现代化的背景下，义仓又被重新恢复起来。最开始进行现代意义义仓探索的是2010年由青原色井冈山大学人文纪录中心发起的“一勺米”项目。青原色井冈山大学人文纪录中心（以下简称“青原色”）是江西省吉安市的一家公益社会组织。根据青原色对“一勺米”项目的介绍：在一次拍摄农村记录片的过程中，偶然发现了江西吉安新圩镇毛家村的“义仓助学”传统，当地的村民定期从家中拿出一些谷物放入村中的义仓，以资助困难家庭的孩子上学。为了传承义仓精神，青原色开始积极推动义仓的恢复，于是开始了第一个现代义仓的探索，即“一勺米”公益项目。

“一勺米”公益项目主要在城市和农村社区中开展，具体做法是“慈心家庭”承诺每周捐赠一勺米，再由义仓的义工负责将这些米送给当地的困难家庭，“慈心家庭”也可以看望空巢老人、陪他们聊天、帮他们做家务，以时间捐赠的方式帮助这些受助家庭。“一勺米”项目的目的，不仅在于帮助社区中的受助家庭，还在于在助人过程中，推动社区互助的形成以及社区的建设。

① 周致元：《明代荒政文献研究》，安徽大学出版社 2007 年版，第 142—143 页。

现代义仓由江西吉安青原色发起建立，次年由成都市爱有戏继续传承和发扬。2011 年，爱有戏在成都市锦江区水井坊街道首先发起了义仓项目，开始了“现代义仓”的实践探索。

（二）“现代义仓”的实践探索

成都市水井坊街道，人口 4 万人左右，有 4 个社区，因为地处市中心，拆迁难度大，所以有老旧小区，也有价值昂贵的商品房，贫富差距大、社区中邻里关系冷漠、困境人群被孤立是水井坊街道在社区治理中面临的主要问题。2011 年，成都市锦江区进行了街道管理体制改革、社会治理机制改革、社会组织管理体制改革，在三大体制改革背景下，成都市锦江区水井坊街道引入爱有戏，协力参与社区治理。

义仓项目开始于 2011 年 5 月，鼓励社区居民、社会爱心人士将食品、洗化用品、二手物资捐赠到义仓中，用来帮助社区中的困难家庭。义仓爱心物资放到爱有戏义仓办公室。义仓物资的派发由邻里互助中心的居民志愿者和爱有戏的社工共同完成，目的是建立居民之间直接的互动交流。考虑到社区中一些行动不便的残疾人、高龄老年人等群体因为身体原因无法参加社区活动，无法观看社区的演出，爱有戏还鼓励一些有文艺才能的社区居民志愿者入户为这些老人进行表演。与此同时，爱有戏通过资源链接，建立了和企业、医院、基金会等组织之间的合作关系，为辖区内特殊困难人群提供大病救助、经济援助以及开展个案工作，目的是为特困家庭提供更精准、有效的帮助。近年来，为了进一步推动居民参与社区互助，爱有戏传承义仓互助精神，开发了“一勺米”项目，邀请社区的儿童和家长，以做游戏的方式，敲开陌生邻居家的门募集一勺米，并邀请邻居分享百家粥，借此传播义仓文化，传递“义”的价值理念。总体来看，义仓项目是一种低门槛做公益的方法，与一般的物质帮助不同，它更为强调的是情感支持与慰藉。

义集是一个公益的集市，参加义集的有党政机构公职人员、社区工作者、社区居民、困难家庭、在校学生、企事业单位工作人员等，大家通过义卖的方式，将义卖的部分或全部收入换成义仓所需的爱心物资，用来帮助社区中的困难家庭。义集活动能体现不同主体的广泛参与，并为社区弱势群体构建了社会支持网络。与此同时，在社区中，通过道德讲堂、友邻学院、一堂爱心课等方式，传播义文化，起到社区教育、社区动员的作用。

“现代义仓”在成都市多个社区开花结果。从2014年开始，在基金会的支持下，爱有戏的“现代义仓”实践在全国推广。2017年，以“复兴义仓文化，推动社区互助”为目的，全国范围内的“义仓发展网络”形成，四川、山东、浙江、上海、江苏、广东、河南、陕西等地的社会组织加入到“义仓发展网络”之中，共同传播“义仓”文化，推进“现代义仓”在社区中的开展，助力基层社区治理创新。

四、“现代义仓”：传统义仓在城市社区治理中的延续与发展

“现代义仓”实践传承了“义”的价值理念，延续了传统义仓“小额、非现金捐赠”、“社区居民参与管理”以及“彰显互助性”的义仓助人经验，在城市社区治理实践中实现了创造性转化与创新性发展。

（一）“义”价值理念的传承

“义仓”是中国传统的助人实践经验，“义仓”冠以“义”之名，凸显的是“义仓”背后深层次的“义”的价值内涵。在中国传统文化思想中，“义”代表一般性的善、正确或恰当，“义者宜也”表达的是“义”的这层意义。[①]“官无常贵，而民无终贱，有能则举之，无能则下之，举公义，辟私怨”（《墨子·尚贤（上）》）的主张，反映了“义”也具有公平、正义的

① 陈弱水：《公共意识与中国文化》，新星出版社2006年版，第162—163页。

内涵。可以说，从“义”的价值内涵来看，“义”具有善、利他等思想内涵，“义”的最高层次价值追求是公正和道义，“义”所具有的福利意义就体现在其价值内涵中。从中国古代的历史实践来看，“义”的善、助人、利他、互助等思想被中国民间社会长期实践，“义”在日常生活与民间文化中应用极广，如义仓、义庄、义田、义学、义舍、义桥、义路、义井等，这些冠以“义”之名的行为，大多表示救助赤贫者，具有造福大众、天下公义的价值追求，体现出福利的性质与民间自发性。[①]

爱有戏理事长说：“西方那一套助人方法是从基督教的慈善文化中发展起来的，价值理念与实务方法都有基督教的文化背景；而义仓是中国传统的慈善文化，一千年前就有了，我们觉得义仓太好了，太适合中国了，我们做这件事很兴奋啊。”

爱有戏“现代义仓”实践挖掘了中国传统“义”的价值理念，所要传递的正是中国传统义仓所具有的助人、互助精神。它不同于西方的基督教的救赎观念，以及西方个人主义文化传统下的自由、独立、民主、人权等价值理念，其是用“义”的价值理念开展社区治理，强调善、尊重、互助、利他的精神，更为突出中国传统价值理念的特色。

（二）“义仓”助人经验的创新性发展

1. 小额、非现金捐赠

在古代物质生活匮乏的时期，粮食是人们最基本的生活需要，传统义仓以捐赠粮食施以救助。在物质生活极大丰富的今天，“现代义仓”实践在捐赠内容上传承了古代义仓的实物捐赠形式，倡导小额、非现金捐赠。捐赠内容包括食品、洗化用品、二手物资等，目的是通过较低的捐赠门槛让更多人在身边做公益，希望通过最直接的生活物资来帮助社区中的困境人

① 肖群忠：《关心弱势群体促进公正和谐——墨家贵义思想对建设公正和谐社会的启示》，《唐都学刊》2011 年第 4 期。

群，在不增加社区居民负担的同时将人们的善心义举传递。

爱有戏理事长介绍了“现代义仓”坚持小额、非现金捐赠的原因：“因为这种做公益的门槛很低，很容易让人们接受，相对来讲就是零门槛做公益，而且就在自己身边做公益，弱势群体也能得到一些实实在在的帮助。做公益并不是高大上的才是做公益，在自己身边、定期的小微物资的捐赠，就可以把公益做了。另外还有很多孩子参与，孩子们把自己看过的书籍、不用的玩具在义集上卖掉，又可以买成物资捐到义仓中，对于孩子们来说，也是一种非常好的教育方式。”

“现代义仓”的捐赠内容，除了小微物资外，还包括时间捐赠。这是爱有戏在传统义仓基础上，结合现代城市社区居民的需要而进行的创新。对城市社区中的困难家庭，仅仅是物质上的帮扶是不够的。针对社区中困难人群出现的孤独、自我封闭等问题，爱有戏通过社区动员、培育社区社会组织等方式，鼓励社区居民加入“义仓”的时间捐赠。社区居民志愿者通过入户陪伴、聊天、表演节目等具体形式，由社区困难群体的陪伴者向支持者转变，打通了困难家庭与社区居民联结的纽带，帮助困难人群重建社会资本，提高困难人群的自助能力，推动社区边缘化群体的社会融合。

2. 社区居民参与管理

中国传统义仓建立于乡社，由乡村居民自主运作管理，一般在乡村居民中间选出管理者，这些管理者需要有较高的道德声望与管理能力。爱有戏在“现代义仓”的实践探索中，也继承了传统义仓由当地居民自主管理运作的实践形式，通过培育社区社会组织，挖掘和培养出社区中具有义德公心的骨干力量，扮演“社首”的角色。这样做的目的，既是传承传统义仓的实践形式，同时也是聚焦社区居民行为的改变，重视社区居民公共意识、责任的培养，以社区居民的自发互助力量推动义仓的持续运作，保持义仓的生命力。

爱有戏主任介绍道，“以前义仓项目不是由社区居民去做的，是由我们社工去做的，但后来我们有了更深层次的思考，我们发现，想把社区居民调动起来，光靠社工和靠外面的力量是永远不可能改变这个社区的，于是我们开始发动社区居民的力量，由社区居民参与义仓的管理。我们希望的是，如果哪一天爱有戏撤出了，不在这个社区了，社区居民可以不依靠爱有戏，自己运作义仓，义仓依然可以持续下去”。

邻里互助中心是爱有戏培育的社区社会组织，其成员由社区居民志愿者组成，是爱有戏挖掘和培养的社区骨干力量，每次的义仓、义集活动中都能看到邻里互助中心成员的身影。他们负责收集、入户派发义仓爱心物资，并给予困难家庭精神慰藉。邻里互助中心的成员经过爱有戏的培育后，已经逐渐形成团队意识、责任意识与公共意识，在现代义仓中扮演了“社首”的角色，社区居民逐步依靠自身的力量推动社区互助的形成。

3. 彰显互助性

中国传统的义仓是一种建立在互助共济基础上的风险分担与济贫救助的机制，体现出中国古代民间的互助传统。互助是发生在特定范围内的、在困境时期对人们的相互帮助不求直接回报的社会行为。在多种形式的互助中，社区邻里之间的互助，具有及时性、便利性、灵活性、适应需要等特点，正所谓“远亲不如近邻”。社区互助的行为，可以将“机械化”的家政服务转化为带有“亲情化”的邻里关照；可以通过邻里之间的互通有无、扶贫济困，对社区中的边缘化群体、弱势群体给予切实帮助；可以让社区成员对社区产生较强的归属感与认同感。在“现代义仓”实践中，爱有戏继承与发扬了古代义仓的“互助”传统，研发了包含义仓、义集、一个观众的剧场、“一勺米”等参与式互助项目，在项目的设计与实施过程中彰显了互助性。

爱有戏社工说：“我们的项目，除了一对一的个案援助外，还有很多是针对所有人群的发展型项目，关注到整个社区环境的改变。因为做那种一对一的特殊服务，你就算真的让他们解决了自己的问题，那社区的环境怎么办？我们通过一年两年的服务让他们变得稍微好一点，那很可能他哪天出门，社区邻居的一句话，就让他打回原形，所以说光做这种个案服务是不够的，我们要在社区中建立互帮互助的美德，改变整个环境。”

爱有戏“现代义仓”实践，致力于社区环境的改变以及整个社区的发展。通过搭建不同形式的参与平台，联结了社区居民、困难家庭、辖区单位以及社会爱心人士，激活了社区内外的各种资源，不同行动主体形成合力，共同推动社区互助的形成，努力构建邻里守望相助、具有情感认同的社区共同体。

五、“现代义仓”实践的运作机制

（一）与传统理念“价值契合”

虽然现代义仓的形式已经发生了改变，但是义仓所传承和延续的精神内核是不变的，那就是“义”的价值理念。“义”的思想源起于中国，是在中国“差序格局”的社会结构下形成的道德价值，它由中国古代思想家建构而来，并在中国民间日常生活与常民文化中兴盛。“义”的精神流淌在中国人的血液之中，“义举”等助人的行为也在日常生活中不断上演。“义”是中国人所熟知的、有本土认同的文化“文本”。因此相较于西方的民主、人权、公共利益等话语，“义”的话语力量，更容易使人们产生文化的共鸣，激发起人们共同的情感，成为人们参与社区治理的导向性力量。

现代社会，是一个物质极大丰富的社会，实物（粮食）已经不再匮乏，随着现代社会保障制度的建立，特别是最低生活保障制度的建立，人们的生存问题基本得以解决，摆在人们面前的是伴随着现代化、全球化而来的多种文化的交织与碰撞、价值与信仰的缺失、社会信任危机、原子化社会下个体的孤立。相较于农村社区，城市社区是一个再造的新型社区结构，原有的依托于血缘与地缘关系的熟人社会结构被打破，人与人之间的互助关系纽带较弱，这些社会危机在城市社区中表现得尤为明显。

爱有戏探索“现代义仓”实践的目的，是要在城市社区内部搭建一个互助平台，依托于实物（爱心物资）的流动，来重新确立“义”价值的核心指导意义，重建人与人之间互助的纽带，激发人们内心的“义”参与进社区互助中来，给予社区弱势人群以物质帮扶与精神慰藉，在人们“行义”的过程中，推动社区由陌生人社会向新熟人社会转变，促进社区自助、互助的形成，实现“现代义仓”的可持续运作。需要强调的是，与传统义仓相比，“现代义仓”不再仅仅是一个实体的仓库，义仓中除了具体的实物（爱心物资），它还包含着人们的时间捐赠、共同参与和奉献。“现代义仓”不是建立以实物为核心的“粮食义仓”，而是更加侧重于“精神义仓”的重建，侧重于中国传统价值理念“义”的传承与弘扬。通过“义”价值的传承与发扬，在社区内外弘扬互助、利他、善的精神，来推动人们“义”的行动，从而实现社区治理目标。可以说，“现代义仓”实践做到了与中国传统理念的“价值契合”。

（二）与本土情境“结构亲和”

“现代义仓”实践不仅体现在充分挖掘了中国传统基层治理的智慧，做到与中国传统理念的“价值契合”，还体现为在实际开展过程中与本土情境“结构亲和”。爱有戏之所以进入水井坊街道，是基于成都市锦江区社会治理创新的制度背景。2008 年以来，锦江区启动了以解决“社会协同、公众参与”为着力点的社会治理创新工作，在此制度背景下，水井坊街道积极引进社会组织，通过政府购买服务的方式为社会组织提供资金支持，并提出了“大胆尝试、允许失败”的主张，同时为爱有戏开展活动提供场地、人力等多方面的支持，鼓励和支持社会组织的成长。

爱有戏进入水井坊街道后，在深入调研与分析的基础上，结合社区的实际需求，开展了“现代义仓”的实践探索。水井坊街道地处成都市中心，是一个居住型、商业型混合而成的社区形态，辖区内贫富差距大、人口构成复杂、流动人口比例高。这样的社区形态，加剧了人与人之间的疏离与冷漠。在深入调研的基础上，爱有戏发现水井坊街道辖区内存在较多的困难家庭，其不仅仅有经济上的需求，更有精神慰藉、情感归属的需求，同时还有被尊重、自我实现的需求。“现代义仓”实践的开展，正是为了回应社区困难家庭的需求。

与社区困难家庭迫切的需求相对应的是，水井坊街道具有开展“现代义仓”的独特资源条件。在水井坊街道，多元化的驻区单位、高密度的人口、较大的人流量，都是“现代义仓”运作中可以调动的人力、物力、财力资源。除了有形的资源外，在水井坊街道，邻里之间并非完全的陌生化，社区居民仍然保留着自己的小交往圈。例如，水井坊街道辖区的老旧院落里存在着邻里之间的情感、社区居民基于共同的兴趣爱好自发形成的兴趣团体，这些都构成了社区居民间的情感联结，是“现代义仓”开展中重要的无形资源。除了社区内部资源外，爱有戏还依托于组织自身的公信力，积极汲取外部资源。社区外部资源来自机关事业单位、企业、医院、社会救助机构、新闻媒体、其他社会组织等。

“社会治理创新”的制度背景、社区需求以及社区资源条件是“现代义仓”实践开展的结构性框架，在这样的结构框架内，社会组织与街道、社区、居民及其他组织等行动主体进行了不同形式的互动交往。依托于爱有戏“现代义仓”的开展，水井坊街道与爱有戏共同打造“义”文化，将“义”的价值理念贯穿于社区治理的方方面面，并充分挖掘了社区内部、外部资源条件，将街道社区治理的需要与社区居民的需求结合起来。在这个过程中，社会组织与社区居民建立起实质性信任，社区困难人群的社会支持网络逐渐形成，构建起社区互助的结构秩序，将社区治理工作做得更为细化、深入，做到了与本土情境的“结构亲和”。

六、结论与讨论：“现代义仓”实践的经验启示

“现代义仓”实践经验告诉我们，在城市社区治理中，中国传统的基层治理智慧是具有现实生命力的。推动城市社区治理的可行路径是尊重历史与文化，从中国传统基层治理经验中寻找智慧，经过现代转化应用于当

今的城市社区治理实践之中。成都市爱有戏在水井坊街道开展的“现代义仓”实践，传承了“义”的价值理念，延续了传统义仓“小额、非现金捐赠”、“社区居民参与管理”以及“彰显互助性”的义仓助人经验，做到了与传统理念“价值契合”、与社区本土情境“结构亲和”，在现代城市社区治理中实现了创造性转化与创新性发展，破解了城市社区治理中公众参与不足、弱势群体缺少社会支持等难点问题，推动了社区自治和社区互助的形成。其体现了从中国传统助人经验中寻找智慧的城市社区治理现代化之路，反映了我国城市社区治理的反思性实践。“现代义仓”实践对于创新城市社区治理、推进基层治理现代化具有启示意义。

价值要素是社区治理中不可缺少的要素。价值，作为一种观念、规范与信仰，影响着人们的思维方式与认知，是人们行动选择的驱动力。“义”的价值理念具有引导人们助人奉献、尊重他人、积极行善的导向作用，“义”的价值理念与中国本土的文化传统相契合，更具有不同于西方价值理念的本土优势，这个优势主要体现在其具有悠久的历史传统，可以获得人们的广泛认同与接受，可以激发人们内心的“义”，从而提高人们参与的积极性。因此，在当今城市社区治理实践中，应充分挖掘中国传统的价值理念，如“义”“善”“亲”“孝”等，并通过教育、动员等形式进行传承与弘扬，发挥其价值导向的作用，引导人们自觉地参与到城市社区治理行动之中，推动社区治理目标的实现。

“传统”与“现代”不是截然对立的。在漫长的人类历史实践中，传统很可能经历了某些变化，但它的一些基本因素保存了下来，并与其他变化了的因素相结合，这些基本因素至今仍具有较强的生命力，影响着人们的价值观念、信仰，并规范着人们的行动。传统基层治理智慧是现代基层治理不可忽视的历史根基，是一笔宝贵、有效的治理财富。当然，中国传统基层治理智慧固然宝贵，但归根结底依附于传统农耕经济基础和道德伦理而产生，依靠宗族、血缘关系得以实现，一些思想，如“三纲五常”等，压制人性，成为束缚人民的精神枷锁，导致愚忠愚孝愚节等行为滋生。因此，进行现代转化的前提条件是取其精华，去其糟粕，融入新时代的价值理念，与现代基层治理体系、制度安排相适宜，与新的技术方法与手段相结合，在“传统”与“现代”之间实现良性转化。具体而言，传统的“孝”“义”“仁”“和”等价值理念、传统的“乡绅之治”等制度安排，以及“乡规民约”“聚合堂”“义仓”“义学”等治理经验，可以与现代的平等、民主、权利等价值理念相融通，可以与党建引领的多元共治社区治理体系相适宜，可以与今天的互联网+大数据、智能技术等治理手段相结合，推陈出新，推进基层治理创新发展。

在基层治理现代化推进过程中，治理方案如果不具有时代创新性，就会落后于时代发展，无法引领基层治理前进方向；如果没有根植于中国本土社会、历史文化之中，便不会与现代中国社会产生应有的亲和性，从而失去有效性和可操作性。因此，要努力推进基层治理领域传统与现代关系的创造性转换。当前全国各地开展了一些基层治理创新工程，但是它们中的大多数浮于表面，没有根植于本土社会，没有真正完成富有新意的创造性转化。因此，要以史为鉴，建立切实有效的文化传承机制、实现“传统”与“现代”权宜性融合、挖掘和培育“内生式”社区文化、重视民间精英在城市社区治理中的作用、探索根植于本土社会的城市基层治理创新之路。从中国自身治理传统和经验中汲取养分，在回望传统与现代化的进程中，找到传统与现代城市社区治理的最佳接口，在中国的大地上探寻适合本国的治理之道，破解当前城市社区治理难题，加快推进基层治理现代化。

责任编辑：石金群

群学研究以建构中国自主的社会学知识体系为己任

苑仲达*

提　要：文化兴则国运兴，文化强则民族强。面向新时代新征程，创造属于我们这个时代的新文化，建设文化强国，是当代中国社会学人义不容辞的重要责任。群学作为中华优秀传统文化，具有历史悠久的文化底蕴和经世致用的显著优势。在 2024 年 5 月 25 日召开的关于中华文明与中国特色社会学新使命的学术研讨会上，与会学者认识到，要肩负起中国特色社会学的新使命，亟须重视和研究社会学中国化的新阶段、从群学视角看待中华文明、以“第二个结合”促进群学研究、中国式现代化的理论和实践创新等一系列重大理论与现实问题，以推动建构中国自主的社会学知识体系。

关键词：中国特色社会学；群学；中华文明；“第二个结合”

2023 年 6 月 2 日，习近平总书记考察中国历史研究院，并在文化传承发展座谈会上发表的重要讲话中强调，“要坚定文化自信、担当使命、奋发

* 苑仲达系中国社会科学院中国社会科学杂志社副编审。

有为，共同努力创造属于我们这个时代的新文化”[①]。这一重要讲话为广大哲学社会科学工作者承担新时代新的文化使命提供了科学指引。2024年5月25日，为深入学习贯彻习近平总书记在文化传承发展座谈会上的重要讲话精神，深入交流研究中华文明与中国特色社会学新使命，在中国社会科学院社会政法学部指导下，中国社会科学院社会学研究所、社会发展战略研究院[②]共同举办关于中华文明与中国特色社会学新使命的学术研讨会。此次研讨会的召开，是中国社会科学院以实际行动担负起新时代新的文化使命的重要举措。会议设有三个平行论坛，来自中国社会科学院、北京大学、中国人民大学、南京大学、新华文摘杂志社等高等院校、科研机构和新闻媒体的50多位专家学者围绕“中华文明与社会学中国化新阶段”、“从群学视角看待中华文明”和“自主知识体系与社会学学科建设”等议题进行了交流与讨论。会上，还举行了《群学研究》集刊创刊仪式。《群学研究》旨在“为往圣继绝学”，在传承中创新中国特色社会学。它的创刊，与已有的社会学期刊互补互促，共同为构建中国特色社会学贡献力量。

现将与会专家学者的主要观点综述如下，以资社会学界同仁垂注品读。

一、深刻认识社会学中国化的新阶段

自19世纪末20世纪初西方社会学传入中国以来，社会学中国化就成为该学科的一个基本问题。在几代中国社会学人的共同努力下，社会学中国化大致经历了早期探索、取消停滞、恢复重建和快速发展阶段，现已取得了较大进展和明显成效。尤其是党的十八大之后，以习近平同志为核心的党中央提出加快构建中国特色哲学社会科学的战略任务，并着力建构中

① 习近平：《在文化传承发展座谈会上的讲话》，《求是》2023年第17期。

② 现为中国社会科学院中国式现代化研究院。

国自主的知识体系。[①] 由此，社会学中国化进程更加日新月异。当前，中国社会学的发展壮大面临许多新的机遇和挑战。习近平总书记在文化传承发展座谈会上发出了担负起新时代新的文化使命的伟大号召，社会学中国化迎来了大好契机。

中国社会科学院副院长、党组成员赵芮指出，社会学研究一直与国家命运同频共振。中国早期社会学的引介和发展与近代中国的命运紧密相连，救亡图存、改良社会是彼时社会学者从事社会学研究的初衷和使命。自1979年社会学恢复重建至今，中国社会学的发展一直与改革开放和社会主义现代化建设进程齐头并进、相互交融。其中，以费孝通先生等为代表的几代社会学人的学术工作，始终坚持为实现中国现代化和强国富民的伟大目标服务的初心和使命，推动着中国特色社会学不断向前发展。当前，担当新时代新的文化使命、推进中国特色社会主义文化建设，是广大哲学社会科学工作者面临的重要任务。我们要坚持以习近平新时代中国特色社会主义思想为指导，加快构建中国特色社会学；深刻理解“两个结合”的重大意义，建构中国自主的社会学知识体系；立足中国式现代化伟大实践，推进关于中华文明的理论创新。

中国社会科学院学部委员、社会政法学部主任李培林研究员认为，习近平总书记在文化传承发展座谈会上的重要讲话，不仅为建设社会主义文化强国提供了方向指引和行动指南，而且对理论工作者提出了新的要求，赋予了社会学研究者新的使命。一方面，当代中国社会学人使命光荣且责任重大。习近平总书记提出我国文化建设新的愿景目标，这就要求社会学界增强责任感和使命感，深入开展调查研究，助推文化强国建设。另一方面，要以推进“两个结合”来构建中国特色社会学。当代中国社会学人要用中国道理总结好中国经验，把中国经验提升为中国理论，充分彰显社会

① 习近平：《在哲学社会科学工作座谈会上的讲话》，《人民日报》2016年5月19日第1版；《习近平在中国人民大学考察时强调 坚持党的领导传承红色基因扎根中国大地 走出一条建设中国特色世界一流大学新路》，《人民日报》2022年4月26日第1版。

学的中国特色、中国风格、中国气派，为建构中国自主的社会学知识体系而不懈努力。

中国社会科学院学部委员景天魁研究员在发言中指出，将西方社会学的概念、命题和理论与中国社会实际相结合，只是社会学中国化的初步工作。“第二个结合”推动了社会学中国化进入新阶段，这一新阶段要致力于中西社会学概念、命题和理论层面的会通，形成中国特色的概念、命题和理论，构成自己的学科体系。群学在这一新阶段必将发挥其重要作用，原因有以下几点：一是群学具有丰富的本土化概念、命题和理论；二是群学一向坚持科学性与人文性的统一；三是群学作为合群、能群、善群、乐群之学，尤其适合中国式现代化建设的需要；四是群学与马克思主义社会学高度契合，创造了社会学中国化的成功范例。因此，应借鉴马克思主义与群学相结合的成功经验，在概念、命题和理论上多下功夫，有所建树。

中华文明在发展过程中所形成的社会思想已经融入我们的根脉，是我们坚持以改革推动各项事业发展的精神之源。中国社会科学院社会发展战略研究院院长张翼研究员认为，社会学发展的新使命是将中华优秀传统文化与社会学的本土化、时代化整合在一起，尽快形成其创造性转化、创新性发展的良好局面。在社会学的学术发展与中国自主的社会学知识体系建构过程中，首先需要解决好“古今中西”问题。中华优秀传统文化不仅为社会学的构建提供了丰富的研究素材和研究视角，而且为社会学的发展提供了重要的思想启示和理论支持。因此，我们要坚持古为今用、推陈出新的原则，通过“两个结合”发挥文化传承作用，在社会学的中国化、时代化过程中，建构出具有中国历史根脉特色的自主知识体系，服务于中国式现代化建设。

我国早期社会学家的实践探索，是社会学中国化的丰富宝藏。中国社会科学院社会发展战略研究院研究员刘亚秋认为，吴文藻先生的社区文化研究是社会学中国化的优良传统，对当代社会文化和社区治理研究具有重要启示作用。吴文藻先生提出理论假设和实地研究并重的思想，其中的理论假设是功能论主张，特别强调整全的视角；实地研究是在理论指导下的田野调查，进而提出活的文化理论。他认为，社区研究的重心是文化研究，而文化的本质是心理的。他进一步指出，人的内在价值是文化思想的结晶。吴文藻先生不仅重视文化对个人的意义，还关注人格与文化议题。

以上专家学者敏锐洞察到新时代新的文化使命对社会学中国化产生的深刻影响，为我们理解和把握社会学中国化的新阶段带来了重要启示。从中国社会学史来看，社会学中国化本身就是一部中西社会学交流、交融、交锋的历史。这一进程不应仅停留在对西方社会学知识的本土化移植，而应在深入挖掘中国传统文化和社会实践经验的基础上，不断形成具有原创性和普遍性的社会学知识体系，进而建构中国自主的社会学知识体系。

二、从群学视角看待中华文明

习近平总书记指出，“只有全面深入了解中华文明的历史，才能更有效地推动中华优秀传统文化创造性转化、创新性发展，更有力地推进中国特色社会主义文化建设”①。这一重要论述阐明了应从过去、现在与未来三重维度，贯通审视中华文明的突出特性。其中，作为中国古典社会学的群学，既是中华文明的独特基因，也是中华文明的重要内容。

为了促进人类社会健康可持续地发展，应当首先解决天、地、人之间的相互关系问题。中国社会科学院学部委员、考古研究所研究员冯时认为，现代和古代只是一个时间概念，谈论现代文明要根植于古代文明。因此，应回答什么是文明、知识论、宇宙观三个基本问题。首先，中华文明的核心内容不是技术，而是人的道德体系。人是仁德的人，中国文化自古至今就是成

① 习近平:《在文化传承发展座谈会上的讲话》,《求是》2023年第17期。

人之道。其次，中国古人以“格物致知”的方式认识客观世界。中国的古典文明是探究真理的文明，这种认识论催生了“天人合一”的宇宙观。“仁智论”强调“仁”对于“智”的约束，体现了中国传统的知识论是一种有限知识论而非泛知识论。我们所面对的现代文明中存在的问题，应回归到中国传统知识论去思考。最后，中国传统的宇宙观具有“天人合一”“和而不同”“中和守正”三种基本内涵。中国的考古学研究将中华文明的历史追溯到距今至少八千年以前，这充分说明了中华民族很早就解决了人类文明的可持续发展问题。

北京大学社会学系教授谢立中从阐释“中华民族”、“中华文明”和“现代文明”三个概念的语义组合与递进关系入手，提出了关于中华文明需要思考的若干问题。他基于对“国族”和“族群”含义的理解，区分了“中华民族”概念的内涵和外延。他认为，“文明”具有器物、制度和符号三个基本层次，“中华文明”的连续性、创新性、统一性、包容性、和平性塑造了其独特面貌。所谓“现代文明”，就是对传统文明的改造和对新型文明的创建。

南京大学人文社会科学资深教授周晓虹认为，可以从五大向度理解新时代新的文化使命，即中国式现代化的理论叙事、中国人民生产和生活实践的思想积淀、中华民族传统文明的扬弃模式、面向世界各民族的开放与包容性系统以及中华民族伟大复兴的多样表征。因此，既不应该仅仅立足于我们民族的过往传统，也不应该单单取自我们如火如荼的当下实践，而应该把我们新的文明放在人类文明的熔炉之中加以锻造，让我们的文明在兼容人类文明一切伟大品质的同时，又秉持自己最富特色的初心。

乡村不仅哺育了人类古典文明，而且催生了现代工业文明。吉林大学哲学社会学院教授田毅鹏认为，乡村空心化问题与现代文明结构密切相关。东亚地区乡村空心化的主要原因：一是以小农户为基础、以村落为基本组织单元构成了“乡土世界”，二是后发的现代化进程，三是以县城为中心的循环体系被破坏，四是无法真正实现“村落终结”。乡村空心化治理的模式类型包括造村、文旅振兴、城乡对流、公共服务对策、社会组织下乡等。东亚地区乡村空心化治理仍是一个未解之题，有待我们进一步探索。

南开大学社会学院王处辉教授指出，群学与社会学的终极追求相同，即建立与维护社会秩序。他总结了中国古典群学的十大特性，即以分制合、角色至上、爱有差等、上位优先、群体优先、内信外诡、功名获位、轻神重人、天人和合、化成天下。他认为这些特性是中国历史上的宝贵遗产，至今仍影响着人们的思想观念和行为模式。

文化主体性是文化自信的根本依托，是塑造文化意义上坚定自我的重要保障。中国社会科学出版社编辑魏厚宾从文化构成要素、文明演进历程、民族形成过程、意识形态功能和协同发展进程等五个方面，深入探讨了对文化主体性的认识和理解。

上述专家学者的学术观点不仅深刻揭示了中华文明的丰富内涵和独特意蕴，而且充分彰显了群学研究的文化自信与历史自信。中华文化源远流长，中华文明博大精深。践行新时代新的文化使命是一项艰巨的系统工程，群学的基础理论和研究方法可以为相关理论与实践工作提供智识源泉和学理支撑。

三、以“第二个结合”促进群学研究

习近平总书记强调，“在五千多年中华文明深厚基础上开辟和发展中国特色社会主义，把马克思主义基本原理同中国具体实际、同中华优秀传统文化相结合是必由之路”[①]。在发表关于“两个结合”重要论述的基础上，习近平总书记进一步作出“第二个结合”是又一次思想解放的重大判断。群学是中华优秀传统文化的重要组成部分，习近平总书记关于“第二个结合”的重要论述为群学研究提供了方法论依据。群学的“融通主义传

① 习近平:《在文化传承发展座谈会上的讲话》,《求是》2023 年第 17 期。

统”[①]，树立了古今贯通、中西会通的学术典范。这为因应社会学研究中的“古今中西之争”，提供了熔铸古今、会通中西的破解之道。

景天魁认为，习近平总书记关于“第二个结合”的重要论述，是马克思主义基本原理同中华优秀传统文化的结合。对于社会学来说，由于中华优秀传统文化的领域很宽，而群学是中国本土的、古典的社会学，为构建中国特色社会学奠定了得天独厚的学术史基础，因此构建中国特色社会学最直接的结合就是马克思主义同群学相结合。马克思主义之所以要同群学相结合，就在于中国学术最主要的传统是“经世致用”，“经”有多种含义，其中一种含义是上下贯通，包括古今贯通、通古达今，也就是贯通历史与现实，并从历史中理解现实。

中国社会科学院中国历史研究院党委副书记金民卿研究员指出，习近平总书记讲“第二个结合”的前提是“高度契合”，我们需要系统、辩证地思考马克思主义基本原理同中华优秀传统文化的结合，注重厘清文化差异。对于民本思想，我们既要看到它的合理性元素，也要看到它的历史局限性，并在马克思主义指导下实现其创造性转化和创新性发展。金民卿在谈到“民本思想的两面性与创造性提升”这一问题时认为：首先，民本思想是中华优秀传统文化中的社会治理思想，是群学思想中的一颗璀璨明珠；其次，民本思想存在着难以克服的历史和思想的局限；最后，民本思想会在“两个结合”指导下的创造性转化、创新性发展中得到提升。

社会变迁研究会会长、上海大学“伟长学者”李友梅教授认为，“两个结合”深入解释了中国发展道路的中国特性，也铸就了中国特色社会学的灵魂，更为建构中国自主的社会学知识体系提供了指引。她对“第二个结合”与构建中国特色社会学之内在联系提出了如下三点思考。第一，要在文化和人的历史实践中认识和把握中国社会。群学对历史的研究已经很深入了，

① 景天魁:《社会学融通主义的历史逻辑与时代意涵》,《中国社会科学》2024 年第 4 期。

必将为我们提供新的实践启发。第二，要在回应社会变动中把握好方法论。“第二个结合”要实践的根本方法论，就是马克思的辩证唯物主义和历史唯物主义。第三，要在不断反思中增强发展动力。作为“第二个结合”的重要体现，中国特色社会学要彰显其人民性的价值本色，始终围绕最广大人民根本利益而展开。社会学者应在推动中国社会文化主体性建构中保持自身的学术主体性，担当起新时代新的文化使命。

中国人民大学社会学理论与方法研究中心教授、安徽大学讲席教授刘少杰表示，在群学研究的传统视野下，应充分重视中国古代群学文献的历史、政治和价值基础，客观看待群学研究政坛、神坛、文坛“三坛统一”的生动局面，深刻把握群学研究中的现代性取向和当代性思想。群学的社会教化功能具有抽象理性与具体感性相结合的显著特点，它对形成中国超稳定的社会结构功不可没。群学思想蕴含在当代社会之中，群学研究体现了当代社会的发展需求。从群学研究的当代价值来看，它可以不断拓展关于当代中国社会的研究视域，深入分析当代中国社会的结构变迁，有效促进群学与当代中国社会学的交流对话。

山东大学哲学与社会发展学院副教授杨善民指出，秩序是人类社会稳定和发展的关键，人类群体秩序经历了从简单群体到复杂组织的转变。荀子群学的思想和方法，为研究中国的超大规模社会、中国式现代化实践、文化强国建设和大变局下的人类整体秩序提供了新的价值和意义。他认为，“群”是中华文明的基因，是几千年来中国社会的基本形态，是中华文明独特的秩序经纬能力，而中华文明构造了经天纬地、内圣外王互为表里的群体自组织系统。群与组织共同构成中国社会的底层结构，从群到组织的转化生成了中国的现代力量，搭建起中国社会庞大结构的支撑体系，是中华优秀传统文化创造性转化、创新性发展的重要成果。

中国社会科学院世界宗教研究所研究员孙晶以契嵩的孝道思想与群学会通为例，探讨了佛儒互通乃至三教融合问题。契嵩禅师生活的宋代，正是群学从民间化向心性化过渡的时期。契嵩孝道思想的形成，反映了佛教思想与群学的融会贯通。孝体现了中国社会关系的属性，规范了个人、群体、国家之间的关系。作为一种家庭伦理、社会伦理、政治伦理，它影响着中国古代的道德规范和社会秩序。契嵩孝道思想与群学在合群、能群、善群、乐群层面的会通，展现了孝道在修身、齐家、治国、平天下中的重要作用。

武汉理工大学法学与人文社会学院教授邓万春指出，群学心性化是群学在宋代以后尤其是明清时期更加注重心性修养的一种发展趋势，它以狭义心性之学或心性论为基础。宋代自耕农经济的发展、世族社会的解体和三教融合的演进，为这一群学转向创造了有利条件。群学心性化以“心”“性”等概念和“心即理”“心外无物”“人心自有明觉”“致良知”等命题为主要标志，以程朱理学、陆王心学、阳明后学等观点学说为典型代表。它将“诚意正心”视为万事万物的大根本，并诉诸合群、能群、善群、乐群。群学心性化以“万物一体”为目标，其实现方式是“致良知”。在研究方法意义上，群学心性化拓展了社会学的传统边界。

中国社会科学院社会学研究所副研究员刁鹏飞从群学视角出发，对“不同而一”与“求同存异”两个概念进行了比较。荀子所谓“不同而一”从否定到肯定的过程之所以实现，是因为有了“群居和一”的文化密码，关联了微观（个人）、中观（群体）、宏观（国家）三个层次，促进了从个人修养到社会和谐的相互贯通。1955 年，周恩来总理在亚非会议上提出的“求同存异”，作为处理国际关系的一种方针和策略，强调在差异中寻求合作。相比之下，“不同而一”的结果是从存在差异到实现合一的过程，其中礼义是发挥作用的基本价值；“求同存异”的结果是形成了差异化合作，在不同之间找到了共同之处。

群学与西方社会学既有联系又有区别，只有对它们的异同加以比较，才能真正实现二者的中西会通。中华女子学院社会工作学院副教授郝彩虹从产生背景、研究目标、研究对象、研究问题和研究方法五个层面，深入分析了群学与西方社会学的互通性和互补性，进而揭示了其对于创造人类文明新形态的借鉴意义。

源自我国西汉的“原心定罪”强调犯罪的主观动机、目的和心理状态，并将其作为定刑量刑的基本依据，这与现代以事实为依据的司法审判原则有明显区别。北京工业大学副教授鞠春彦探讨了“原心定罪”这一传统司法审判原则的历史演变和当代启示。从群学的创立、制度化、民间化、心性化及其转型五个演进阶段来看，“原心定罪”既有一定的合理性又存在局限性。她认为，在当代社会的司法实践中，应充分重视成年人的主观动机、公共舆论和对未成年人的正确引导。

国家开放大学政法教学部讲师景乔雯指出，群学的学术脉络是古今贯通的，其历史演进体现了中华文明的连续性。她以唐宋时期的城市空间管理为例，揭示了群学对于处理官方与民间关系的重要作用。官民互动既是中国传统社会运行的一个重要面向，也是群学“治国”层面的重要内容。官民互动在现代社会的渠道更广、机制更多、效率更高，它的古今贯通是中华文明连续性的重要体现。

纵观历史与现实，“两个结合”是我们在探索中国特色社会主义道路中得出的规律性认识，是我们取得成功的最大法宝，而“第二个结合”既是我们党对马克思主义中国化时代化历史经验的深刻总结，也是对中华文明发展规律的深刻把握。① 如上专家学者的真知灼见，集中体现了群学研究把“两个结合”尤其是“第二个结合”作为方法的重要价值和深远意义。以“第二个结合”促进群学研究，关键在于处理好马克思主义这个“魂脉”与中华优秀传统文化这个“根脉”之间的关系，尤其是要传承和发扬群学融通主义方法论中古今贯通的优良传统。

四、中国式现代化的理论和实践创新

党的二十大报告指出，中国共产党的中心任务就是团结带领全国各族

① 习近平:《在文化传承发展座谈会上的讲话》,《求是》2023年第17期。

人民全面建成社会主义现代化强国、实现第二个百年奋斗目标，以中国式现代化全面推进中华民族伟大复兴。[①] 中国式现代化是中国共产党领导的社会主义现代化。中国式现代化研究是群学研究心系“国之大者”的重要面向。中国式现代化的理论和实践创新，为群学研究的拓展和深化提供了肥沃土壤和丰富养料。

南京大学教授、常州大学苏南现代化研究院院长宋林飞强调，百余年来，中国共产党从初心使命与实际国情出发，选择了不同于西方国家现代化的模式，成功走出了一条中国式现代化道路。新时代中国国情、实践和经验是中国式现代化理论的主要研究对象，是中国特色社会学理论创新的主要依据。丰富和完善中国式现代化理论的知识体系，是构建中国特色社会学的新使命。

中国人民大学副校长冯仕政教授指出，19 世纪末至 20 世纪初，“群”成为中国学术界的热词，“社会学”也被翻译成“群学”。后来，“群”逐渐被“社会”所取代，“群学”也被“社会学”所取代。因此，中国社会学界有一种遗憾，认为放弃“群学”很可惜。他阐述了“群”何以兴起、何以衰落，我们应当从中汲取什么、改造什么。“群”从无到有、从有到无的演变过程，体现了中国社会从“子民政治逻辑”向“国民政治逻辑”再向“人民政治逻辑”的转变过程。我们应当充分发挥“群”的作用，有效运用“群学”的智慧。

中国社会科学院社会发展战略研究院研究员韩克庆指出，中国社会政策的发展现状主要体现在政策体系不断完善、覆盖对象不断扩大、待遇水平稳步提升、财政投入稳中有增。中国式现代化进程中社会政策的关键议题包括社会政策的城乡统筹、制度整合、财政责任以及流动人口与“一老一小”的社会政策等。面向未来，社会政策的发展需要始终将社会政策作

① 习近平：《高举中国特色社会主义伟大旗帜 为全面建设社会主义现代化国家而团结奋斗——在中国共产党第二十次全国代表大会上的报告》，人民出版社 2022 年版，第 21 页。

为执政合法性的重要基础，坚持社会政策与经济政策并重的发展取向，完善以公民身份为资格的社会政策体系。

河海大学公共管理学院教授顾金土以群学为分析视角，考察了苏南地区部分重点中学的校园文化和杰出校友。其对重点中学校园文化的研究以校训为核心，将其与群学中的合群、能群、善群、乐群四个层次相对接。该研究划分了杰出校友的主要类型，并明确了其认定标准。研究结论认为，校园的精神内涵对校园文化和学生培养影响深远，地方中学教育对青少年的成长至关重要。

中共北京市委党校社会学教研部副教授杨嘉莹认为，群学蕴含的群己互融、礼义兼顾、理法互补、社会和合等思想，为构建社区治理共同体提供了重要学理支撑。群学“四群”的分析范式在社区治理中的实际应用，在于建立“合群”的基础，形成“能群”的规范，运用“善群”的方略，达到“乐群”的理想，从而构建人人有责、人人尽责、人人享有的社区治理共同体。

上述专家学者的独到见解，大多是基于群学视角对中国式现代化建设中的理论和实践问题作出的深入剖析。作为中国古典社会学，群学具有“经世致用”的理论品格与现实关怀。当前，中国正处于以中国式现代化全面推进强国建设、民族复兴伟业的关键时期，推进中国式现代化是“最大的政治”①。在推动中国式现代化的理论和实践创新方面，群学研究必将大有可为，亦大有作为。

五、建构中国自主的社会学知识体系

习近平总书记强调，“加快构建中国特色哲学社会科学，归根结底是建构中国自主的知识体系”②。从知识社会学的角度来看，中国社会学的产生

① 《中央经济工作会议在北京举行 习近平发表重要讲话 李强作总结讲话 赵乐际王沪宁蔡奇丁薛祥李希出席会议》，《人民日报》2023年12月13日第1版。

② 《习近平在中国人民大学考察时强调 坚持党的领导传承红色基因扎根中国大地走出一条建设中国特色世界一流大学新路》，《人民日报》2022年4月26日第1版。

发展扩大了世界社会学的知识版图。建构中国自主的社会学知识体系，是加快构建中国特色哲学社会科学的必然要求。这就需要不断推动中华优秀传统文化创造性转化、创新性发展，不断推进知识创新、理论创新、方法创新，尤其是群学研究的与时俱进、推陈出新，进而使中国特色哲学社会科学真正屹立于世界学术之林。

南京大学社会学院教授翟学伟认为，建构中国自主的社会学知识体系，首要的任务是形成本土概念，这就要求我们兼顾西方的理论概念和中国的经验研究。他主张将社会学本土化研究融入群学研究，实现两者的有机结合。中国本土概念的来源，主要包括思想史中的概念、日常生活中的概念和创立的概念。由于本土概念之间具有高相容度，导致人们对概念的定义和操作化存在困难。

华东师范大学社会发展学院教授文军提出，“社会学”被西方称为一个“学术不死族”，但学术界不太清楚应从自然科学或人文学科中补充哪些新的研究内容来拓展社会学的知识体系。长期以来，在社会学研究中，解释主义倾向占据着主导地位，而忽略了行动主义传统。因此，社会学的“志向”不应只满足于对社会现象进行解释，也并非止步于揭示社会问题的本质规律，而应进一步寻求解决方案与应对策略。

南京大学社会学院教授成伯清主张，应依照中国人对自身的理解去解释中国传统社会的特征，这种解释的一般性原理或机制是“无问西东”。他认为荀子群学的核心概念是“势位”，可用“势位社会”这一概念来讲述中国传统社会。人们对待“势位”至少有两种态度：一种是“忘势”或“抗势”，另一种是“乘势”或“任势”。势位社会的横向交往原则是“差序格局”，纵向交往原则是“进贡—庇护”，派系之间的连接纽带是“关系”，指导原则是地方性情理。

人们理解中国传统思想中的原假设或前提预设，对于解决当代社会学面临的问题具有启发意义。北京大学社会学系教授周飞舟在探讨社会学的中国化或本土化时，提出将“人”带回社会学的新思考。费孝通先生曾自我批评“只见社会不见人”，如何把“人”带回到社会学是他晚年思考的核心问题。潘光旦先生的“位育论”认为，人的行动的主要取向是一种“个性”与“通性”的调和。“只见社会不见人”的三种典型表现是，社会研究的“外部化”、“空白化”和“截面化”。把“人”带回社会学，就是要注重研究“人”的社会关系特点与做人的原则。

中国人民大学社会学理论与方法研究中心教授李迎生认为，中华优秀传统文化是中国社会学的文化根基，群学是建构中国自主的社会学知识体系的宝贵历史资源。为此，他提出以“第二个结合”推进建构中国自主的社会学知识体系的主要路径：一是坚持以马克思主义为指导，立足中国现实需要和实践基础，对传统社会思想、社会建设经验加以甄别、取舍；二是从概念、范畴、命题等基本元素做起，运用实证与理论相结合的方法，扎实推进中国自主的社会学知识体系的建构；三是以问题意识为先导，结合中华优秀传统文化，推动中国现代社会学理论创新；四是整合融通，建构从形式到内容焕然一新的中国自主的社会学知识体系。

中国社会科学院社会学研究所研究员张浩梳理了从梁漱溟先生的“民族自觉”到费孝通先生的“文化自觉”的概念史发展及两者之间的关系。20世纪30年代，梁漱溟先生提出“认取自家精神，寻取自家的路走”①，倡导“乡村建设运动”，并将其称作“民族自觉的开端”。20世纪90年代末，面对“世界性的战国时代”②，费孝通先生以“文化自觉”表达思想界对经济全球化的回应。“民族自觉”与“文化自觉”在概念和思想渊源上存在着传承关系，后者受到前者的启发和影响。两者产生的时代背景、迫切程度有所不同，但提出的主要目的、内容主张却十分相似。从“民族自觉”到“文化自觉”的发展演变，既反映了中国社会变迁、现代转型的历史进程，也体现了梁漱溟先生和费孝通先生对中国文化传承创新的深远影响。

① 梁漱溟:《中国民族自救运动之最后觉悟》，载中国文化书院学术委员会编《梁漱溟全集》第五卷，山东人民出版社1989年版，第112页。

② 费孝通:《费孝通文集》第十五卷，群言出版社2001年版，第280页。

经济社会学作为一个与国家经济社会发展紧密关联的知识系统，既能体现国家对知识的选择取向，也能体现知识与社会的相互关系。中央民族大学民族学与社会学学院教授陈心想以费孝通、陈翰笙、吴景超三位先生开展的经济社会研究为例，从时代背景、学术背景、学科地位、学科史等角度探讨了中国早期经济社会学的知识生产问题。三位先生虽然都对当时中国的经济社会问题有所关注，但对这些问题研究的重点、诊断的视角和提出的解决方案存在差异。人们应从不同学者的认知框架、社会形势和文化传统考察知识生产的基础要素，并以多样的、开放的、互补的调查研究为知识生产作出贡献。

西南大学国家治理学院教授何健认为，当代中国社会学有两种值得深入探讨的研究取向，即景天魁倡导的古典群学研究和黄宗智提出的实践社会科学研究。建构中国自主的社会学知识体系，需要检视古典群学的知识基础。推进群学研究范式的知识转向，应当更多地考虑时间、事件、实践、过程等。古典群学的知识生产逻辑在于，群学知识本身自带实践品格。人们亟须理解古典群学实践知识体系的编码，并从事件、关系、价值等维度考察群体的历史性。

推动学术期刊高质量发展，是建构中国自主的知识体系的内在要求和重要途径。对于创办《群学研究》集刊的意义，景天魁指出，《群学研究》集刊旨在为拓展和深化群学研究提供学术交流平台，进而为加快构建中国特色社会学学科体系、学术体系、话语体系作出应有贡献。该集刊具有五个突出特点，即本土性、融通性、心态性、评论性和广域性。

中国社会科学院中国社会科学杂志社副编审李凌静对习近平总书记关于哲学社会科学和文化传承发展的重要论述进行了阐释，分析了当前哲学社会科学领域面临的实践困境及其原因所在。她认为，建构中国自主的知识体系应当倡导文化自觉、理论自觉、实践自觉和方法自觉，并处理好学术与政治、科学与人文、特殊性与普遍性、学科性学术与问题性学术之间的关系。学术期刊需要遵循客观规律，主动设置议题，强化学术引领，推出精品力作，与广大作者和读者共同为建构中国自主的知识体系贡献智慧和力量。

云南师范大学法学与社会学学院副教授徐珺玉提出，在建构中国自主的知识体系的过程中，青年知识分子对现有的研究范式应当既学习又反思。作为一种社会行动的知识生产，需要充分重视中国文化传统和本土实践经验。青年知识分子参与知识生产应当秉持独立自主、贯穿历史、融通互鉴和有自反性的原则，并注重知识生产的动机、目标和结果。

习近平总书记指出，“任何文化要立得住、行得远，要有引领力、凝聚力、塑造力、辐射力，就必须有自己的主体性”①。建构中国自主的社会学知识体系，正是巩固文化主体性的重要表现。以上专家学者的论述，充分展现了当代中国社会学人建构中国自主的社会学知识体系的高度自觉意识和强烈使命担当。群学不断地构筑科学系统的概念、命题和理论体系，必将有助于丰富和发展当代中国社会学的知识谱系。

与会专家学者不仅为如何承担中国特色社会学新使命集思广益，而且为如何加强群学研究建言献策。通过此次会议的交流研讨，大家深化了对社会学中国化新阶段的认识，领悟了从群学视角看待中华文明的意涵，探析了以“第二个结合”促进群学研究的奥秘，坚定了推动中国式现代化理论和实践创新的信念，增强了建构中国自主的社会学知识体系的动力。

习近平总书记强调，“对历史最好的继承就是创造新的历史，对人类文明最大的礼敬就是创造人类文明新形态”②。创造人类文明新形态，就要传承和弘扬好中华文明。群学研究应当以不忘本来、吸收外来、面向未来的姿态，踔厉奋发、勇担使命，为构建中国特色社会学、建构中国自主的社会学知识体系作出新的更大贡献。值此《群学研究》集刊创刊之际，谨祝群学研究事业乘风破浪、行稳致远！

责任编辑：张志敏

---

① 习近平：《在文化传承发展座谈会上的讲话》，《求是》2023 年第 17 期。

② 习近平：《在文化传承发展座谈会上的讲话》，《求是》2023 年第 17 期。

群学视阈下的个体公德意识、合群程度与社区归属感

王 翰 飞*

提　要：基于2018年中国劳动力动态调查数据，采用多元线性回归模型，考察群学视阈下个体公德意识对社区归属感的影响及作用机制。研究发现，第一，个体的公德意识对其社区归属感有正向的影响；第二，合群程度与个体的社区归属感呈显著正相关关系，且合群程度在个体公德意识与社区归属感关系中发挥部分中介作用。因此，在社区中重视公共道德文化建设，不仅能加强社区以“群”的组织形式进行公共生活，还能够发挥“群”的社会凝聚功效，增进对社区集体的依赖与信任，培育强烈的社区归属感。

关键词：群学；合群；公德意识；社区归属感

一、引言

在现代社会中，随着个人独立性的增强，个体与社会的联结发生了“断裂”。个体要么在自己的生活世界中游离，要么在庞大的社会想象中迷

* 王翰飞系中国社会科学院大学社会与民族学院博士研究生。

失，对“附近”[①]漠不关心。我们认为，现代社会中“附近”的消失，本质上是一种社区归属感的削减。人们对社区公共事务失去兴趣，只关注生活世界的琐事或者远方宏大叙事，而作为人与社会的“中间地带——社区”却消弭了。[②]个体逐渐脱离本土社会环境，并处于一种“社会原子化”状态。哈贝马斯指出，“‘社会原子化’状态是指人类社会最重要的社会联结机制‘中间组织’日渐‘缺席’，最终造成个体孤独感、无序互动以及人际疏离等危及社会团结的不良社会状态”[③]。这种“社会原子化”实际上就是“附近”消失的一种社会表征，也是居民逐渐远离社区生活的社会表象。

有研究指出，中国人本身就包含了一种共同体精神。[④]社区作为居民社会生活的基本单元，是个体通向社会的重要连接点和“中间组织”，社区生活构成了个体的“群”属性之一。在社区中自觉遵守公共道德和制度规范，进而处理好群己关系，主动担当、主动参与，增进自我与他人之间的认同感和信任感，既能缓解个体的“社会原子化”状态，又能促进居民在社区生活中的“身体在场”以及更为紧密的社会团结，并最终达致一种强烈的社区集体意识。从中国古典社会学（群学）来看，群学的特质之一是整合性，强调“人生而不能无群”。[⑤]同时群学的四大基本命题“合群”“能群”“善群”“乐群”均围绕礼义公德等，紧扣个人与社会的关系，建构紧密团结的社会秩序，进而培养人的集体（“群”）意识。《荀子・荣辱》中所言：“今以夫先王之道，仁义之统，以相群居，以相持养，以相

---

① 严飞：《以“附近”为方法：重识我们的世界》，《探索与争鸣》2022 年第 4 期。

② 董山民、赵英：《“附近”的消失与再造——反思技术扩张时代的社会团结》，《福建论坛（人文社会科学版）》2021 年第 3 期。

③ ［德］尤尔根・哈贝马斯：《包容他者》，曹卫东译，上海人民出版社 2002 年版，第 133 页。

④ ［美］郝大维、安乐哲：《先贤的民主：杜威、孔子与中国民主之希望》，何刚强译，江苏人民出版社 2004 年版，第 146、186—187 页。

⑤ 景天魁：《中国社会学：起源与延绵（上册）》，社会科学文献出版社 2017 年版，第 13 页。

藩饰，以相安固邪。”[①] 可以说，“群”作为人的本质属性和存在特征，就要自觉遵循“群”的规范和制度、接受“群”的共同理念、处理“群己关系”，以进一步实现“群”的最大利益。[②] 因此，群学要义与社区归属感培育不仅在内容上具有一致性，而且在价值倾向上具有天然的亲和性。

需要指出的是，当前学界从群学视角探究社区归属感影响因素的研究尚显不足。群学传统注重以礼义公德实现对个体的约束，从而促进社会整合的理论视角，为我们理解个体在社区中通过遵循道德规范、处理群己关系进而增强社区归属感提供了新的理论参考。特别在转型期的中国，治理社会本身就要“重视发挥道德的教化作用”[③]。基于此，本文将从群学视阈出发，采用2018年中国劳动力动态调查数据，重点考察个体的公德意识对其社区归属感的影响及作用机制。

二、文献回顾与研究假设

（一）社区归属感

滕尼斯在《共同体与社会——纯粹社会学的基本概念》一书中最早提出了社区概念。滕尼斯认为，社区具有“共同体”意涵，是一种有别于社会的、传统的、富有情谊的联合体。[④] 在“共同体”内部，人们对社会关系、生产方式、生活习惯等方面产生归属与认同。需要指出的是，这一概念在学界的沿袭过程中，形成了两类不同研究观点。[⑤] 一种研究观点围绕

---

① 方勇、李波译注:《荀子》，中华书局2011年版，第47页。

② 景天魁:《中国社会学：起源与延绵（上册）》，社会科学文献出版社2017年版，第96页。

③ 习近平:《习近平谈治国理政》第二卷，外文出版社2017年版，第116页。

④ ［德］斐迪南·滕尼斯:《共同体与社会——纯粹社会学的基本概念》，林荣远译，商务印书馆1999年版，第53页。

⑤ 陈福平、黎熙元:《当代社区的两种空间：地域与社会网络》，《社会》2008年第5期。

地缘共同体展开，如村庄、城市社区；另一种研究观点则关注非地缘共同体，如网络社区、虚拟社区。本文主要在地缘共同体的含义上使用社区概念，即社区是一定范围内的社会群体和社会组织根据一套社会规范和制度，以居住关系为纽带结合而成的社会实体，是一个地域性的社会共同体。①

可以说，在社会学视阈内，社区不仅代表着一种传统社会，更代表了一种社会结合方式和特定的精神内涵。而社区归属感是考察社区存在和发展的重要因素。② 所谓社区归属感，是指社区居民主动将自己归为社区成员，基于共享的情感联系与道德规范认知，对社区产生依恋和认同。一般而言，社区归属感具有多维度的测量方法，且不同的研究者在不同维度的测量指标上存在差异，学界尚未形成一个统一指标体系。③ 考虑到社区归属感的内在含义指向居民可在社区中感受到亲切感和向心力，为居民提供一种家庭之外的情感寄托场所，居民对社区的依恋度会同步升高；④ 外在特征主要体现在居民之间关心帮助、信任等共同价值之上，这些特征是衡量社区活力、社区发展目标是否顺利实现的有效参考。基于此，结合以往研究，⑤ 本文关于社区归属感的测量，主要包含以下三个方面内容：一是社区内居民的信任程度，二是社区内居民的互助水平，三是社区内居民之间的熟悉程度。

需要指出的是，在经典的社区归属感研究中，学者多数从社区社会资

① 陆学艺主编：《社会学》，知识出版社1996年版，第210页；蔡禾、徐金福：《城市社区与居民健康——基于2018CLDS数据的多层次分析》，《山东社会科学》2022年第2期。

② 熊易寒：《社区共同体何以可能：人格化社会交往的消失与重建》，《南京社会科学》2019年第8期。

③ 吴晓林、谭晓琴：《破解“陌生人社区”困境：社区归属感研究的一项评估》，《行政论坛》2020年第2期。

④ 苗艳梅：《城市居民的社区归属感——对武汉市504户居民的调查分析》，《青年研究》2001年第1期。

⑤ 刘于琪、刘晔、李志刚：《居民归属感、邻里交往和社区参与的机制分析——以广州市城中村改造为例》，《城市规划》2017年第9期；王倩、黎军：《城市社区传播系统与居民归属感的营造——以江西南昌为例》，《江西社会科学》2015年第1期。

本、居民参与和社区环境等视角来探讨其影响因素，[①] 从群学视角探究民众社区归属感影响因素的研究较少。在群学视阈下，我们可以更深入地理解个体如何在社区中自觉遵守公共道德规范、处理好群己关系，进而增进自我与他人之间的认同感和信任感，培育强烈的社区归属感。其原因有二。一方面，群学强调礼义伦理、公德规范等对个体的约束，从而具备社会整合的功能。中国作为一个伦理本位的社会，[②] 社区不仅是人的数量的累积，也是人们之间伦理关系的集合。传统伦理本位的文化对各种社会角色都有相应的道德规则来规范和引导。比如，家庭关系中的父慈子孝、夫妻和睦等，社区关系中邻里互助、尊老爱幼等，这些道德原则一定程度上维系着社区的有序发展。另一方面，已有研究表明，转型期中国社会的迅速变迁放大了法治建设的滞后性，使得某些正式制度在操作化上的客观明确反而与多变的社会状态产生张力，消解了以法律为代表的正式制度对社会秩序的保护力量。[③] 与之相比，以道德的灵活性与柔性来规范个体行为的群学传统可能更适用于转型期的中国。

（二）群学视阈下个体社区归属感的影响因素

荀子所创立的群学是关于“人群之学”的学问，[④] 主要内容包括合群、能群、善群和乐群四大基本命题序列，分别对应“修齐治平”四个层面。

---

① 杜宗斌、苏勤：《乡村旅游的社区参与、居民旅游影响感知与社区归属感的关系研究——以浙江安吉乡村旅游地为例》，《旅游学刊》2011年第11期；王亮：《社区社会资本与社区归属感的形成》，《求实》2006年第9期；单菁菁：《社区归属感与社区满意度》，《城市问题》2008年第3期。

② 周飞舟：《差序格局和伦理本位：从丧服制度看中国社会结构的基本原则》，《社会》2015年第1期。

③ 刘同峰：《试论情理法的冲突与融合》，《山西师大学报（社会科学版）》2014年第S5期。

④ 景天魁：《迈向大众社会学——追寻中国社会学的品格塑造》，《海南大学学报（人文社会科学版）》2022年第2期。

其中，合群的原则是“修身以礼”“人无礼不立”。以合群为前提，个体才能处理好与他人和社会的关系，称之为能群，“各循其礼”成为能群的规则，并要求父慈子孝、长幼有序、家族和睦等。善群既是合群的体现，也是能群的结果，而“礼法并重”成为善群的方略，“修养政德”成为善群的保证。乐群作为群学的最高理想境界，秉持着“天下为公”的思想，乐群就是要坚持“义礼相兼”“以和为贵”等，从而实现天下大同。① 可以看出，在荀子群学的四大要义中，每一维度都是以人“行礼”“有义”“养德”等为原则而后促成了“群”。

荀子指出，社会秩序的构建本身离不开对“群”的理解，“群”具有很高的情感与价值认知功能。群学视阈指向有着共同价值理想的个体所组成的安定有序、同心一致的群体，并以此为基础形成紧密的社会联结。群学不仅将人置于“群”之中来认识，也从人与“群”的关系展开对人的研究。② 此外，《荀子・王制》篇中讲道：“人有气、有生、有知，亦且有义，故最为天下贵也。力不若牛，走不若马，而牛马为用，何也？曰：人能群，彼不能群也。”③ 因此，群学思想也蕴含着“为何群”。对此，荀子解释道，尽管个体不能离群索居，但由于群体生活中不可避免要出现物欲冲突、人与人的冲突等，因此，必须采用“礼义”或“立德”进行规范，“制礼义而分之”④。“礼义”集公共道德规范、道德认知和道德范畴等于一身，具备社会整合的作用，⑤ 从而使人之“恶”得到控制，使“群”成为可能，达

① 景天魁：《论群学元典——探寻中国社会学话语体系的第一个版本》，《探索与争鸣》2019 年第 6 期。

② 丁成际：《“群居和一”如何可能——荀子“人能群”思想简论》，《哲学动态》2011 年第 9 期。

③ 方勇、李波译注：《荀子》，中华书局 2011 年版，第 127 页。

④ 方勇、李波译注：《荀子》，中华书局 2011 年版，第 117 页。

⑤ 夏澍耘：《荀学中的和合精神》，《三峡大学学报（人文社会科学版）》2001 年第 1 期。

到“万物皆得其宜，六畜皆得其长，群生皆得其命”[①] 的境界。同时，从目的论角度来看，“礼义”或“立德”的目的也是为了“利群”，维持群的存在。正如孔子所言：“群居终日，言不及义，好行小慧，难以哉。”[②] 梁启超也指出：“道德之立，所以利群也。”[③] 可以说，正是因为“有礼”，才使得人顺利结成具有向心力和凝聚力的社会（“群”）。孔子曰：“君子矜而不争，群而不党。”[④] 进一步而言，只有通过“道之以德，齐之以礼，有耻且格”[⑤]，才能顺利实现家庭和睦、社区和谐等价值目标。

需要指出的是，群学传统中的道德多表现为一种公德，即将道德作为外在的行为准则和规范，注重其外在规定性。一方面，群学之中修齐治平的逻辑，便是在教化天下之人“修己”的同时，还要教其“成人”的公德，即以“明明德”为核心，由己而至家、国、天下之大群“公德”的最普遍的实现。另一方面，荀子本身也重视义利之辨，重视公共道德。[⑥] 他从人性论角度出发，表达出对人之欲望的合理肯定，认为“君子之与小人，其性一也”[⑦]，意思是不但小人性恶，君子也不例外。即便君子好“修”，但这种通过内省自觉的方式可能仍无法顺利达成“利群”的目标。换言之，除了要具备“君子喻于义”的内在道德自觉，还要有“克己复礼”的外在公共道德实践。经由公德的教化，个体才能顺利地走上君子之道，社会才能由乱而治，“性伪合而天下治”[⑧]，实现“群”的稳定和内在统一。基于此，在本文中，我们认为，群学视阈下，个体通过知晓、遵守公德，以礼

---

① 方勇、李波译注：《荀子》，中华书局 2011 年版，第 127 页。

② 杨伯峻译注：《论语译注》，中华书局 1980 年版，第 165 页。

③ 梁启超：《梁启超全集》，北京出版社 1999 年版，第 660 页。

④ 杨伯峻译注：《论语译注》，中华书局 1980 年版，第 166 页。

⑤ 杨伯峻译注：《论语译注》，中华书局 1980 年版，第 12 页。

⑥ 荆雨：《儒家政治公德内向性及理论困局突破》，《社会科学战线》2017 年第 4 期。

⑦ 方勇、李波译注：《荀子》，中华书局 2011 年版，第 383 页。

⑧ 方勇、李波译注：《荀子》，中华书局 2011 年版，第 313 页。

成序，使群得以成群，从而达到“群居合一”的目标。这种“群居合一”的价值状态不仅与社区归属感培育不谋而合，而且符合群学视阈下人社会（“群”）性的内在机理。基于此，提出本文的第一个研究假设。

假设 1：群学视阈下，个体的公德意识可对其社区归属感产生正向影响。

（三）个体的公德意识对社区归属感的影响机制：合群程度的中介作用

在现代社会中，现代化的扩张导致个人私欲的不断膨胀，并不断以自我的利益埋没公共利益，公共生活被个体生活占据，最终导致作为“集体的善”（public good）被“个体的善”（private good）所取代，社区中的个体逐渐成为彼此的“道德异乡人”。① 群学思想拥有一种共通的道德规范或价值尺度来调节维系人与人、人与群体之间的秩序，从而使人们顺利凝结成相互依赖、相互联系的统一和合的整体。② 在这个“整体”中，群体成员得以交往互动、增强互信合作等，甚至增进社区（群）归属感和认同。③

从群学四个基本命题的关系来看，按照荀子原始的用法，合群不仅是能群的前提，也是善群、乐群的前提，④ 而加强道德修养、增进礼义规范的目的，不仅是为了增进合群性，整合民众为“群”，也有助于实现齐家（能群）、治国（善群）等理想目标。换言之，人以道德规范可以实现“合

---

① ［美］H.T. 恩格尔哈特：《生命伦理学基础》，范瑞平译，北京大学出版社 2006 年版，第 103 页。

② 夏澍耘：《荀学中的和合精神》，《三峡大学学报（人文社会科学版）》2001 年第 1 期。

③ Chaskin R. J, Joseph M. L., “Social Interaction in Mixed-Income Developments: Relational Expectations and Emerging Reality”, *Journal of Urban Affairs*, Vol.33, No.2, 2011, pp.209-237.

④ 景天魁：《论群学元典——探寻中国社会学话语体系的第一个版本》，《探索与争鸣》2019 年第 6 期。

小群”，在此基础上还有助于实现“合大群”。因此，在群学视阈下，“群”不仅有社会群体的含义，更具有了整合、合群的意蕴。“群”的存在本身可以促进社区内松散个体之间的互动和分工协作，群体内成员之间的亲密关系也可以有效整合群内资源与信息，形成密集的社会关系网络，从而衍生出共享和互惠行为，对外表现出强大的集体效能和社区归属感。[①] 合群的目的直接指向了社区归属感的培育以及社会凝聚力的塑造。基于此，提出本文的第二个研究假设。

假设 2：合群程度对民众的社区归属感产生显著正向影响。

从以上分析脉络来看，在群学视角下，较高的道德（公德）意识，有助于整合民众为具有凝聚力的“群”，在此“群”中，因其天然具备社会整合的意涵，又会进一步增强民众的社区（群）归属感。从主观上来说，人能合群是因为人具有结成群体的意识和能力，这是人之为人所固有的，[②] 成为人们日常生活不可或缺的一部分，更成为人们适应现代社会、抵御社会风险的必备技能。同时，德高者，群居而和，以群为归。这说的是道德（公德）意识较高的个体，更主动、自觉依附于群体的生活，即合群，进而以“群”的公共精神为依归，塑造自身的社会行为和态度，使内心深处建立起对群体的情感归属和精神认同。这与朱子所言“德不孤立，必以类应”[③] 的含义相近。综上，提出本文的第三个研究假设。

假设 3：合群程度在个体的公德意识和社区归属感之间发挥着中介作用。

本文的分析框架如图 1 所示。

---

① Woolcock M, Narayan D., “Social capital: Implications for Development Theory, Research, and Policy”, *The World Bank Research Observer*, Vol.15, No.2, 2000, pp.225–249.

② 刁娜:《荀子“能群”思想的“四维”分析》,《江汉论坛》2024 年第 3 期。

③ （南宋）朱熹集注，郭万金编校:《论语集注》，商务印书馆 2015 年版，第 118 页。

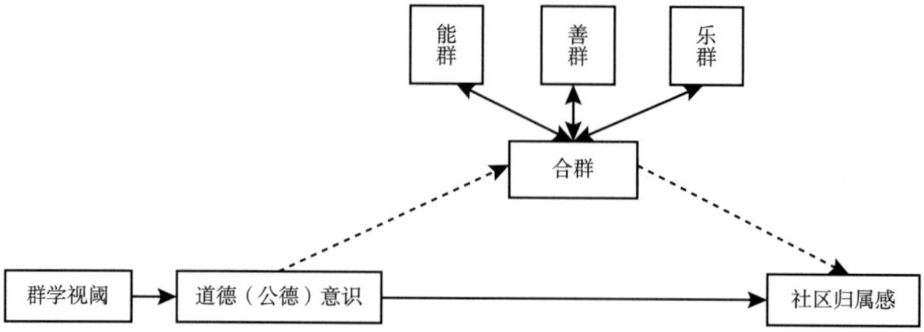

注：虚线代表待检验的中介效应。

图 1　分析框架

三、研究设计

（一）数据来源

本文使用的数据来自 2018 年中国劳动力动态调查（China Labor-force Dynamics Survey，CLDS）。CLDS 2018 的样本分布在中国 28 个省份、自治区和直辖市（不包括港澳台地区、西藏、海南、新疆）。该调查采用多阶段、多层次、与劳动力规模成比例的概率抽样方式，对劳动力的社区、家庭、就业、职业流动、社会态度等情况进行追踪检测。CLDS2018 的调查对象为样本家庭户中的全部劳动力（年龄 15 岁至 64 岁的家庭成员），覆盖 368 个社区、13501 个家庭、16537 个劳动力个体。该数据包含了个体的公德意识、合群程度和社区归属感等测量题目。依据所分析变量，本文在删除缺失值之后，最终保留 5974 个样本，采用 STATA17 进行分析。

（二）变量选取与解释

1. 因变量

本文以民众的社区归属感为因变量。基于 CLDS 2018 的问卷设计，将上述关于社区归属感的概念指标进一步操作化为具体问题。社区内人际信任水平由“您对本社区（村）的邻里，街坊及其他居民信任吗”来测量。该变量设置为连续变量，1= 非常不信任，2= 不太信任，3= 一般，4= 比较信任，5= 非常信任。社区内居民的互助水平由“您与本社区（村）的邻里，街坊及其他居民互相之间有互助吗”来测量。该变量为连续变量，1= 非常少，2= 比较少，3= 一般，4= 比较多，5= 非常多。社区内居民的熟悉程度由“您和本社区（村）的邻里，街坊及其他居民互相之间的熟悉程度是怎样的”来测量。该变量为连续变量，1= 非常不熟悉，2= 不太熟悉，3= 一般，4= 比较熟悉，5= 非常熟悉。

由于指标较多，本文对上述指标进行探索性因子分析。KMO 值为 0.71，Bartlett 球形检验达到 0.01 的显著水平。按照特征值 >1 的原则，采取最大方差旋转得到旋转后的因子矩阵，提取到 1 个公因子，该因子对社区归属感的方差贡献率达到了 70.59%。为便于统计分析，将社区归属感的因子得分转换为 1—10。

2. 自变量

本文以个体的公德意识为自变量。根据前文所述，采用问卷中“在本社区遇到以下事件时是否采取了行动”进行公德意识的测量。① 认知社会学认为，个体层面的认知不是静态的，而是与外部环境的经验（experience）息息相关。② 换言之，公共道德认知、道德规范意识的形成可依赖于在实践过程中所形成的某种惯习，并不一定是个体主观的内在道德评价。CLDS 2018 中共询问了六项在社区发生的事件，分别为：“有人随地吐痰或践踏绿地花木”“有人将垃圾乱堆乱放”“有人在墙上胡乱涂画”“有人将车辆乱停乱放”“有人霸占公共用地或设施，妨碍或阻止他人

① 本文采用“个体对社区发生的一些不良行为是否采取行动”对公德意识进行测量，即当个体选择采取行动（如制止不良行为或报告给相关部门）时，他们实际上是在维护公共秩序和公共利益，这一定程度上体现了公德的价值观和行为准则。

② 胡安宁：《社会学视野下的文化传承：实践—认知图式导向的分析框架》，《中国社会科学》2020 年第 5 期。

通过或使用”“有人破坏公共设施”，每个选项的答案设置为 1= 当面制止，2= 向有关部门反映，3= 没有行动。本文将每项题目重新编码，将 3= 没有行动编码为 0，将 2= 向有关部门反映、1= 当面制止均编码为 1。然后将此六项社区发生事件的个人反映情况进行加总，加总后，其值越大，表明个体的公德意识越高。该变量为连续变量，取值范围为 0—6。

3. 中介变量

本文以合群程度为中介变量。在群学思想中，“群”包含了“群体”之义。① 如“鼋鼍、鱼鳖、鳅鳣以时别，一而成群”②“百姓之群，待之而后和”③ 等等。就合群而言，尽管荀子强调通过礼法、道德伦理来修己合群，但最终目的是引导个人“结合成群体”，践行群居生活。鉴于此，在问卷中采用受访者在本社区内“过去一年，是否参加过社会组织活动”进行测量。选用六类常见社区社会组织活动（娱乐艺术类团体、体育锻炼类团体、老人协会、技能函授类团体、知识学习类团体、志愿者团体）的居民参与情况测量，每个选项的答案设置为 1= 是，2= 否。本文将每项题目重新编码，将 1= 参与过；将 2=0，表示未参与过。然后将此六类社区社会组织活动的个人参与情况进行加总，加总后，其值越大，表示个体的合群程度越高。该变量为连续变量，取值范围为 0—6。

4. 控制变量

通过对既有文献的回顾④，本研究将可能影响个体社区归属感的变量纳入控制变量之中，分别是年龄、性别、户籍、政治面貌、婚姻状况、受教育程度、个人年总收入（取对数）等。此外，考虑到个体的合群程度会

---

① 群学思想中，“群”还包括上文所提到的“群居合一”的价值状态等。

② 方勇、李波译注：《荀子》，中华书局 2011 年版，第 147 页。

③ 方勇、李波译注：《荀子》，中华书局 2011 年版，第 145 页。

④ 李健、荣幸、李春艳：《社区异质性对社区凝聚力的影响研究——社区社会组织参与的中介效应》，《吉林大学社会科学学报》2022 年第 1 期；单菁菁：《社区归属感与社区满意度》，《城市问题》2008 年第 3 期。

受到自身健康水平的影响，以及不同地区的社区建设情况也会影响其社区归属感。因此，本文将个体的健康水平、社区安全程度、地区等因素加以控制。

各变量的描述性统计如表 1 所示。

表 1　样本描述性统计结果（*N*=5974）

变量名称	均值 / 百分比	标准差
因变量		
社区归属感	6.87	1.72
自变量		
个体的公德意识	0.86	1.44
中介变量		
合群程度	0.47	1.11
控制变量		
性别（1= 男）	55.37%	
年龄（岁）	43.89	11.37
受教育程度		
初中及以下	62.05%	
高中中专技校	17.96%	
大专	9.57%	
大学本科及以上	10.42%	
政治面貌（1= 党员）	9.91%	
婚姻状况（1= 已婚）	86.12%	
户籍（1= 非农户口）	21.36%	
个人年总收入（取对数）	10.19	1.21
健康水平	3.66	0.93
社区安全程度	3.22	0.63
地区		
东部	48.53%	
中部	21.76%	
西部	29.71%	

注：“健康水平”的取值范围为 1—5，“社区安全程度”的取值范围为 1—4。

（三）研究方法

本文的因变量是社区归属感，属于连续变量，且有多个自变量，因此采用传统的多元线性回归模型进行计量分析。此外，为解决个体的公德意识和社区归属感之间可能存在的因果内生性问题，采用工具变量（instrumental variable，IV）回归进行稳健性检验。最后，为分析个体的公德意识对社区归属感的影响机制，本文采用中介效应分析，具体使用 Bootstrap 法（又称为“自助法”）进行中介效应检验。与其他常见的中介效应方法（如 Sobel 检验）相比，Bootstrap 法具有更高的统计效力且对抽样分布不进行过分限制。①

四、数据分析与发现

（一）群学视阈下个体的公德意识对其社区归属感的影响

为验证个体的公德意识对社区归属感的影响，本研究建立了 OLS 模型。同时，设置三组模型，均以社区归属感为因变量。其中，模型 1 为基准模型，模型 2 在模型 1 的基础之上加入合群程度，模型 3 在模型 1 和模型 2 的基础上，加入个体的公德意识。具体结果见表 2。

表 2　社区归属感影响因素的多元线性回归

变量名称	模型 1	模型 2	模型 3
个体的公德意识			0.075*** （0.014）
合群程度		0.152*** （0.018）	0.136*** （0.018）
性别（参照组 = 女）	0.162*** （0.041）	0.169*** （0.041）	0.164*** （0.041）

① 温忠麟、叶宝娟:《中介效应分析：方法和模型发展》,《心理科学进展》2014 年第 5 期。

续表 2

变量名称	模型 1	模型 2	模型 3
年龄	0.030*** (0.002)	0.029*** (0.002)	0.029*** (0.002)
受教育程度（参照组 = 初中及以下）			
高中中专技校	−0.148* (0.058)	−0.179* (0.058)	−0.187** (0.058)
大专	−0.261** (0.080)	−0.317*** (0.079)	−0.332*** (0.079)
大学本科及以上	−0.426*** (0.084)	−0.472*** (0.083)	−0.478*** (0.083)
政治面貌（参照组 = 非党员）	0.359*** (0.070)	0.314*** (0.070)	0.276*** (0.070)
户籍（参照组 = 农业户口）	−0.581*** (0.059)	−0.613*** (0.058)	−0.611*** (0.058)
婚姻状况（参照组 = 已婚）	−0.107+ (0.063)	−0.105+ (0.063)	−0.098+ (0.063)
个人年总收入	−0.102*** (0.020)	−0.105*** (0.020)	−0.109*** (0.020)
健康水平	0.195*** (0.024)	0.188*** (0.024)	0.189*** (0.023)
社区安全程度	0.628*** (0.037)	0.621*** (0.037)	0.619*** (0.037)
地区（参照组 = 西部）			
中部	−0.034 (0.056)	−0.014 (0.056)	0.009 (0.056)
东部	−0.247*** (0.050)	−0.219*** (0.050)	−0.199*** (0.049)
截距项	4.113*** (0.263)	4.148*** (0.261)	4.124*** (0.261)
N	5974	5974	5974
R^2	0.204	0.213	0.217

注：（1）*** $p<0.001$，** $p<0.01$，* $p<0.05$，+ $p<0.1$；（2）表中为非标准化回归系数；（3）模型 1、模型 2、模型 3 中各变量之间均通过共线性检验，每个自变量的 VIF 均小于 10；（4）括号内为稳健型标准误。

从人口学特征来看，各控制变量对社区归属感均有不同程度的影响。第一，从年龄角度看，三组模型中年龄均与个人社区归属感呈现显著正相关关系，这意味着随着年龄的增长，个体对社区建设的期望度上升，积极的社区生活能够增强现代社区生活的归属感。[①] 此外，性别对个体的社区归属感有影响，且回归系数均为正，意味着男性的社区归属感得分显著高于女性，这可能是受传统“男外女内”的分工模式影响，男性更多参与到社区生活实践中，亲身体验使这一群体的社区归属感得以提升。第二，从政治面貌和婚姻状况来看，三组模型中党员群体的社区归属感均显著高于非党员，党员身份给予个体更多的社区认同。同时，已婚有配偶群体的社区归属感得分显著高于其他情况。可能的原因在于已婚有配偶的群体在社区参与过程中能拥有更大的社会网络，从而达致与社区生活更为紧密的联结。第三，从户籍性质来看，非农户口群体的社区归属感显著低于农业户口，随着社会转型的持续深入，现代性的侵蚀加大了城镇社区关系的个体化与陌生化，[②] 从而导致其社区归属感的降低。第四，在所有模型中，个人年总收入和受教育程度均对个体的社区归属感产生负向影响，个人年总收入或受教育程度越高，其社区归属感得分就越低，这也印证了以往学者的观点，[③] 即这些群体相对来说与外部世界的利益联系更多，而与社区的利益关联相对较弱。第五，从健康水平和社区安全程度来看，三组模型中，健康水平和社区安全程度均与个体的社区归属感显著正相关。此外，在三

① 李宗华、李伟峰、高功敬：《城市老年人社区参与意愿的影响因素分析》，《山东社会科学》2011 年第 3 期。

② 文军、陈宇涵：《面向不确定性：城市社区治理的情感风险及应对》，《南开学报（哲学社会科学版）》2023 年第 2 期。

③ 李骏：《移民威胁、经济剥夺还是治理失效——对上海市 60 个基层社区凝聚力的比较分析》，《华中科技大学学报（社会科学版）》2018 年第 2 期；王小章、冯婷：《城市居民的社区参与意愿——对 H 市的一项问卷调查分析》，《浙江社会科学》2004 年第 4 期。

组模型中，中东部地区民众的社区归属感均显著低于西部地区。[①]

从自变量来看，模型 2 加入了合群程度，分析结果显示，合群程度对个体的社区归属感有显著正向影响，合群程度越高，其社区归属感得分就越高。以模型 2 为例，合群程度每上升 1 个单位，个体的社区归属感得分提升 0.152。据此，假设 2 得到验证。模型 3 加入了核心自变量个体的公德意识，结果显示，公德意识越强，社区归属感的得分就越高。具体而言，个体的公德意识每上升 1 个单位，社区归属感得分便提升 0.075。这背后的可能原因在于人有社会与群体意识，具有较高公德意识的民众更能够理解和尊重社区（群）的共同价值观和规则，他们更倾向于表现出更多的社会责任感和群体意识，社区（群）内部“同心一致”，该结果验证了假设 1。这正如荀子所言人的本质就在于“有礼”且能合群、能群等，这是一种道德理性和道德实践的高度统一。[②] 从现代语境看，个人正是在“群”中，才真实地体验到一种休戚与共的“我们感”。其隐含的逻辑是，以“群”为基本的社会生活形式，避免了单个个体所关心的事情占据或者埋没了社区公共空间，“群”性状态弥补了因现代性扩张所造成的个体社区归属感的流失。

（二）稳健性检验——个体的公德意识对社区归属感的影响

从理论逻辑来看，群学视阈下，个体的公德意识越高，越容易实现结合成“群”的目标，越自觉地依附于群体的生活，在内心深处建立起对“群”的情感归属和精神认同，假设 1 在一定程度上印证了这一观点。但

① 关于这种现象的可能原因在于，本文所使用数据的调查对象为“劳动力”。现实情况下，东部地区的迁入劳动力较多，他们面临社会适应和社会融入等问题，因此在新环境中感受到的归属感较低。相比之下，原居住在西部地区的劳动力则在熟悉的环境中生活，社区归属感更强。

② 周慧：《儒家“人何以能群”的论证维度及伦理审视》，《湖南师范大学社会科学学报》2022 年第 4 期。

有研究指出，具有较高社区归属感的民众，常会因社区生活中一些外在约束，不断提高自己的道德规范，使自身职分与其名分相宜。[①] 据此推测，个体的公德意识与社区归属感之间可能存在因果内生性问题。通过杜宾（Durbin）和吴－豪斯曼（Wu-Hausman）检验发现，X^2 和 F 值的统计结果显著，说明二者之间确实存在内生性。为克服潜在的内生性影响，本文选择工具变量法检验基准回归结果（模型 3），选择问卷中访问员填写的“为了向学校表示本次调查是真实的，没有弄虚作假的，请问您能与我（指访问员）合拍一张照片吗”一题进行检验，回答项为“1= 能”和“2= 不能”。该题具备足够的外生性原则，可作为本文的工具变量。原因在于被访者“是否与访问员合拍照片”通常不会直接受到模型中误差项的影响，而是更多地受到被访者对调查认可配合程度以及对访问员信任程度等因素的影响。

从表 3 可知，在第一阶段回归中，克莱伯根－帕普瑞克（Kleibergen-Paap rk）的 *LM* 统计量和 *Wald F* 统计量表明，本文选取的工具变量可能不存在过度识别、识别不足或弱识别问题。在第二阶段回归中，公德意识的回归系数为 0.478，远高于模型 3 中的 0.075，这表明，内生性的存在使得个体的公德意识对社区归属感的效用被低估了，同时也再次验证了假设 1 的成立。

表 3　稳健性检验汇总

变量	第一阶段 公德意识	第二阶段 社区归属感
公德意识		0.478* （0.228）
被访者“是否与访问员合拍照片”	−0.212*** （0.040）	

① 刁娜:《荀子“能群”思想的“四维”分析》,《江汉论坛》2024 年第 3 期。

续表 3

变量	第一阶段 公德意识	第二阶段 社区归属感
控制变量	已控制	已控制
Kleibergen-Paap rk LM 统计量	27.486^{*}	
Kleibergen-Paap rk Wald F 统计量	27.721^{*}	
N	5974	

注：（1）$^{***}p<0.001$，$^{**}p<0.01$，$^{*}p<0.05$，$^{+}p<0.1$；（2）括号内为稳健型标准误。

（三）进一步分析——合群程度的中介效应

本文将合群程度进一步作为个体的公德意识与社区归属感的中介变量进行检验，结合中介效应思路，具体分析结果见表 4。

表 4　合群程度的中介效应分析

变量	合群程度	社区归属感	社区归属感
公德意识	0.122^{***} （0.014）	0.075^{***} （0.014）	0.092^{***} （0.014）
合群程度	——	0.136^{***} （0.018）	——
控制变量	已控制	已控制	已控制
截距项	−0.262 （0.166）	4.124^{***} （0.261）	4.089^{***} （0.263）
N	5974	5974	5974
R^2	0.075	0.217	0.210

注：（1）$^{***}p<0.001$，$^{**}p<0.01$，$^{*}p<0.05$，$^{+}p<0.1$；（2）括号内为稳健型标准误。

由表 4 可知，个体的公德意识对合群程度的回归系数为 0.122（$p<0.001$）；个体的公德意识对社区归属感的回归系数为 0.075（$p<0.001$），直接效应显著；合群程度对社区归属感的回归系数为 0.136（$p<0.001$）；

个体的公德意识对社区归属感的总效应也显著，回归系数为 0.092（$p<0.001$）。依据Bootstrap检验法，自抽样500次，模型结果显示，间接效应乘积的 95% 置信区间内不包含 0（BootLLCI=0.011, BootULCI=0.022），结果显著；直接效应乘积的 95% 置信区间内也不包含 0（BootLLCI=0.046, BootULCI=0.104），结果显著。由此认为，合群程度在个体的公德意识与社区归属感的关系中发挥着部分中介效应，中介效应占总效应的比重约为 18.62%。据此，假设 3 得到证实。

综上，合群程度在个体的公德意识与社区归属感的关系中发挥着部分中介作用。个体的公德意识正向影响其合群程度，进而正向影响社区归属感。本文认为，当前社会出现的“社会原子化”问题以及“附近”（社区）这个中间组织的“缺席”，导致个体之间缺少社会或情感的联结，社区成员之间缺乏紧密互动。① 值得说明的是，以“德”（公德）立群、合群，把个体置于一个“群”的环境中，以“群”的组织原则和方法，一方面，可以促进不同背景民众的社会联结，促进群内互动；另一方面，在“群”内部，同质性的个体以高强度地本地性互动产生“同群性”效应，从而拥有较高水平的集体效能和社区归属感。②

五、结论与讨论

中国社会历来强调道德规范对个体行为的约束作用。社区中的伦理关系如邻里互助、尊老爱幼等公共道德，不仅维系了社区的有序发展，也增

---

① 田毅鹏、吕方:《社会原子化：理论谱系及其问题表达》,《天津社会科学》2010 年第 5 期。

② 何晓斌、柳建坤:《中国城市社区中的户籍隔离、群内互动与邻里信任分化》,《社会学评论》2021 年第 6 期；Sampson R. J, Raudenbush S. W, Earls F., “Neighborhoods and Violent Crime:A Multilevel Study of Collective Efficacy” , *Science*, Vol.277, No.15, 1997, pp.918–924.

强了个体对社区的认同感和归属感。同时，随着现代社会公共生活领域的不断扩大，公德在维护群体利益、社会秩序等方面的作用日益突出，成为个体道德修养和社会文明程度的重要体现。此外，社区归属感是评价基层治理共同体建设水平的重要标准，可为实现“人人有责、人人尽责、人人享有”的基层治理共同体目标提供有益借鉴。基于此，本文使用 2018 年中国劳动力动态调查的相关数据，实证分析了个体的公德意识对其社区归属感的影响及作用机制。研究发现：第一，个体的公德意识可以显著提升社区归属感；第二，合群程度在个体的公德意识和社区归属感提升之间起着重要的中介作用。基于以上研究结论，为充分发挥个体的公德意识和合群程度在培育社区归属感中的作用，凝聚更加广泛的社区共识，提升社区活力，总结以下三点启示。

第一，在推进社区共同体精神的培育过程中，要重视传统文化道德的宣传，重拾“人缘、人情、人伦”的礼治秩序和邻里守望相助的公共观念。[①] 正所谓“无公德则不能团”[②]，通过构建公德来提高社区凝聚力，规范社区秩序，从而提升居民对社区的认同感和归属感。传统文化中对公德的重视，使人与人交往的现实基础不是基于利益之间的相互交换，而是站在整体“群”本位的立场，表现出克己恕人、群己共生与和而不同等优秀品质。[③] 此外，随着现代化、市场化、数字化等浪潮的冲击，中国传统群文化遭遇极大冲击。传统社会的“泛伦理化”模式在现代化过程中有时稍显疲态，现代化的国家建设需要诸多要素的协同推进，道德规范是极为重要的一个因素。尽管当今社会中“群”形式在逐渐多样化，但人们的社会关系却相对松散、淡漠。因此，必须进一步培育与现代社会相适应的公共

① 王宇明:《居民社会信任与政府绩效评价》,《云南行政学院学报》2019 年第 6 期。

② 梁启超:《梁启超全集》，北京出版社 1999 年版，第 662 页。

③ 周慧:《儒家“人何以能群”的论证维度及伦理审视》,《湖南师范大学社会科学学报》2022 年第 4 期。

道德观念，充分把握现代社会对“群”道德的新要求。

第二，已有研究指出，现代性的扩张所带来的社区公共性缺失是造成个体社区归属感逐渐消弭的重要原因。[①] 加强社区公共生活的培育，尤其要强化以集体利益所驱动的“群”组织的培育。正如托克维尔在《论美国的民主》中认为的：“公民协会是一种‘自制学校’，它可以培养居民的合作习惯，并将这种习惯带入到公共生活之中。”[②] 托克维尔将其称为“社群”的“内部效应”。本文认为，在“群”内部，通过组织化的引导和规范约束，有助于形成合理的集体行动，并且个人通过以“群”的形式参与社区事务，也有效发挥了“群”作为社会基本形态的凝聚作用。

第三，在现代治理语境下，要注重发挥居民自治的作用，充分弘扬共建共治共享的治理理念，大力培育社区社会组织（“群”），引导民众发挥主人翁意识，积极参与到社区治理的各个环节。这既有利于减轻政府负担，也有利于培育社区中每个个体的责任意识，重塑共同体精神。此外，根据个体的治理需求与生活需求对社区进行空间营造，提高社区空间的沟通性与交往的可及性，重构社区居民的社会关系网，形成互惠紧密的“群己关系”，营造一个信任、合作和互帮互助的社区氛围，这有利于提高个体的社区归属感。[③]

当然，本文也存在着一些不足。一方面，传统文化的多义性及其内涵的延展性，有时会导致其概念难以精确测量与界定，[④] 因此，任何对于文化概念的测量都是“片面的”。换言之，仅仅使用个体的公德意识并不能

① 胡晓芳：《公共性再生产：社区共同体困境的消解策略研究》，《南京社会科学》2017 年第 12 期。

② ［法］阿历克西·德·托克维尔：《论美国的民主》，董果良译，商务印书馆 1988 年版，第 120—124 页。

③ 方亚琴、夏建中：《社区治理中的社会资本培育》，《中国社会科学》2019 年第 7 期。

④ 朱维铮：《传统文化与文化传统》，《复旦学报（社会科学版）》1987 年第 1 期。

全面展示群学传统中关于公德的观念主张。如同西方哲学家卡尔·波普尔所言:“理论与测量之间，是一个相互作用的过程，表现为知识的不断向外延展的循环。”[①] 后者要求构建一套具有较高理论信度的量表，但这超出了本研究的能力范围，需在后续理论或经验研究中进一步探索深化。另一方面，文中强调了个体的公德意识对增强社区归属感的影响，然而，在经典的“公私之辨”中，有研究指出，君子守“公德”是谓合其德，小人讲“私利”也可以是合其德，[②] 这是人之所有的本性。正所谓君子“用心存公”[③]，小人“私己”。因此，如何在培育民众社区归属感的过程中，把握现代社会中个体追求“公”与“私”的张力，正确处理“规范”和“自由”的矛盾，塑造紧密的共同体意识，避免社区归属感的培育走向“空洞化”和“窄化”，还需进一步深入探究。

责任编辑：石金群

① Popper K., *The Logic of Scientific Discovery*, London: Hutchinson,1968, p.425.,

② 李萍、杨勇:《中国传统伦理道德中的公私观及其现代辨析》,《现代哲学》2020年第5期。

③（宋）张载:《张载集》，章锡琛点校，中华书局1978年版，第85页。

英文目录与提要
QUNXUE STUDIES

The Initial Issue

Vol. 1 **No. 1, 2024**

Abstract: How to construct an independent knowledge system and how to achieve creative transformation and innovative development of China's fine traditional culture are the focus questions in the current development of sociology with Chinese characteristics. To understand how Chinese society remains stability in the process of radical modern transformation through sociological interpretations, the fine traditional culture of China including Qunxue provide ideological resources and thinking dimensions. The statements of "Two Combinations" give fundamental guidance for the construction of sociology with Chinese characteristics. This article focuses on the inner rationale of the "selective affinity" between classical Chinese social thought and Marxist sociology and thus demonstrates the practical path of creative transformation of Chinese fine traditional historical cultural heritage.

Abstract: The Qunxue research promoted by Jing Tiankui and his academic team has unveiled the historical evolution of Qunxue over the past two thousand years, laying a solid foundation for further exploration in this field. The ideological content and theoretical perspective of Qunxue not only align with empirical sociology but also resonate with Marxist sociology. Additionally, Qunxue integrates the moral norms and ethical principles it upholds into the subconscious of the Chinese nation through flexible and diverse forms of perceptual education, founding elements of real society. Thus, Qunxue research has not only a long historical origin but also a profound practical basis, and it can engage in rich dialogues with contemporary sociology within broad theoretical perspectives. In the new context of networking, digitalization, and intelligence, Qunxue can leverage its excellent academic tradition of fostering group consciousness, promoting group integration, and optimizing social interaction to contribute to the advancement of Chinese-style modernization.

Abstract: The Chinese traditional people-oriented thought is an excellent social governance thought beneficial to the people generally, which contains many reasonable elements, prompting the rulers to secure and support the people, maintain a certain degree of social stability, restrain or overthrow the tyranny. However, from the perspective of historical view, institutional premise, subjects of governance, and objectives of governance, it is a part of the ruling class ideology under the condition of private ownership, with specific limitations of times, classes and cognition. The Communist Party of China has combined the essence of Marxist thought with the essence of people-oriented thought, enriched and developed the thought of the Primacy of the People, formed the party's People's stand, fundamental purpose and basic line, the ruling concept of people's supremacy and the people-centered development thought; has made original contributions to the establishment of a people-run institution, the development of whole process of People's Democracy, and the exploration of a way out of the historical cycle, promoted the creative transformation and innovative development of the people-oriented thought in "Two Combinations".

· QUNXUE: INTEGRATION OF PAST AND PRESENT ·

Abstract: Is the history of human society merely that of the humankind itself? Obviously not. Should the humankind fail to deal well with the heaven, the earth and the nature, the history of human society won't have been and will not be long. Actually, the key factors that determine whether or not a civilization is long-standing depend on what kinds of theory of knowledge and cosmology it takes. The fact, that the Chinese civilization remains the sole one in the human history that has endured unintermittedly for at least eight millennia, is itself a thorough demonstration of its excellence; and this indicates that the inheritance of excellent tradition of one's own civilization takes priority over all other steps in building modern civilization. As culture is transmissible, theory of knowledge and cosmology, upon which the excellent history of Chinese civilization is built, are of value in building modern civilization. This article is set to illustrate the relationship between traditional theory of knowledge, cosmology and modern civilization.

Abstract: Accurately understanding and grasping the strength of Essentializing Chinese civilization is a necessary task for constructing contemporary Chinese civilization. Throughout history, both domestically and internationally, the success of a society and the continuous development of a civilization must be the success of its collective organization. The super large scale group condensed by Chinese culture represents the historical limitations of human organizations, and the most complex organizational way for super large countries to build human communities. "Qun" embodies the power of bloodline and rationality, while "organization" is a group order shaped by advanced human talents. Xunzi's pioneering idea of Qunxue, which emphasizes the importance of "ethics and systems", has integrated the principles of "blood, regional, business ties" into a comprehensive system of governance and harmony. For thousands of years, the power of Qun and organizations has built a long-distance and cross-structural support system for Chinese society. The core capability of traditional Chinese civilization is the interweaving ability of the "Qun", which spans the hearen and the earth, both internally sacred and externally powerful, mutually reinforting into a self-organizing system of communities. The Communist Party of China organizes to build the modern engine of Chinese revolution and construction, and the essential power of Chinese path to modernization comes from its "organizational power".

Abstract: A full knowledge of the profound traditional cultural resources is beneficial to build up the Chinese cultural confidence. Thus to establish the theoretical framework of sociology in China, it is necessary to rediscover the origins of the Chinese social ideology. It is well accepted by the Chinese sociologists that the earliest Chinese theoretical awareness in sociology originated from the thoughts of Xunzi. During his time, the changed social productivity and production relations, the loosened social structure and the contention of the different schools of thoughts all contributed to the awakening of the sociological consciousness of Xunzi. He put forward the idea of socialization, Qunxue, social norms and social division of labor; and thus the original Chinese sociological thoughts came into being. His Qunxue Doctrines were closest to the modern sociology among pre-Qin social thoughts.

· QUNXUE: CONFLUENCE OF CHINESE AND WESTERN ·

Abstract: Mr. Fei Xiaotong's study on the type of "gentry" can be regarded as an example of the convergence of East and West. Firstly, "Gentry" is not just a type of historical figure, but a category of analysis based on socio-economic history, and therefore, more importantly, its position in the function of social structure. From this perspective, "gentry" can be divided into three types. Secondly, the relationships among the three types' theorefical dialogues will be explored. Finally, the metamorphosis from the old gentry to the new gentry, as well as the emergence of the enlightener, reflects Fei Xiaotong's yearning for a culturally renewed and uplifted intellectual spirit. Constituting a dialog with Pan Guangdan's eugenics, Fei Xiaotong's reformers embody the generation of new social and moral relations beyond the domestic sphere, which implies a new spiritual metamorphosis. In the process of modernization, the commitment of "Gentry" to the spirit of the nation is precisely to open up new paths beyond familism.

Abstract: How to solve the problems such as insufficient public participation and lack of social support for vulnerable groups in highly atomized urban communities? We can find solutions from the traditional wisdom of grassroots governance in China. The practice of "modern public welfare granary" which is carried out by Aiyouxi Community Development Center in Shuijingfang Street in Chengdu, is used as an example in this paper to systematically analyze the inheritance and development of public welfare granary, its operation mechanism and experience enlightenment in urban community governance. This study argues that the practice of "modern public welfare granary" inherits the value of "righteousness", continues the helping experience of "small, non-cash donation", "community residents' participation in management" and "mutual assistance", and achieves “value fit” with the traditional value and “structural affinity” with the local situation of the community. In today’s urban community governance, the practice of “modern public welfare granary” has realized creative transformation and innovative development, and has solved. the difficult problems in urban community governance. Therefore, it is necessary to dig deep into the wisdom of Chinese traditional grassroots governance, and explore the suitable road of urban community governance in the process of looking back at the tradition and modernization.

· SCHOLARLY COMMENTARY ·

Abstract: The prosperity of culture nurtures the prosperity of country. Facing the new journey in the new era, to create a new culture for our times and to build up China’s cultural strength are the important and obligatory duties of contemporary Chinese sociologists. Qunxue as fine traditional Chinese culture, has a long history and rich cultural heritage with remarkable advantages in its practical application in the real world. For undertaking the new missions of sociology with Chinese characteristics by the studies of Qunxue, it is necessary to pay high attention and seek answers to the major issues such as understanding the new stage of the Sinicization of Sociology, observing the Chinese civilization from the perspective of Qunxue, promoting the studies of Qunxue by “the second combination”, the theoretical and practical innovations of Chinese modernization, and the construction of Chinese Autonomous sociological knowledge system.

· **RISING TALENTS' FORUM** ·

Individual Public Morality Awareness, the Degree of Gregariousness and Community Belongingness from the Perspective of Qunxue

Wang Hanfei (205)

Abstract: Based on the data of 2018 China Labor-force Dynamic Survey, this paper examines the impact and mechanism of individual public morality awareness on community belongingness from the perspective of Qunxue, using multiple linear regression model. The results show that, firstly, public morality awareness has a positive impact on their sense of belonging to community; secondly, the degree of Hequn is significantly positively correlated with the sense of belonging to community, and the degree of gregariousness plays a partial mediating role in the relationship between public morality awareness and community belongingness. Therefore, the construction of public moral culture in the community can not only strengthen public life in the form of "Qun", but also exert the social cohesion effect of "Qun", enhance reliance and trust in the community, and cultivate a strong sense of belonging to community.

《群学研究》征稿启事

《群学研究》志在“为往圣继绝学”，在传承中创新中国特色社会学，致力于挖掘中华五千年文明中的概念、命题、理论体系，继承和发展中国文化传统，扎实推进当代中国社会学与中国古典社会学的古今贯通，大力推动中国社会学与西方社会学乃至世界多元文化的中西会通。本刊热忱欢迎采用群学研究视角、方法研究社会学问题的论文、述评。拟开设如下专栏和专题:“时代主题”(“群学与马克思主义社会学中国化”“群学与中国式现代化”“群学与当代中国文明建设”“群学与人类文明新形态”等)、“群学研究方法拓展与创新”“群学家列传”“群学与区域社会研究”“群学研究评论”“群学研究综述”“新秀论坛”等。

《群学研究》注重经验研究和理论探索的结合，强调学术规范性，鼓励理论与方法的创新，并欢迎对相关学术前沿和热点问题进行跨学科讨论与争鸣。具体要求如下。

一、来稿应未在其他公开出版物(包括期刊、报纸、专著、论文集等)和网站上发表，稿件以12000~15000字为宜。《群学研究》邮箱(E-mail：qxyjbjb@sina.com)为本刊唯一投稿渠道。

二、来稿还应包含以下信息:(1)作者姓名、单位、联系电话(手机)、电子邮箱、通信地址和邮政编码;(2)中文标题、提要(200字以内)和关键词(3~5个);(3)英文标题、提要(150个单词以内)和关键词。

三、文章应为作者独立完成的研究成果，对他人的知识产权应充分尊重，无任何违法、违纪和违反学术道德的内容。引用资料必须准确、真实，尽可能使用一手资料。凡采纳或引用他人成说，均应加注说明。

四、正文的文内标题、图表和公式应连续编号。一级标题采用编号一、二、三……，二级标题采用编号（一）、（二）、（三）……，三级标题采用编号 1.、2.、3.……，四级标题采用（1）、（2）、（3）……。一级标题居中，二级、三级标题另起独占一行，四级标题与正文连排。引用文献信息、说明性文字请使用当页脚注。脚注应当页连续编写。

五、地图。凡国家地图及各省、市、自治区的行政区划图，应完整、准确，应根据中国地图出版社最新出版的《中华人民共和国地图》《中华人民共和国分省地图集》绘制；外国地图，应按中国地图出版社出版的《世界地图集》绘制；我国古代的地理区划的绘制，可参考中国地图出版社出版的《中国历史地图集》绘制。

六、本刊取舍稿件唯以学术为标尺，实行匿名评审和三审定稿制。所发表稿件均为作者的研究成果，不代表编辑部的意见。凡涉及国内外版权问题，均遵照《中华人民共和国著作权法》和有关国际法规执行。本刊刊登的所有文章和公众号内容如需转载、转摘或翻译，须经编辑部书面授权并注明原发期刊名称、期号。

七、论文一经发表，版权即归《群学研究》编辑部所有。本刊刊登的所有文章，拟加入期刊数字化网络系统。同意在本刊刊发文章，即视为默许加入与本刊相关的期刊数字化网络系统。

八、禁止一稿多投。投稿 6 个月未收到刊用通知者请自行处理。来稿一经采用，即奉薄酬和当期刊物两册。

九、本刊不收取版面费，如发现违规，可拨打全国社会科学工作办公室举报电话：010-63098272。

中国社会科学院社会学研究所《群学研究》编辑部